大众哲学

艾思奇◎著

吉林出版集团股份有限公司

图书在版编目（CIP）数据

大众哲学 / 艾思奇著 . —长春：吉林出版集团股份有限公司，2017.11

ISBN 978-7-5581-3067-0

Ⅰ . ①大… Ⅱ . ①艾… Ⅲ . ①马克思主义哲学—通俗读物 Ⅳ . ① B0-0

中国版本图书馆 CIP 数据核字（2017）第 260804 号

大众哲学

著　　者 艾思奇
策划编辑 杜贞霞
责任编辑 王　平　史俊南
封面设计 老　刀
开　　本 650mm × 960mm　1/16
字　　数 258 千字
印　　张 21.5
版　　次 2018 年 4 月第 1 版
印　　次 2020 年 9 月第 2 次印刷

出　　版 吉林出版集团股份有限公司
电　　话 总编办：010-63109269
发行部：010-69584388
印　　刷 三河市京兰印务有限公司

ISBN 978-7-5581-3067-0　　定价：52.80 元

目　录

我是怎样写成大众哲学的（代序）

我写成了一本通俗的《大众哲学》，并且获得了不为不多的读者，在我自己，实在是一件意外的事。

理论的通俗化，现在是大家都知道它的重要性，而且对于它所关涉到的一切问题，也有很多人热烈地讨论过了。但在两三年前，在《读书生活》中《大众哲学》以及柳湜先生的《街头讲话》等没有出世以前，就很少人注意到通俗化的问题，甚至于对于通俗化的工作轻视的人也是有的。老实说，我自己就多少有点偏见，把理论的深化看得比通俗化更重要。就是到了现在，虽然读者们接受《大众哲学》的热情教训了我，使我深深地领悟到通俗化工作的意义了，但就我个人的兴趣来说，仍是想尽量偷空做些专门的研究。我的这一种兴趣上的偏好使我成为一个爱读死书的人。如果不是为着做了《读书生活》的一个编者，不能不服从编者的义务的逼迫，如果不是朋友们的鼓励和督促，《大众哲学》也许就永远不会开始写，而我也许永远没有机会使这么多的读者们认识了。

回想起来，我觉得自己真是对不起读者。因为读者诸君对于这本书虽然给与了极大的热情的代价，而我在写作的时候，却没有投下了同样的热情的资本。我对于这件工作是的时刻刻抱着踌躇的心情，并不是勇猛地做下来的。我对于自己的工作的意义实在认识得不够了。

但也得要声明，我只是没有用很大的热心来写，这并不是说写的时候没有用力。热心不热心是一回事，用力不用力又是一回事。是的，《大众哲学》实在花费了我不少的精力。如果我用同样的精力来做专门的学术研究，我想至少也可以有两倍以上的成绩了罢。一本不到十万字的小册子，前后竟经过了一年才写完。虽然这一年中我还做了其他的事情，但至少四分之一的时光是用在《大众哲学》上的。这就是说，我至少写了三个月的工夫，而写出来的东西又是这么幼稚，在内容和形式上都没有做到完善的地步。

这是为什么呢？这一方面要归罪于我的不大敏活的头脑，一方面也是由于这件工作的本身有着许多的困难。

第一，写通俗文章比专门学术文章更难。专门学术的文章，不十分着重写作技术，只要有材料、有内容，即使用了艰涩的文字和抽象的把握，也不是十分要紧的。通俗的文章却要求我们写得具体、轻松，要和现实生活打成一片。写作技术是第一要义，同时理论也切不可以有丝毫的歪曲，这就是一个困难。这困难在哲学这一门最一般的学问上更是显著，而把这一个困难的重担担负到了我的肩上，就尤其是更大的困难。我掮着这个担子是极不胜任愉快的，因为真能当这重担的人，应该对于生活有充分的经验，而我缺少的却正是这一个东西。我的生性不大活泼，向来就是在学校生活中过去了大半的时光，生活经验尝得极少。朋友们当我的面时，常常称我做“学者”，背地里我相信他们一定会换上一个“书呆子”的称呼。是的，叫一个“书呆子”来把生活和理论打成一片，不是妄想吗？不客气地说：我自己还不至于这样完全不能自信。近几年来，我也在不断地向生活学习；但我所懂得的生活究竟很少，不能够运用自如地把材料装进作品里去。这是我在写作《大众哲学》时最感困难的一点。

第二，是环境的困难，言论自由的限制。这不但是写作通俗文章感觉到，就是一切其他愿意存着良心来著作的人都很明白的。当《大众哲学》在《读书生活》上逐期连载的时候，言论界还存在着检查委员会的统制。一篇文章写成之后，要经过“删去”、盖章，然后才能够和读者见面。碰得不好的时候，就根本无法出版。《大众哲学》所要讲的全是新唯物论方面的东西，这根本就已经不大妙了。如果再把说明例子举得更现实、更明了、更刺激，那么，这个发达不全的小孩也许就会根本流产。为着这样的缘故，就是有了实际生活的材料，也因为碍于环境，没有办法拿出来。慢说我没有丰富的生活经验，即使有了，也会感觉到运用困难的苦楚。我有时不能不把很实际的例子丢开，而用上了很不现实的例子，譬如用孙悟空的七十二变来说明本质和现象就是一个好例。这些地方，曾引起了许多人的指摘。我不怪他们，因为他们不明白我写作时的困难。我们当时所处的情势，就像乱岩中间的流水一样，本来应该一条直线流下去的，但中途遇到许多阻碍，只能不断地溅着飞沫，打着许多湾转，然后才能够达到目的。《大众哲学》的写成，就是这样辛辛苦苦地绕了许多弯路的。

在这样的困难情形下诞生出来的《大众哲学》，自然要感到极大的难产的痛苦，而所生下来的婴孩又一定是不很健全的了。我在这本书第四版改名《大众哲学》（本书原名《哲学讲话》）时，说写作《大众哲学》是吃力不讨好的工作，也就是指这样的意思。

在这样的困难之下是怎样写作的呢？

因为不能充分地把实生活的事例应用到所写的东西里去，于是我就不能不另外再找许多接近一般读者的路径。首先我要把专门研究者的心情放弃了，回复到初学时候的见地来写作。说话不怕幼稚，只求明白具体。一个专门家是常常爱单刀直入地把握到理论的核心，对于事例的引证倒反放在附属的地位。我以为如果每一句理论的说话都要随伴着一句事例的解释，在专家看起来是浅薄幼稚，通俗读物所要求的却正是那样的东西。通俗读物要求从头到尾都有明白具体的解释，因此每一篇都把一件具体的事例做中心，而每一篇所定的题目也就不用哲学的题目。这样的写法，和一般哲学文字的写作原则自然是违反了的。也就因为这样，使得有些专门研究的朋友认为《大众哲学》的体裁是“喧宾夺主”，把事例遮盖了理论了。是的，我自己在写作的当初也觉得这有点喧宾夺主的样子，但这样的写法是不是不对呢？这是要由我们的读者来评判的，因此就不顾一切地这样尝试了。在这里，我所选择的接近读者的第一条路径就是：故意写得幼稚。

我选择的第二条路径，是故意不加剪裁，不怕重复。一个例子在这一节用了以后，在另外一节仍然不怕再拿来应用；一件事情在前一节做了详细的解释以后，在第二节仍不惮烦地再略说一遍。在一册小书里用这样的方法来写，在文字上自然是很不经济的。但我们如果顾虑到初学者的兴趣和理解力，就觉得这样写也是很必要，因为在专门学者或有较高修养的人，有些事是可以不必多讲就明白的，而对于初学者，你却最好给他多解释。我是抱着这一个宗旨去写的。因此，如果一个对于文字美有嗜好的人来读我的《大众哲学》，他一定会感到不简练、啰嗦、重复的毛病。

自然，使我不能不采取这种重复而唠苏的形式的原因，另外也还有一个，这就是因为《大众哲学》是需要按期发表的东西。每期杂志的出版要隔半个月的工夫，而《大众哲学》又是有系统的读物，中间时期隔得太多，就难免会感到兴趣的减少。因此不能不把每篇写成有独立性的东西，使读者按期看下去也可以，而单独看一期也不至于一无所得。为了这缘故，一篇文章的内容如果和另外的一篇有密切关系时，就不能不把另外一篇所说过的在这一篇略复一遍，这也就造成重复现象。

以上就是我努力接近读者所取的路径。这样的路径自然不很正确的。论理说，我们应该有更直接的路径，但为着自己的缺点和环境的困难，我只好把更直接的路径回避了。这是消极地从形式上接近读者，而不是积极地使内容和读者的生活发生密切的关联。

像这样写出来的《大众哲学》，自然不能算是一本很好的读物了。我同意有一个刊物所批评的话说："现在不是没有人能写出更好的同类的书，而是没有人来努力。"是的，我承认中国应该有更好的书出来。我把这不大好的一本投到读者的面前，是很惶愧的。但这一部书竟写成了，而且竟意外地获得了不少的读者。这又使我的心里感到了一些安慰，感觉到一年的功夫也并没有白花。但这样的现象，与其说是《大众哲学》本身的成功，勿宁说是中国一般大众的智识饥荒是太可怕了。读者对于我们的期望的热烈，实在是远远地超过了我们的才能和努力之上，因此才使这样一本蹩脚的书获得了广大的读者的欢迎。我所感到安慰的是，因为《大众哲学》的出现，因为读者诸君对于这本书的热烈的爱好，研究专门学问的许多人（连我自己也在内）也许会因此深切地明白了中国大众在智识上需要些什么，因此也才知道自己为了他们应该写些什么。我自己正是因为这样才把当初写作时的那种踌躇的心情抛弃了，更有勇气地来做一些我认为应该做的工作。我相信另外的许多朋友也会有这种同感。要是这样，那么目前中国哲学上的同道者也许有人会起来努力做一件更好的工作的。《大众哲学》如果能产生这样一种"抛砖引玉"的效果，那就更是我私心所要引为慰藉的了。

艾思奇

一九三六年

第一章　绪论

一　哲学并不神秘

——哲学与日常生活的关系

哲学的踪迹可以在日常生活里找到

提起哲学，有的人会想到旧社会大学校教室里的一种难懂的课程，也有的人会想到那些算命先生。许多人总以为哲学是一种虚无飘渺的学问，或者是一种谈命运说鬼神的神秘思想，以为哲学和我们的日常生活是隔得天地一般的远，普通人决难过问。其实，哲学和人类社会生活的关系，是非常密切的。在我们的日常生活里，随时随地都可以找到哲学的踪迹。只因为是日常生活，我们太习惯了，太觉得平淡了，因此即使有了哲学，如果不仔细反省和体会一下，也就不觉得它是哲学。例如你有一个朋友，抗日战争以后和你离别七八年，现在又相见了。这时你作何感想？你首先就会觉得他和以前有种种不同，你觉得他的面容多少有些苍老了，但是，经过八年抗战的锻炼磨折，你会看出他的思想知识更进步，经验更丰富更成熟了。你们再攀谈攀谈，把七八年来各人的经历再叙述一番，就会使你有更多的感触。你会觉得一切都不同了。世界变了样，中国变了样。希特勒没有了，墨索里尼没有了，在中国的领土上也没有日本军阀横行霸道了。中国有很大的地方成了解放区，广大的人民在政治上和经济上都翻了身，另外的地方却仍在国民党反动派专制独裁统治之下，在那里，美帝国主义代替了日本帝国主义的地位，蒋介石的国民党代替了汪精卫的国民党的地位，广大人民遭受着比以前更厉害的压迫和痛苦，也更加积极更加团结地要起来反对这种压迫。就你们以前的朋友亲戚的情形来说，变化一定也很多。有的由小孩变成青年，有的由衰老而死亡了。有的人参加过抗战成了英雄，有的成了牺牲者，有的发了国难财或者胜利财，有的穷困失业。总之，你们会感到一切和以前都有不同，你们会觉得在七八年的时间过程中，有的事物新生出来，有的事物毁灭了，有的事物正欣欣向荣，成为新世界的主人，有的事物衰老没落，或者奄奄一息地进了坟墓，或者正在作疯狂的临死挣扎。这一切现象会使你们感动、叹息、兴奋，并且在你的头脑里，深深地印上一个“一切都变了”的观念。这时，即使你是对哲学毫无研究的人，你在无意中已经有了一个真真实实的哲学思想了。你能觉察到这就是一种哲学思想吗？你只以为朋友的久别重逢是人们生活里一件很平常的事情，在这件事情当中你的一切感想也只是日常生活里很平常的感想。你以为这种感想和你平常想象中的那种高深玄妙的哲学是毫不相干。你不但不了解这里面就有哲学，而且如果听见有人说这就是一种哲学思想，说不定你会大吃一惊，说：为什么这样普通的一件事和这样普通的感想中也有哲学呢？其实，你本来一点也用不着吃惊，你所以吃惊，只因为你向来有一个错误的观念，以为只有那种哲学专家们所写的书本里才有哲学，而忘记了千万人在生活中和社会斗争中所发生的思想里面，到处包含着哲学思想的根苗。

千万人的生活和斗争中所发生的思想里包含着哲学思想的根苗

请你注意，我们说在日常生活里，随时随地都可以找到哲学的踪迹；我们又说，千万人在生活中和社会斗争中所发生的思想里面，到处包含着哲学思想的根苗。这些话，有着两方面的意思：一方面是说，哲学这东西并没有什么神秘玄妙，它和我们的日常生活联系得很密切，书本上似乎很高深的哲学，和日常生活中我们的某些很平常的思想中间，并没有隔着铜墙铁壁。另一方面是说，日常生活的普通思想中，还不一定就有系统完整的哲学思想，它包含着哲学思想的一些根苗，没有它，就不能生长起哲学思想，就好像没有根苗就不可能生长起树木来一样。但是，完整的哲学思想必须是相当有系统的、明确的思想；日常生活中的思想却常常不是这样，它常常是片断的、含糊的、零零碎碎而前后不一贯的感想，因此它和完整的哲学还是多少有些差别。

日常生活中的感想常是没有系统和不明确的，它还不能算完整的哲学思想

如像前面所说的，你和朋友久别重逢，觉得世界上一切都变了。这是你一时的感想。请问你对于自己所遭到的事物，是不是任何时候都作这样的想法？我想你一定很难作肯定的答复。你一定会觉得，有的时候，对于某些事物，你往往又会发生固定不变的感想。例如，你往往会以为石头是没有变化的东西，你在反动

环境里生活和工作，碰到许多困难问题无法解决的时候，你往往会发出一种绝望的想法，以为黑暗环境无法改变。你有朋友不进步，不学好，你劝他许多次还没有效果的时候，你往往会想起“江山易改，本性难移”的成语。你还可以从你自己和别的朋友的日常思想中，举出其他许多例子，来证明这许多的感想，和你与朋友久别重逢时所想的并不一样，或者甚至于完全相反。这就是说，日常生活中的感想，常常是动摇不定的，常常被暂时的事物现象所影响，不能前后一贯。究竟是“一切皆变”呢？还是许多事物都不会变化呢？两种互相矛盾的思想，往往在你一个人的头脑里混杂在一起，你往往觉得两种思想都好像有道理，没有方法辨别哪一种对和哪一种不对。这就表明日常的感想常常是没有系统的、不明确的，这里虽然有“一切皆变”的正确的哲学思想的萌芽，但还不能集中起来，成为前后一贯的完整的哲学思想。

要研究哲学，才能获得完整的哲学思想

因此，如果把哲学看成非常神秘玄妙的东西，以为它和人类日常生活隔着十万八千里，这是错误的。我们必须明白肯定地说，哲学就在千万人的日常生活和思想里。但是，另一方面，如果以为日常生活中的感想里就有完整的哲学思想，那也同样是犯了错误。因为这样一来，就等于说，任何人都用不着研究哲学了，即使不研究，也可能有自己的明确而有系统的、甚至于很正确的哲学思想了。

为什么日常生活中的哲学思想不是完整的哲学思想？为什么它常常是片断的、零零碎碎的、含糊不明的呢？为什么必须要经过一番研究，我们才可能掌握一种有系统的、明确的，前后一贯的完整哲学思想呢？

什么是我们的生活和思想?

要答复这些问题，必须先了解什么是我们的生活和思想。首先应该指出，我们的生活，不是平静无事的。它是阶级斗争的生活，是以工农为主的广大人民对帝国主义、封建势力斗争的生活。在我们中国，广大的人民的生活历来都是非常艰难困苦。一两千年来，人民受着封建统治阶级——皇帝、官僚、土豪劣绅，地主，恶霸以及国民党以来的新旧军阀——的压迫剥削，一百多年来，又加上了一个帝国主义的外来侵略，以及和帝国主义密切结合的官僚资产阶级的压迫和剥削。封建统治阶级和帝国主义势力经常勾结在一起，就像两座很大的山，压在中国人民的身上，其恶果首先是中国广大的农民没有地种，或种了地自己也吃不饱，工人失业，或有业也难养活家庭，学生不能安心读书，工商业不能发展。中国人民要向前发展，就必须推翻这两座大山。百多年来，中国人民为了推翻这两座大山，进行了艰苦、英勇的伟大斗争。这些斗争发展成几次的革命高潮，最主要的是：清朝时候的太平天国运动，义和团运动，以及辛亥革命运动，以上都是旧民主主义革命，是没有无产阶级领导的；“五四”运动以后，又有了无产阶级领导的新民主主义革命运动，其中包括一九二四到一九二七年的第一次国内革命战争，一九二七到一九三七年的第二次国内革命战争（反对蒋介石国民党反动统治的十年国内革命战争），一九三七到一九四五年的抗日战争，以及一九四五年以后反对美蒋反动统治的人民解放战争。中国人民经过了这样长期的英勇斗争，到现在已经得到了很大的成绩，在中国已经接近了全国的解放，在解放了的地方，帝国主义、封建势力和官僚资本的压迫都被推翻了，农民得到了田地，工人生活得到了改善，工商业界得到发展的条件。但是，我们的斗争还是没有完结。因为，一方面，解放区以外的人民，现在还是在帝国主义、封建势力和官僚资本之下受压迫。在解放区，虽然这些反动势力都被推翻了，而它们的残遗势力并未完全消灭。因此全国人民，不论是解放区的或非解放区的，在今后还要继续努力，为彻底消灭帝国主义、封建主义、官僚资本主义的势力，并在将来进一步建设社会主义，共产主义社会而斗争。

我们的生活，就是广大人民对封建势力和帝国主义势力的斗争

这一个斗争，对于我们每一个人都有影响，我们每一个人的日常生活，都直接或间接和这斗争发生关系，决不能逃避它的影响。所以，如果有人要问什么是我们当前的生活时，就应该答复说：我们的生活，就是广大人民在无产阶级领导下对帝国主义，封建势力和官僚资本主义势力的斗争的生活，是在今天争取新民主主义革命彻底胜利，以便将来更进一步争取过渡到社会主义社会的生活。我们也许不觉得自己是在这样的斗争当中，但实际的情形却是如此。

复杂的各种各样的斗争，文化、思想的斗争是要反对思想上的麻醉，使广大人民觉醒起来

帝国主义、封建势力和官僚资本主义压迫剥削人民的方法是非常复杂的。因此，我们的斗争内容，也是非常复杂的。比如，有军事的斗争，有政治的斗争，此外还有经济的和文化、思想的斗争。我们现在只讲一下文化、思想的斗争。这种斗争表现在报

纸、杂志、书籍、电影、广播、戏剧，小说、诗歌、理论、科学、哲学、法律、道德等许多方面。帝国主义、封建势力和官僚资本主义势力通过他们的文化工具，散布他们的一套反动的、专制独裁的、殖民地奴化主义的思想，这些思想的内容主要的是要麻醉广大人民使之忘却自己是中国真正的主人，盲目服从专制独裁的“领袖”，向帝国主义者屈服，向封建势力和投机垄断的大官僚资本家屈服。因此，人民必须和这种思想作斗争。今天人民在革命的军事、政治、经济斗争中已锻炼出一套新的革命思想，这种思想是以马克思列宁主义的思想、毛泽东思想作指导，它的主要内容就是反对帝国主义及其走狗大地主、大官僚资本家的专制独裁统治，要求广大人民在政治上成为国家的主人翁，在经济上得到解放，并且解放后向前发展，使我们国家走向工业化和社会主义的前途，反对帝国主义的侵略和干涉，反对向帝国主义者献媚讨好，要求中国人民的独立、自由并与世界各国人民建立平等的友好关系。中国人民在革命斗争中必须同时进行思想斗争，使自己的新的革命的思想明确地建立起来，使自己不受反动派思想的麻醉，不受某些落后思想的障碍，使自己的觉悟在马克思列宁主义、毛泽东思想教导下日益提高，才能充分发挥革命斗争的力量。

我们的日常思想，经常受到全国文化、思想斗争的影响

现在要回到我们原来的本题上说话了。已经讲过，我们每一个人的日常生活，和全中国人民反对帝国主义、封建势力、官僚资本主义的伟大斗争是分不开的，是时时刻刻受着这斗争的直接或间接影响的。我们的日常思想，自然不断地受着这个伟大斗争的影响，首先是受着军事、政治、经济斗争的影响，同时也受着文化、思想斗争的影响。这些斗争是非常复杂、非常曲折的，而

我们各个人的阶级出身和阶级地位也是极不一致的，因此在斗争中所形成的各个人的思想，也是各式各样，非常复杂的。特别是不在革命队伍当中，没有经过政治斗争锻炼和政治教育的普通人民的日常思想，常常是混乱的，它一方面也可能受到进步的革命思想的影响，另一方面也可能搀杂许多反动派的思想或资产阶级腐朽思想或小资产阶级落后思想的成分。举最普通的例子来说，有一种人一方面也同情革命势力，另一方面又羡慕官僚军阀的阔绰生活（实际上是腐朽堕落的生活）。这种思想上的混杂和自相矛盾，就是同时受了互相斗争的两种势力的思想影响的结果。这种情形，不仅仅在普通的人们中间，就是在参加革命队伍的人们中间，也往往可以碰到的。革命队伍里经过政治锻炼和教育的人，一般都是有着明确的革命思想的，但也有个别的人，由于品质恶劣、锻炼不够和受了反动派以及资产阶级腐朽思想影响等等原因，而追求个人享受，不顾革命利益，甚至于腐化堕落的。这种情形告诉我们，文化、思想的斗争是非常深刻普遍的，它深入到我们的日常生活中很细微的地方，我们如果不随时随地加以防范，经常学习研究，经常检查反省，那就往往会不知不觉中受到封建思想或殖民地奴化思想或资产阶级腐朽思想的毒害，我们的觉悟就不能提高，就会麻痹大意，就不能发挥最大力量来向反动派斗争。

在两种敌对的哲学思想影响之下，我们的日常思想就常常混乱

哲学思想，也是思想斗争的一个重要部门，也深入到我们的日常生活中。在我们的日常生活中，不但常常受进步的、正确的、合乎真理的哲学思想的影响，而且也常常受反动的、错误的、蒙蔽真理麻醉人民的哲学思想的影响。当我们想到“一切皆

变”的时候，我们就有了前一种哲学思想的萌芽。如果把这种思想明确而有系统的掌握住了，我们就会相信；中国的现状也要变的，帝国主义，封建势力和官僚资本主义势力是可以彻底消灭、推翻的，被剥削被压迫的广大工农人民是要完全翻身的，半殖民地半封建的中国一定要变为社会主义的中国。我们愈更深刻地坚决地掌握了这种思想，对于周围事变就愈更能够获得正确的认识，就愈更有革命斗争的勇气和信心。这种哲学思想就是符合于广大人民的利益的、进步的、正确的、合乎真理的哲学思想，唯物辩证法哲学就包括着这种思想。当我们从相反的方面来想，觉得黑暗的环境无法改变，或者如许多落后的人一样，以为一切都决定于鬼神命运，自己只能听天由命，这时我们就受到了反动的哲学思想的影响，我们就会失去向反动势力斗争的勇气和信心。这种思想是错误的、违背真理的，它对于广大人民的斗争非常有害，而对于反动势力的统治却非常有利。两种相反和敌对的哲学思想在中国人中间进行斗争，影响到我们日常生活中，如果我们不研究，不辨别，听任反动的、错误的思想影响我们，这就会使得我们的思想没有系统、混乱、零碎、不明确、不一贯，就难于掌握完整的、正确的哲学思想。如果我们满足于日常的哲学思想，而不加一番学习研究的工夫，对自己的思想不认真地检讨分析，不批判错误的有害的思想，我们就不可能有正确的哲学知识，就不可能对周围事变获得正确的认识，不可能有充分的信心和勇气，和全国广大人民站在一起，来进行革命的斗争。

研究哲学的目的就是要抓紧正确的哲学思想，免除思想上的混乱

写作这本《大众哲学》，就是想在中国人民的文化、思想斗

争方面尽一点小小的力量。其目的，就是想帮助读者研究一下。什么哲学思想是进步的、正确的、合乎真理的，合乎广大人民斗争利益的，什么是反动的、带欺骗麻醉性的、只能帮助帝国主义、封建势力与官僚资本主义势力的。这里不妨先指出来，最进步的、正确的、合乎真理的哲学思想，就是马克思列宁主义的辩证法唯物论哲学思想，以后逐步讲清其中的道理。我尽可能用大家日常都知道的事例来说明这些问题，以便大家能够把日常思想中正确有益的思想抓紧，而把错误有毒的思想清除，以便较系统、明确地掌握符合人民大众利益的哲学思想，使我们有可能较正确地认识周围事变的发展情况，更有勇气和信心为广大人民的斗争贡献自己的力量。要靠这一本粗浅的小册子完全达到这个目的，是不可能的。这本书只能做一些初步的启发工作，引导大家进一步去研究马克思列宁主义的辩证唯物论哲学，并在实践中应用。这是我的希望，不知是否做得到。如有不对的地方。很希望大家提出批评，以便改正。

二 果树林里找桃树

——哲学是什么？

我们已经了解哲学并不神秘，已经知道哲学的踪迹在日常的思想里到处都可以找到了，但是，究竟什么是哲学呢？在我们日常生活中，发生各种各样的思想，哪些思想是属于哲学一类的，哪些不能算是哲学思想呢？假使有一个人走在各种各样的果树林中，想要找寻桃树，如果我们仅仅向他说，你到处都可以找到桃树，那他是不能满足的。我们一定要告诉他，什么样的树是桃树，什么样的树不是桃树，这样他才能够容易找到桃树。

在同样的环境之下，不同阶级的人会发生不同的感想

我们还是从生活的问题讲起吧。试就反动统治下的旧中国来说，那时人民的生活困难是一个非常普遍的现象。处在生活困难的情形之下的人，会发生一些什么思想呢？首先他们自然要对于自己的目前境遇表示不满，对于社会现状表示不满。这是一切生活困难的人大致共同的思想。但是事情是不是就这样简单呢？当然不是。事实上对于现状的不满是各种人有各种不同的想法的；而这些不同的想法是由于各种人的不同的阶级地位所决定。有的人会由不满而变为绝望，会感到人生没有意味，会以为世界无可留恋，个别的人甚至于会进行自杀。有的人相信命运的观念，遇到困难的时候，只埋怨自己的命苦，认为现状无法改变，即使是牛马的生活，也只能默默的忍受，而不敢希望翻身抬头。又有的人却相反地认为生活困难不是生前命中注定，而是由社会上的许多事实原因所造成。由此相信这令我们不满的社会生活现状一定有方法可以改变，只要能看清楚这些原因，并且努力从事实上打破这些原因。例如说看清楚了旧中国人民生活普遍困难的最主要原因，一方面是由于帝国主义的侵略和封建势力、官僚资本主义的专制腐败统治，另一方面是由于人民不够团结不够觉悟，没有动员起足够的力量来彻底打退侵略和推翻这种统治，因此我们努力的方向就是放手发动广大群众，团结以工农为主的全国人民，把他们的觉悟和积极性充分发挥出来，向帝国主义和封建势力进行坚决斗争，而这样的努力也就成为我们解决中国问题的最主要的方法。好了，我们看，同是处在生活困难境遇中，而各种人的想法是那么不同！我们再看，在遭受封建主义、官僚资本统治和帝国主义侵略的社会上，除了生活困难的广大人民以外，还有少

数生活优越的人，他们是军阀、官僚、地主，买办、大资本家，他们专门依靠剥削广大人民，过着奢侈腐化的生活。对于他们，生活困难的问题是没有关系的。他们除了剥削和压迫人民之外，说不上什么职业。他们以为自己生来就是社会上的统治者，广大人民应该受他们的压迫剥削，他们命定的应该征服别人，而别人也命定的应该被他们征服。他们认为中国只是属于他们少数人的，而不是属于广大人民的。例如日本投降之后，他们宣传只有他们才有资格去“接收主权”，而不准广大人民接收，广大人民要去接收，要在抗日胜利之后起来做主人，他们就不答应，就要用武力，用内战来禁止这种接收。这是他们中间的主要思想。他们中间也有一部分人，完全坐食游荡、无所事事，每天所追逐的只是消遣作乐，这些人的思想又稍不同，他们用游戏作乐的眼光来看一切，说：“人生不过是寻乐而已，不过是美梦而已！”

各种感想中就包含着各种哲学思想

我们举了以上各种人的各种思想，这些思想正是旧社会中人们日常生活里很容易可以碰到的，而同时也是包含着各种哲学的萌芽的。这是些什么哲学的萌芽呢？让我们加以说明吧：第一种人感到人生无聊，世界值不得留恋，这里面就有“悲观主义”的哲学思想。第二种人以为生活困难是命中注定，无法改变，主张消极忍受，这里就有“宿命论”的哲学思想。第三种人认为我们只要能够把生活困难的现实原因研究清楚，就可以找出克服困难的方法，这里面就有着一种“唯物主义”的哲学思想。第四种人坚持认为少数人是天生的优越人物，反对广大的人民有自由生存权利，这就包含着专制主义者和法西斯主义者所宣传的一种哲学思想，这种哲学思想也是带宿命论的性质，它把少数人看做是天生的或命定的应该来压迫和统治大多数人的。最后一种人把人生看做游戏，以追逐乐趣为能事，这是一种“享乐主义”的哲学思想。

这种种思想，我们都加上了什么什么主义之类的名字，是不是有人要说太大胆了呢？那些惯于在书斋里和大学教室里推敲词句的教授学者们，是不是会笑我们浅薄呢？也许会如此！但是，让他们去说笑吧！我们不需要在他们的书本里找是非的标准，而主要应该在人类生活事实中去找真理。我们做的并没有错，而且完全正确。因为我们所举出来的这些思想，的确可以叫做哲学思想，这些“主义”，和那些砖一样厚的专门哲学书里所谈的“主义”并没有根本的分别。

哲学思想就是人们对于整个世界的根本认识或根本看法，也就是世界观

为什么说这些就是哲学思想呢？它们的共同的特点是什么？这些思想，和那些专门的哲学书上所讲的思想有一个共同的特点，就是，他们代表着不同的人们对于世界，对于人类社会的各种根本的认识或根本的看法。悲观主义的人认为世界上的一切根本都是没有希望的，宿命主义者认为世界上的事情根本决定于鬼神上帝，唯物主义者认为世界上一切事物变化都有它现实的原因和规律，专制主义者和法西斯主义者认为全社会的广大人民需要向少数统治者或独裁领袖屈服，享乐主义者认为世界是游戏场，人生在世界上就是要来享乐的，值不得用严肃认真的态度去看待。这些不同的思想，都是不同人们对于整个世界和人类社会的不同的根本认识或根本看法。用哲学上的专门名词来说，就是各种不同的“世界观”。

我们有各种各样的思想，但很多都不是对于整个世界（包括人类社会在内）的根本认识或根本看法，而只是对于世界一部分事物的部分认识。例如在抗日战争开始的时候，对于怎样抵抗日本帝国主义进攻的问题，曾有各种不同的思想，有国民党的一些军事将领们以阵地战为主的思想，有另外一些人以运动战为主的思想，还有中国共产党以发动广泛的游击战，辅之以有利条件下的运动战的思想；关于抗战的前途，有国民党中一部分人的“速胜论”思想，也有国民党中另外一些悲观失望的人们的“亡国论”的思想，也有中国共产党所提出而为全国人民及进步人士所接受的“持久战”的思想。这些不同的思想，都是对于抵抗日本这一个具体事件的认识或看法，而不是对于全世界一切事物的总的认识或根本看法，所以都不能叫做“世界观”，而只能叫做“抗战观”，都不是属于哲学思想的范围。而是属于军事政治思想的范围。

哲学思想主要解答整个世界的问题，其他思想主要解答某一事物的问题

现在我们可以完全弄清楚了，不论在我们的日常思想中，或是专门书本所研究的问题中，都可以同样找到哲学思想。只要这种思想所涉及到的，主要是关于我们对整个世界如何看法的问题，那么，我们就可以把这种思想包括到哲学的范围内；如果这些思想所涉及到的，主要是关于我们对某一件事或某一类物如何看法的问题，我们就可以说它不是属于哲学的范围。这是哲学思想和一切其他思想的分别。

哲学思想是其他各种思想的世界观基础

但是，在我们认识清楚了哲学思想和其他思想的分别以后，我们还不能忽视它们中间的关系。哲学既然是我们对于整个世界的一切事物的根本认识或根本看法，因此它也就必然要涉及到我们对于世界的一部分事物的认识和看法，也就是说，我们对于世界的任何一部分事物的看法中，同时必然包含着某一种哲学思想。以前我们说一切日常生活中的普通思想里都可以找到哲学的踪迹，其原因就在此。就把刚才抗战问题的例子拿来说吧：例如“亡国论”思想，一方面它是某一些人对于抗日战争这一件事的不正确的认识或看法，在这种认识和看法中，虽没有直接提到整个世界是如何如何的问题，但它仍然和某一种世界观有着密切的联系，这就是对于事情悲观失望，认为世界上事情的困难是无法改变的。这在根底里有一种悲观主义的思想。又例如那持久战的思想，这种思想已经在中国抗战的实际历史事实中证明的确是真理。这种思想一方面固然是关于中国抗战的科学思想，另一方面，这种思想，是按照中日两国力量对比和各种主要的事实条件，加以深刻研究而得到的结果，因此，这种科学思想的根底里，就包括着唯物论的哲学思想。这两个例子，已经很明白地告诉我们：我们的一切思想，我们对于每一件事或每一类物的认识和看法，都在根底里包括着一种哲学思想，或者照专门哲学的说法，都有一种世界观的基础。从这一点来说，哲学思想所涉及到的，都不仅仅是我们对于整个世界如何看法的问题，它同时也贯穿在我们对于任何一种事物的看法里。

哲学是世界观，同时又是思想方法。研究哲学就是要掌握正确的世界观和正确的思想方法

哲学思想，对于我们的一切思想，既是世界观的基础，因此就有着很大的作用。这种作用叫做方法的作用或研究指导的作用。亡国论的思想，在思想方法上是受了悲观主义的也是一种形而上学的指导，把日本的强和中国的弱看做不能改变的，把世界上的事情看做绝望的。如果他肯虚心学习，接受唯物论的思想，抛弃悲观主义的思想，按照唯物论的方法，把中日两国的力量对比和各种最主要的事实条件认真研究一番，那么，只要他不是汪精卫的死党，或昧着民族良心要跟反动派去和敌人讲妥协，他就应该承认亡国论的不对，就应该接受持久战的真理。这一种情形告诉我们；如果我们有了不正确的哲学思想，在我们看事情和认识问题的时候，就会受到不正确的方法的引导，而这种方法就会把我们带到错误思想里面去；反之，如果我们掌握了正确的哲学思想，在我们看事情和认识问题的时候，也就掌握了正确的方法，而这种方法就能使我们对于每一件事和每一类物找到正确的认识和看法。因此，哲学是世界观，同时又是思想方法。我们研究哲学，目的就在于学习掌握一种正确的哲学思想，也就是在于要学到正确的世界观和正确的思想方法，作为我们在革命斗争中正确地研究问题和解决问题的有力的武器。如果我们没有正确的哲学思想，没有正确的世界观、正确的思想方法，我们在革命工作中，在研究问题解决问题的时候就要犯错误，就要使革命队伍和革命人民遭受损失。

我们现在已经懂得什么叫做哲学了。但是，我们就此能算完全找到桃树了吗？不，还有一个问题需要作一番解答。我们不仅要求懂得什么叫做哲学，而且还希望懂得什么是正确的哲学，什

么是正确的世界观和方法论。

正确的思想就是能够正确反映事物发展规律的思想

要解答这个问题，我们最好先一般地解释一下；什么是我们对于事物的正确认识和看法。还是用抗日战争的例子来说，对于抗战的三种看法——亡国论，速胜论和持久战，哪一种是正确的呢？抗战八年的历史已经证明了，亡国论和速胜论的看法都不对，而持久战的战略思想才是正确的。这种正确的思想，它的特点在什么地方呢？它和前两种不正确的思想有什么主要的区别呢？它的特点和主要的区别就在于；持久战的思想，和抗战的事实发展规律是完全一致的，它不只是我们头脑里的思想，而且是把事实的发展规律正确的反映在这一个思想里。至于那不正确的亡国论和速胜论的思想，它的内容却和抗战的事实发展规律全不符合，它之所以叫做错误思想，就在于这种思想不能正确地把事实发展规律反映出来。什么是这里所谓的规律？规律就是事物变化发展中寻定不移的关系和过程。由于敌强我弱以及其他许多事实条件，抗战必定要经长期的战争而不能速胜，必定要通过防御、相持和反攻的三阶段的道路，必定要展开广泛的游击战争到处打击敌人。才能渐渐削弱敌人以至使敌强我弱的力量对比发生根本变化。由于我们是进步的，敌人是倒退的，我们多助，敌人寡助，我们是大国，敌人是小国这些事实条件，因此只要坚持抗战，最后胜利必定归于我们，而事情的发展决不会如亡国论者的悲观想法那样。这些，以及其他一切关于中国抗战发展的规律，抗战中一定不移的各种关系和过程，都在持久战的思想里正确地反映了出来，而速胜论和亡国论的思想却完全违反了这些规律，因此持久战是正确的思想，其他两种思想就是错误的思想。

正确的哲学思想，是要能够正确地反映整个世界发展的总规律

现在我们就可以谈到什么是正确的哲学思想了。各种正确的思想，都是反映了一定事物的发展规律。而正确的哲学思想，则是正确地反映了整个世界发展的总规律，以及我们对于世界应如何认识的总规律。这样的正确的哲学思想，就是辩证法唯物论，我们学懂了它，那我们对于世界就有了正确的根本认识或根本看法，就可以有了正确的世界观和思想方法，就能够在研究问题解决问题的时候掌握到有力的方法武器。研究各种事物规律，是科学的任务。我们如果要想对于一定事物，获得正确的思想，避免错误的认识和看法，就必须对这一类事物作科学的研究。但要对于任何事物能作正确的科学研究，就必须以正确的世界观和思想方法作为基础，就要研究整个世界变化发展的总规律，以及我们对于世界如何认识的总规律，而这就是哲学的任务。因此，我们如果想获得一种正确的世界观和思想方法，避免受到错误的反动哲学思想的影响，就必须很好地研究一下哲学。

研究哲学必须时时刻刻抱着解决实际问题和指导行动的目的

还要重复说一下，哲学是世界观又是思想方法，正确的哲学就是一种科学的思想方法，它能够帮助我们对于事物进行科学的研究，找出它们的真实的发展规律，获得正确的认识和看法。有了这种正确的认识和看法，我们在革命行动中和斗争中就不至于摸错道路，就有胜利和成功的希望，否则就要受到挫折或失败。

例如在抗日战争中，毛泽东同志正确地应用了辩证唯物论的思想方法，就为我们指示了持久战的科学真理。中国人民所以能够以一个弱国而在八年抗战中，挡住一个强大敌人的侵略铁蹄的前进，给它以有力的打击，最后把它打败，并且发展了人民的力量，建立了广大的解放区作为走向全国解放的基础，其重要原因之一，就是由于我们依照了持久战的科学思想进行抗战，而不是依照亡国论和速胜论的错误思想来指导行动。正确的哲学思想，对于我们的实际行动就有这样的重大作用，它就是我们进行革命的阶级斗争的有力的思想方法的武器，因此我们必须认真地研究哲学，学习掌握那正确的思想武器——辩证法唯物论。学习哲学既然是为着掌握革命斗争中研究问题解决问题的正确的方法武器，因此，我们研究哲学的时候，就也必须时时刻刻有意识地注意到这一个解决实际问题和指导行动的目的，在研究中经常联系工作和斗争中的问题，切不要缠绕在与当前实际毫无关系的空洞议论和名词的纠纷里。

第二章　唯心论、二元论和唯物论

三　两军对战

——哲学的两大类别

现在还要再讲一次生活困难的问题。

同是一个生活困难的问题，对它的认识和看法却因人而不同。认识和看法不同，结果也就大有差异。有的人在生活困难的压迫之下悲观消极甚至于自杀了，有的人拼命忍受着牛马的生活，得过且过，能多活一天算一天，有的人勇敢坚决地起来和困难作斗争。我们已经把第一种人叫做悲观主义者，把第二种人叫做宿命论者，把第三种人叫做唯物主义者。还有一种人把压迫和剥削别人当做自己理所当然的权利，再有一种人每日闲游浪荡、追逐乐趣，我们把前一种人叫做专制主义者，后一种人叫做享乐主义者。以上种种的人，都是社会上容易看到的普通人，决不是什么哲学专家，但我们却把他们的认识和看法都加上了专门的哲学名词，好像他们都不是普通人，而是一些专门从事哲学研究的人。这一点，我们已用不着再加解释，大家读过前面两节文章，早已明白了，这些人虽然不是专家，他们的思想仍有各种哲学的内容，因为这些思想代表各种人们的各种不同的世界观。

各种人之所以有不同的世界观，是由于他们所处的社会地位不同

同是一个世界，不同的人就有不同的世界观，不同的认识和看法。这就是说，在各种人的眼睛里，世界呈现为各种不相同的面貌。在悲观主义者的眼睛中，世界上好像充满了愁云惨雾；在宿命论者的眼睛中，世界上一切都好像被一种神秘的力量所支配；在唯物论者的眼里，世界上的一切变化发展，都是由事物本身的一定的原因所引起，而一切发展变化都有着一定的规律；专制主义者把世界看做少数独裁者的奴隶集中营；享乐主义者把世界看做游戏场。为什么世界会有这样多的面貌。是世界自己在化装做戏吗？当然不是！世界只是这一个世界，它自己并没有什么装扮，我们觉得它有各种各样的面貌，那只能怪我们人类眼睛上常常带着各种各样的着色眼镜。你们看，凡是带着色眼镜的人，世界在他的眼睛里就失去了本来面目，而呈现出各种人工的色彩。带了青眼镜，世界就好像都是青色的；带了红眼镜，世界就好像都是红色的。我们这里说的着色眼镜，自然只是一个比方。各种人的世界观之所以有不同，并不是简单地由于他们在眼镜店里配了各种不同的有色眼镜。他们对世界的看法不同，乃是由于他们所处的社会地位不同；更正确些说，是由于他们的阶级地位不同。中国有一句老话，叫做“坐井观天”，意思是说坐在井底的人眼里所看见的天和在井外所看见的是有不同的。天只有一个，井外的人看起来是空旷辽阔的，而井底的人看起来就只像一个圆。人们对于世界的看法也和这个比喻有些类似。人们的阶级地位不同，他们对于世界的看法也就不同。同一个世界在他们眼

中就有了不同的样子。

中国社会两大营垒内，都包括各种社会地位不同的阶级和集团

在前一章里早已说过，我们的生活，是离不开一种斗争的过程，而这种斗争，在新民主主义革命时期，根本上就是中国广大人民对帝国主义、封建势力和官僚资本主义的斗争。这个斗争把中国社会分成了革命和反动的两个大营垒，在这两大营垒里，各自包含了许多社会地位不同的人的集团，包含着各种不同的阶级。在人民的革命营垒方面，首先有工人阶级、农民阶级、城市小资产阶级、民族工商业资产阶级，以及一切进步开明人士和集团，在帝国主义、封建势力和官僚资本主义的营垒里，有大地主、大官僚买办资本家、军阀、政客、汉奸、特务等等的阶级和集团。我们可以看见，这些复杂的阶级和集团，由于他们的社会地位不同，他们对于事物和对于世界的认识和看法，也有种种不同。首先两个营垒是处在根本对立的地位，在中国问题上，就有了两种根本对立的思想。在人民的营垒方面，根本的思想是希望中国得到解放，使中国成为民主、自由、独立、统一和富强的国家；在反动的营垒方面，他们的根本思想却是不惜使中国成为帝国主义（目前是美帝国主义）的殖民地和附庸国，以便在帝国主义的援助之下，在中国建立起他们少数剥削者的专制独裁统治。这是两个营垒的根本的对立思想，是两个营垒对于中国问题的根本相反的看法。但是，两个营垒中包含各种不同的阶级和集团，他们在中国社会上所处的地位也各不相同，因此他们所有着的就不简单只是这两种针锋相对的思想。同是站在人民的营垒方面的各阶级，他们对于中国解放的要求是各有差别的。工人阶级坚决

要求在中国解放之后能够得到彻底的翻身，农民也是这样，工农阶级成为新的人民民主国家里占有主要统治地位的阶级，民族资产阶级则首先关心的是中国解放以后资本主义工商业的发展和资产阶级在政治上的地位。又如工人阶级和农民阶级就能和反动营垒始终进行坚决的斗争，而资产阶级则常常表现动摇妥协的倾向。在反动营垒方面也是一样，一部分集团是坚决反对人民的死硬派，另一部分由于与其他部分的矛盾冲突，并且在人民斗争的强大压力下，往往竟能够和人民营垒方面形成一时的和一定条件之下的妥协，甚至于结成统一战线。就抗日战争中的情形来说，以汪精卫为首的一群大地主大资产阶级，就是和日本帝国主义站在一起来坚决反对抗日的广大中国人民的，而另一部分以蒋介石为首的大地主大资产阶级，这时就曾经在国内外形势的逼迫之下和中国广大人民作了暂时的妥协——但在妥协中间仍然时时进行反对人民的活动，并发动了几次反共反人民反革命的高潮。抗日战争胜利了，情形就有了改变，从前和人民暂时妥协的大地主大资产阶级（包括他们的军阀、官僚、特务集团），现在是和美帝国主义一起，站在坚决反对人民的立场上了。我们讲了这一长篇，是想说明什么呢？我们是想说明：在两个大营垒中间，在两种根本对立的思想中间，因为都包含有各种各样的阶级和集团，他们的地位不同，他们的关系常有变化，因此他们对于同一中国问题的看法也就表现出各种各样复杂的情形，并且也常会发生变化。

各种不同的社会集团，有各种不同的世界观

就世界观的问题来说，同一个世界，在不同的人的眼睛里呈现出各种不同的面貌。形成了多种多样的世界观，这正是因为社

会上有各种各样阶级和集团，他们的社会地位不同，因此他们对于世界的认识和看法也就各不相同。例如那宿命论的世界观，是从什么地方来的呢？你要找它的来源，可以走到一些在旧社会中受了地主阶级影响而没有觉悟的农民群众中去。农民在中国人口中占百分之八十，他们在过去历史上曾举行过多次的起义，把一些横暴的专制皇帝的统治打垮，表现了他们很伟大的力量，最近三十年来，他们在无产阶级——共产党领导之下觉悟和组织起来，更成为无敌的力量。但是，在旧社会里，当没有无产阶级——共产党的政治领导的时候，农民的思想常常是被狭小的生产范围所限制，不会团结、组织，不容易集合成一个很大的力量，因此常常也就不认识自己的力量，在困难和压迫的前面，就没有反抗的信心。由于这一种生活地位的限制，再加上封建统治阶级的思想麻醉影响，使得他们认为世界上事情是命定的，无法改变的，对于压迫和痛苦，除了拼命忍受之外是没有方法可想的。因此，宿命论的世界观，不管它是日常生活中听闻到的也好，或者是专门的哲学书上读到的也好，就中国过去的情形说来，它是封建地主阶级用来欺骗人民和麻醉人民的一种反动的哲学思想。农民在不能忍受地主阶级的压迫而大规模地起来反抗的时候，就会抛弃这种反动思想。农民受到了共产党的思想、政策影响和领导，他们就更加觉悟起来，就能够勇敢地起来反抗封建势力和帝国主义的压迫，就能够组织、团结成伟大的力量，能够把敌人最后打败。在这样的情形下，农民就没有了宿命论的世界观，就接受了进步的唯物论的世界观。这种世界观否认世界上的事情由于命定，而相信广大人民的团结和组织是世界上最伟大的力量，能够战胜一切，改变一切，创造一切。

哲学思想是有阶级性的

我们讲了宿命论的世界观和唯物论的世界观，找出了它产生的社会原因：前一种是地主阶级以及其他主张专制主义的反动剥削阶级用来麻醉人民的工具，后一种是革命阶级的世界观，无产阶级和无产阶级的党——共产党的世界观，是辩证法唯物论的。这就是说，哲学思想是有阶级性的，各种不同的世界观，是各种不同阶级的人们对世界的认识和看法。宿命论是大地主大资产阶级利用来宣传法西斯主义的世界观，也是过去封建地主阶级用来巩固自己的专制主义统治权的思想武器。享乐主义是依靠剥削过着游荡寄生生活的一部分地主资产阶级的思想。而悲观主义则是一种软弱无力的思想，这种思想的基础，是社会上走向没落、瓦解的阶级。反动统治阶级到接近末日的时候，他们中间就可能产生出悲观主义的思想。小资产阶级分子在生活趋向破产的时候，如果他们不能走到广大群众的革命斗争队伍中，也会产生悲观主义的情绪。

任何一种世界观，都可以在一定的社会阶级集团里找到它的来源。像中国这样的社会，内部包含着的阶级和社会集团是多种多样的，因此中国社会可以找到的世界观也是多种多样的。我们在上面列举出了五六种，如果要完全列举出来，那么，五六十种恐怕也举不完。

也许有的人会觉得有点迷惑了。世界只有一个，在我们的眼睛里却变幻出这样多的面貌，这样多的世界观：那么，哪一种世界观，是反映了世界的真正面貌呢？要从这样多的面貌中，去找真正的面貌，是不是可能呢？什么是世界的真面貌，什么是正确的世界观？这问题我们在以前已解答过，那就是要能够正确反映世界发展的总规律的思想。要在这样复杂的各种各样的世界观里，找出一种能够正确反映世界发展的总规律的哲学思想来，岂不非常吃力？岂不要把人弄昏头脑，甚至于徒劳无益？好的，如果有人发生这样的忧虑，觉得事情难办，那么，我可以先说：请你们放心，不必那样着急！

人们的世界观虽然种类复杂，都可以归结为唯物论和唯心论两种世界观的斗争

你说这是吹牛吗？决不是吹牛，问题就在于要研究。世界上的一切问题，如不加以研究，总会觉得茫无头绪，如果仔细研究一番。就可以找到它的条理，找出正确解决的办法。人们的世界观是那么复杂多样，这自然是一个事实，但是，如果更深刻的来看，我们就会发现，它们归根结底，只有两类。就好像在中国社会里，虽然包含着多种多样的阶级和社会集团，他们的地位和利益不同，并且也常常互相发生冲突矛盾，但归根结底，总可以划分为两个大营垒的对立，即一方面是反动势力的营垒，另一方面是广大人民的革命营垒。哲学也是类似的情形，多种多样的主义、派别，它们的内容各不相同，互相间也经常有争论、战斗，但在根本上都可以归结为两种世界观的斗争，都可以归结为唯物论和唯心论的两军对战。

为什么事情又是这样简单明了呢？请听我慢慢讲来。

我们在哲学上把世界上一切现象归为两大类：一类是精神、意识等“主观的东西”，一类是外界物质或“客观的东西”

我们天天睁着眼睛看我们的世界，就知道这里的事物是多到

计算不清，从天空到地上，从周围的一切到我们自己，这形形色色的现象，就是用“万花撩乱”这句话也不够形容它们的繁多。但事物虽然繁多，我们还不至于被它们弄得头昏眼花，而仍然能够清清醒醒地生活下去。这不能不归功于我们的观察分析的能力。我们有了这种能力，能够从表面上好像零乱不堪的宇宙万物中，发现它们的秩序、种类、规律，发现它们中间的一定关系。我们能分清楚某些东西是动物，某些东西是植物，能分别春夏秋冬的时序，能从人类社会里看出各种的阶级和集团，能看清楚什么是帝国主义、什么是封建势力，能够看出各阶级、各种社会间的关系。最后，我们还能看出：在我们认识世界上的任何事物的时候，随时随地都有着这样一种普遍的关系，即我们自己与周围世界的关系。这种关系大体上包含两方面。一方面是周围世界的事物。不断地被我们所认识，另一方面是我们自己又利用自己的这些认识去影响周围世界，改变周围世界。在这种情形下，我们把自己作为认识的主体，这里包含着我们的思想、感觉、感情、意志等；另一方面，我们又把周围世界的一切事物都看做被我们所认识的客体。属于我们自己的这个主体，也就是我们所谓的精神、意识一类的东西，我们叫做主观的东西；属于外界的客体，也即是物质、存在一类的东西，我们叫做客观的东西。这样我们就在哲学上把世界上一切事物现象分为两大类，在我们的认识过程中，任何一件事物、一种现象都可归入这两类之一，不是主观的、精神的，就一定是客观的、物质的。

主观的东西和客观的东西经常有着密切的相互联系

对于这两大类的现象，我们虽然在认识事物的过程中加以分别，但他们中间并没有隔着不能越过的鸿沟。相反的，正如前面已简单提到的一样，它们中间有着密切的关系。例如这里有一把椅子，我们说它是客观的东西，是物质，但它映进我们的眼睛里，就在我们心中引起了椅子的感觉和认识，这样它就和主观、精神（我们的感觉和认识）发生了关系。详细说，主观的精神的东西（我们对椅子的感觉和认识），只是客观的、物质的东西（即椅子本身）在人的头脑中的反映，主观的、精神的东西决不是能离开客观的、物质的东西而凭空存在的。又如我们想拖开那把椅子，让它不要拦着我们走的道路，这是主观的思想，是精神的作用，但这思想立即引起了我们的动作，我们就把椅子拖开，这就是以主观改变了客观，于是主观就和客观的事物、和物质发生关系了。这就是说，主观的、精神的东西本是客观的、物质的东西的反映，但它反过来又对客观的、物质的东西发生一定的反作用。又例如帝国主义侵略中国，中国人民起来反抗，这是一种客观的，物质的现象，这件事物反映在我们头脑中，就有广大人民反对帝国主义的思想，就转变为主观的、精神的东西。中国人民在抗日战争中，掌握了持久战的战略思想，这是主观的精神的东西，中国人民用这个思想来指导自己的行动，使自己在斗争中获得胜利，这又变成了一种客观的物质的现象。像这样，主观与客观、物质与精神的互相关系，是在我们的生活中时时刻刻到处可以看见的。

我们天天在生活着，时时刻刻与周围的一定事物进行斗争，因此我们的主观就天天、时时刻刻和周围客观世界发生关系。我们的主观思想与客观世界所发生的关系是怎样一种关系呢？主观思想怎样与客观物质发生互相影响和作用呢？这一个问题，就成为我们生活中和斗争中最普遍的问题，也就是哲学上最根本的问题。对于这个问题如何解决，就决定了我们对世界的根本认识和看法，也就是决定了我们的世界观的性质。

主观和客观如何发生关系的问题，是哲学上的根本问题

我们以前举出了五六种世界观，我们说还有几十种以上的世界观。它们的样子是那么五花八门，它们所解决的问题也是那么多种多样，但如果我们仔细研究一下，终于可以发现，归根结底，它们所要解决的问题，最根本的仍只有一个。不论哪一种哲学思想，最后都得要答复：主观与客观、精神和物质是怎样发生关系的？

唯心论的根本思想，是把“主观”“精神”的作用过分夸大，把它看做决定一切的最高的力量

试把前面享乐主义的世界观拿来看一看，它把世界的一切都看做梦，看做人们心中的幻影，它是怎样解决了主观与客观、精神与物质的关系问题的呢？它是完全不承认客观，物质的存在了，它把客观、物质都当做主观的幻影，以为世界上除了主观的东西以外，什么也没有了。它过分夸大了主观、精神的东西，把主观、精神看做世界上最高的唯一的东西，以至于不承认有客观、物质，这种认识和看法，在哲学上就叫做唯心论。再拿那宿命论的世界观来看吧，它把世界当做神灵手中的玩意儿，以为世界的一切都受着神的心意支配。这种世界观，虽然并不完全否认客观物质的存在，但把一切客观事物都看做神灵的心意所引起的，也就是说，认为一切都是由一种神化了的主观。精神创造出来，并且服从着这种主观、精神的，这仍是把主观，精神当做最先的存在和最高的存在，把客观、物质当做附属的产品，所以仍然是唯心论的世界观。此外，专制主义者和法西斯主义者，主张

少数人的统治权威是天生命定的，主张独裁领袖的思想、意志可以决定一切（如国民党中一部分反动派所主张的“领袖脑壳论”——即一切由“领袖”脑壳中的思想决定）；抗战中的速胜论者，不顾中国的客观物质条件的困难，只按照自己希望速胜的主观愿望来判断问题；抗战胜利以后，国民党的反动派空空洞洞地说胜利是由于精神战胜物质，而抹煞了广大人民、尤其是解放区人民在抗战中所发挥的伟大物质力量的决定作用。这一切思想都是把主观，精神的作用过分夸大，把它看做最高的决定一切的力量，在根本上都以一种唯心论的世界观做思想基础的。

唯物论的根本思想，是承认物质有独立的存在和自己的规律，物质是第一位的东西，精神是第二位的、派生的东西。

和上面的各种世界观相反，另一种世界观即唯物论，在解决主观和客观、精神和物质的关系问题时，不是把主观、精神摆在第一位，而是把客观，物质摆在第一位，认为客观的世界是不依赖人的主观、精神、意志为转移的。在外界独立存在着的、实实在在的物质的世界，决不是主观的幻影。客观、物质的变化，发展，都是依照它自己本身的性质，通过一定的关系和过程，也就是通过它自己本身的规律，决不是什么不可捉摸的神灵心意所能任意创造和任意支配，也不是一个“独裁领袖”的“脑壳”就能随便决定一切。我们不能违背着客观物质本身的规律，任意改变事物，我们要想改变事物，只能利用这些规律，顺着这些规律去推动事物，才能达到我们预期的目的，否则就不能达到目的。要善于利用风势，帆船才能顺利前进，行船不会利用风势，就不可能顺利前进，甚至于不能前进而要后退，因为帆船要靠风力推动，是它的客观规律。市面上流通货币太多，物价一定上涨，这是“通货膨胀”的规律。我们要使物价跌落就不能违反这个规律，让纸币以及其他通货任意增加发行，而是必须顺着这个规律，设法把通货数量减少，或即使不减少也要给以适当的节制。抗日战争由于力量的对比以及其他客观物质条件的关系，必须经过长期战争的道路，这是中国抗战的规律。中国人民要想在这战争中获得胜利，就不能违反这规律，就不能依照唯心论的急躁心理希望速胜，而必须依照着这规律，以持久战的战略思想，争取敌我力量对比逐渐变化，以至于使我们的力量变为优势，才能打败敌人。这就是说：唯物论的世界观的主要特征之一，就是要承认客观世界是独立的物质存在并且有它自己的规律。除此以外，唯物论的另一主要特征也要说一下，这就是认为主观、精神并不是独立存在的东西，而只是从客观、物质中产生出来的，是第二位的东西。是先有了人的脑髓然后有人的思想呢？还是先有了思想才有脑髓？当然是先有人的脑髓然后才有人的思想，主观的精神是从客观的物质里产生出来的（也叫做派生的），思想是发展到最高级的物质（即人的脑髓）活动的作用，这种作用叫做反映的作用。是先有椅子然后才有椅子的感觉，还是相反的呢？是先有中国革命战争长期性、曲折性的规律然后才有关于中国革命的长期性的认识以及持久战的思想呢，还是相反的呢？事实证明决不是相反的情形，事实证明客观事物和它的规律存在在先，而关于事物及其规律的认识、思想（也就是主观、精神）只是前者在我们头脑中的反映。

一切哲学上的争论，都可以归结为唯心论和唯物论的两军对战。找不到真正的第三种的中间的哲学

主观和客观，精神和物质，对于这两类现象的关系，有两种根本相反的看法：把主观，精神看做第一位的东西，而把客观、物质看做第二位的东西，是唯心论的看法；认为第一位的东西是客观、物质，而主观、精神只是第二位的，只是“派生的”东西，这是唯物论的看法。哲学史上所有千种万样的世界观和什么什么主义，归根结底，都可以归入这两大类别之中。各种哲学中间无限错综复杂的战斗和争论，都可以最后归结为唯物论与唯心论的两军对战，就好像中国社会各阶级集团间的无限错综复杂的斗争，都可以最后归结为广大人民的革命势力与反动势力的两军对战。在革命势力与反动势力的两大营垒之外，找不到真正的第三个营垒，即使有，也只是那一种摇摆在进步与反动之间的一种不坚定的营垒。在唯物论与唯心论之外，也找不到真正第三类别的哲学，即使勉强去找，也只能有一种在唯物论和唯心论之间左右摇摆的骑墙派哲学，即所谓二元论的哲学。

革命阶级必须坚持唯物论，就是哲学的党派性

哲学上唯物论和唯心论两大营垒的斗争，自然是有阶级性的，它是人类社会里各阶级间的斗争倾向在世界观——思想方法上的表现。从来唯物论一般都是历史上有进步作用的阶级的世界观——思想方法，而唯心论则一般都是历史上起反动作用的阶级的世界观——思想方法，是剥削阶级的反动派的思想基础。中国的反动大地主官僚资产阶级的“哲学思想”如像陈立夫的“唯生论”、蒋介石的“力行哲学”之类，都是唯心论的。领导中国广大人民坚决进行革命斗争的中国工人阶级和共产党，是以马克思主义的辩证法唯物论作为自己的世界观——思想方法。把马克思列宁主义的普遍真理和中国革命的具体实践互相结合起来的毛泽东思想，就是严格地建立在辩证法唯物论这个世界观——思想方

法的基础之上的。工人阶级和共产党，必须坚持辩证法唯物论的哲学，而和一切唯心论作不妥协的斗争，这就是哲学的党派性。

四　一块招牌上的种种花样

——主观唯心论和客观唯心论

从前听见过这样一个故事：据说在一条路上，有两个人对面相逢，并且同时看见路旁挂着的一块招牌。招牌的正面涂着金色，背面涂着红色。甲向正面走来，看见了金色，说招牌是金子做的。乙向背面走来，看见了招牌的另一面，一口咬定是红漆的。两个人都坚持自己的主张，不肯相让，于是发生争执、吵闹，以至打起架来。后来是另一个人出来调解，提醒了两人的偏见，大家才明白刚才的争执，都是毫无意味。原来招牌本身兼有两面，而每人只看见一面。所有的争执，其实都是各人眼光狭隘的结果。

故事就是这一点。大约因为一经人指点，两人不再争执，于是故事也就完结了。但我们如果再深刻的想一想，就可以发现这还不能完全没有问题；两个人中如果有一个人肯再用一点思想，马上就会追问："招牌两面的颜色果然不同，但仅只知道这一点，还不能满足我们。我们还要再问：招牌的本身究竟是什么造成的？是木头吗？金属吗？抑或其他的东西？"这问题，自然还不难解答，因为木头或金属等等东西是很容易辨别的。掂一掂重量，敲一敲声音，不必十分麻烦，就可以大致判断它是用什么造成。但是，如果问题是从哲学的观点上来提起，那么，事情就不这样简单，而花样也就多起来了。那时人们就要依照着自己的世界观来解决这个问题。主张"人生如梦"的唯心论者，会告诉我们说："你说是一块招牌，在我看来什么也不是，只是一团感觉，一团幻影罢了。你有时感觉到它是金色，有时是红色，或者又感觉得它是木头或金属，但这些看法，也不外都是从你自己的感觉上得来的，没有你的感觉，这一切东西都不会存在。"另外一个宿命论者，我们已经说过，他是相信冥冥中有神灵主宰一切的唯心论者，他发表意见道："世界是神灵随自己的高兴安排成功的，那一块招牌挂在前面，也不外是神的心意的表现，而并不全是我的感觉。"唯物论者的意见却直截了当得很："招牌就是挂在那儿的招牌，它本身就独立的在那儿挂着。它并不是我们的感觉，我们的感觉乃是招牌在我们的感觉器官里的反映或影像。它也不是神意的表现，它只是自己存在那儿的物质。"

这就是一块招牌上的种种花样，每种花样表现着一种世界观，世界观有几十几百种，那么一块招牌上也就可以翻出几十几百种花样。但是归根结底，世界观都可以划分为两大类，花样也可以最后归结为唯物论和唯心论两大类。这一点，以前已经讲过，现在想更详细地说明一番。

主观唯心论认为世界一切都是我们主观精神以内的东西。日常生活中也有主观唯心论

我们先谈一谈那把世界和招牌当做一团感觉的唯心论。它的特点，是完全否认了客观物质的存在，以为世界的一切都是我们主观精神以内的东西，这就是说，如果我和我的感觉、思想、意志等等消灭了，那么世界也就没有了。这一类唯心论，它有一个特别的名字，叫做"主观唯心论"。它的拥护者很不少。单就西洋来说，二千年前希腊的哲学家中间，就有一派人拥护过它。以后在十七世纪的时候，英国又有一个哲学家叫勃克莱的，把它捧

上天去。二十世纪以来，在第一次世界大战前，更有一种叫做经验批判论的哲学，把主观唯心论戴上了一副科学的假面具，它甚至于影响了俄国的马克思主义者队伍中的一些思想不坚定的人。他们把这种荒谬的哲学思想在自己的革命营垒里大大的宣扬起来，使得马克思主义的唯物论世界观，在这种偷进内部来的敌对思想前面，几乎被排挤出去。幸亏列宁看清楚了这个危险，亲自费很大的力气，写了一本叫做《唯物论与经验批判论》的厚厚的书，给了它一个彻底的打击，才算把它从马克思主义的思想营垒里驱逐出去，俄国当时马克思主义者营垒里的哲学思想基础才算巩固起来。在中国也有不少主观唯心论的信徒，三百多年前明朝的王阳明，就是最有名的一个，他说："天下无心外之物"。他用花作比喻，认为只有当我们看见花的时候，花才存在，说："你未看此花时，此花与汝心同归于寂。"这就是很明白的主观唯心论。唐朝诗人李白说："浮生若梦"，这也有主观唯心论的思想成分。就日常生活里的情形来说，有一种人，常常以为自己所想的一切都是对的，而不管事实上究竟对不对，在做工作的时候，不是根据调查研究，按照事实的情况来决定工作方法，而是凭个人的感想办事，他以为世界上的事情可以任凭个人的主观随意创造或消灭，自己想要怎样便可以怎样。这种人虽然不一定会公开主张一套有系统的主观唯心论哲学，但他这种思想就有着主观唯心论的性质。

主观唯心论的错误，首先要在事实面前暴露马脚

唯心论是错误的世界观，主观唯心论尤其容易露出马脚。在什么情形之下它会露出马脚来呢？在两种情形下它会露马脚。第一是在生活事实前面对照的时候，它会露出马脚来。一切自以为

是，只相信自己主观所想的，而不把客观情形放在眼里的人，一定要在事实前面碰钉子，一定要失败，也就是在事实前面证明他所想的不对。失败就是主观唯心论的马脚的暴露；失败就证明的确有一个客观世界在我们的主观之外独立存在，证明世界决不是存在于我们自己主观里的幻影。

主观唯心论在理论上也是荒谬不通的

其次，如果我们用点脑筋，把道理仔细想一想，主观唯心论的马脚也就会在另一方面露了出来。哲学史上早已有人证明主观唯心论的道理是讲不通的。拥护主观唯心论的人说世界上的一切都只是我的感想，梦幻，或思想、意志的表现。但是我们就要追问；“这些感觉、梦幻等等又是从哪里来的呢？这万花撩乱的世界上的一切现象，总有一个产生的来源。”这一个问题，似乎不难答复，但仔细一想，主观唯心论者就要感到非常为难。因为如果要使他的主张彻底，他就应该答说：“世界就只是我自己的感觉、梦幻，所以也就是我自己的主观内部产生出来的，并没有其他来源。”这样一来，我们马上就可以看出它的荒谬不通：“世界既然只是我的主观里产生的，那么，整个世界就只有我一个人了。除了我之外，一切东西都不是真实存在的了。”这就成了哲学上所谓的“独在论”。按照这种“独在论”的道理推论下去，那就必然要得出许多荒谬绝伦的结论，例如说：“我不是我的父母所生的，恰恰相反，我的父母才是我的主观所生的！”又如说：“并不是我生存在世界上，恰恰相反，整个世界才是生存在我的主观里！”等等。一切主观唯心论在实际上必然都要成为荒谬的“独在论”。在日常生活中我们知道有一种自以为是的人，我们有时说他是“目空一切”或“目中无人”，这种人思想情况就有点

“独在论”的性质。但是，狡猾的主观唯心论者有时也会感到这种结论实在不通，而不敢把自己的道理公开推到独在论上去。他们想在我的主观之外，给世界另外找一个来源。从哪里找呢？他们当然不肯说，世界就是我的主观之外独立存在的，因为这样一来就会成为唯物论，而不是唯心论了。那么，怎样解答呢？英国的勃克莱的解答是一个最好的例子。他很狡猾地、也很勉强地用神的主观来代替“我”的主观，说：“世界是在神的感觉里，是由神的感觉产生的。我的感觉，只是神的感觉的一小部分。”但这样一来，他更是陷入了双重的荒谬的泥坑。一方面，他自己给自己的主观唯心论打了一个耳光，他除了他自己的主观以外，又承认还有一个神的存在。另一方面，他在理论上仍然避免不了独在论的结论。人们就可以用他原来所讲的一套道理，向他提出质问：“既然你说世界上存在的东西都是你的感觉，那你怎么能说神就是实在存在的，而不仅仅是你的感觉呢？”

唯心论是把人引到宗教迷信的泥坑里去

但是最值得我们注意的，是勃克莱的这种解释里，另外包含着一个阴谋企图，那就是想把我们引到宗教迷信的圈套里去，要我们相信宿命论，相信神的主观精神支配着世界。我们还要进一步指出，不仅勃克莱有这种阴谋，一切唯心论都有这种阴谋，它们总是直接或间接地要把你引到宗教迷信以及宿命思想的圈套里去。为什么呢？因为一切唯心论的根本特点，就是过分夸大了主观的精神的作用，结果就主张世界上只有精神，没有物质，或至少也要主张物质完全受精神的支配。而在宗教迷信的思想里，也认为世界的最高支配者是神，是神的心意和精神。这一点，在根本思想上不是和唯心论完全一致吗？因此，一切唯心论在道理说不通的时候，就常常索性丢开道理不讲，把神灵硬拉来顶救兵，好像《西游记》上孙悟空对妖怪没有办法的时候，就请南海观世音菩萨来帮忙一样。有些凭主观感想办事的人在临到失败以后，常常不肯反省自己主观的错误，不肯虚心地研究事实，却埋怨自己的失败是由于“运气不好”。当他这样诅咒的时候，他虽然不一定会想到这是一种宗教迷信思想，但实际上已经进入了这一个圈套：就是不知道反省自己失败的原因，是由于自己的思想违背了事实的规律，而以为是违背了冥冥中的神意。

唯心论是通向宗教迷信的桥梁

自然，宗教也有宗教自己的特点，不能完全和唯心论混为一谈。宗教的世界观一般都是用迷信神话来表现，宗教里还有种种仪式行为。这些特点，都不是哲学的唯心论所有的。但是，如果从根本思想来讲，从世界观的基础上来讲，那么，唯心论和宗教就是相通的。唯心论不用神秘的仪式来欺骗你，而是用冠冕堂皇的一套诡辩的道理和巧妙的言论来迷惑你，使你不知不觉相信了那宗教的根本思想，不知不觉在精神上被拖到庙宇里去。唯心论并不就是宗教迷信，但它却是用最狡猾的道理安排成的一条通向宗教迷信的桥梁，神话和仪式只能欺骗和吓唬愚昧落后的被压迫群众，使他们迷信神力，看不见自己被压迫的真实的原因，使他们失去了反抗的信心，糊里糊涂地以烧香拜佛来安慰自己。但在唯心论的影响之下，就是学者、思想家也往往会甘心情愿地去过敲木鱼的生活，它的思想麻醉力量实在不小。因此，世界上的大宗教，如基督教和佛教，除了它们的神话仪式之外，都有一套宗教哲学，如基督教的经院哲学和佛教的佛学。这些宗教哲学内部自然也有着派别斗争，其中也产生了一些具有唯物论性质的派别，与唯心论派形成尖锐的对立，而那些唯心论派的宗派哲学，对于宗教迷信的传播，是起了很显著的配合作用的。

客观唯心论认为世界的一切都是神的感觉、思想的活动

我们刚才所讲的，已经超出主观唯心论范围之外了。一些主观唯心论者，害怕暴露独在论的荒谬绝伦，不敢把自己的一套道理讲彻底，说世界上除“我”之外，什么也不存在，因此都要向神灵求救，承认除了“我”之外，世界上还有一个客观存在的神，这个神才是世界的真正支配者，一切事物的产生、变化，都决定于这个神的心意。但是这样一来，就不是主观唯心论，而变成另外一种唯心论，即哲学史上所谓的客观唯心论了。这种唯心论和主观唯心论的不同，就在于主观唯心论认为世界一切都是“我”的感觉、思想等等，世界一切都只是个人的主观精神的表现，而客观唯心论则认为世界一切是神的感觉、思想等等，是一个伟大的充满在宇宙各处的主观精神的表现。一切宗教迷信的思想，都认为神是世界的最高支配者，认为神能创造一切，因此在根本上说来，一切宗教迷信里都包含着一种客观唯心论的思想因素。当然，宗教迷信里的客观唯心论因素，比起专门哲学上的客观唯心论来，是很粗糙的。它的荒谬的神话，使人容易感觉到它的不合理。哲学上的客观唯心论，在根本上虽然和宗教迷信思想有共通的性质，但它却要讲一套狡猾精练的道理，使人一下子很难看出它与宗教迷信相通的马脚，但它迟早总要露出马脚，因为在它花言巧语地说到最后时，总要承认，它所谓的伟大的充满宇宙的精神就是神。

世界上最有名的客观唯心论，是十九世纪德国哲学家黑格尔的哲学。他认为整个世界就是一个伟大的精神运动，这个精神，

他叫做绝对精神。这个精神的特点，就是思想活动。这种思想活动，他认为是具有着一种不断变化不断发展的辩证法的性质，世界就是由这种精神的活动创造出来的。世界上的一切变化发展，在黑格尔看来，并不是物质的变化发展，而是这个绝对精神的思想活动。用手抛石头，石头飞起来，在黑格尔看来，飞起来的不是物质，而只是绝对精神自己的思想的一种表现。中国的抗战，如果要黑格尔来解释，他就不会看做是中国民族与日本帝国主义的物质斗争，而要看做是绝对精神自己的思想斗争，是这种精神发展到一定阶段上的内部思想矛盾的表现。

日常生活中的公式主义，就是一种客观唯心论

客观唯心论的世界观，也是荒谬的，不管它的道理讲得怎样动听，它仍然像主观唯心论一样，经不起生活事实的对证，也经不起理论上的认真批判。为了把问题解释得简单明了，让我们撇开专门的哲学理论，从我们日常生活中容易碰到的事情来说明。要在我们日常思想中找客观唯心论，最好的材料就是公式主义的思想。大家知道，凡是有公式主义毛病的人，都不会按照事实的具体情况灵活解决问题，不管在任何情形之下，他们永远只会用一套呆板的办法来办事。都市里办国民教育的一套正规办法（如集中很多学生，分班分年级上课等等），到地广人稀的西北农村里就行不通，但有的人一定要这样办，这就是公式主义。从外国学了一套阵地战术，在中国的抗日战争中也想照样应用，这也是公式主义。抗战初期，国民党中一些人曾想用曾国藩打太平天国的公式，主张以守为主，以攻为辅，反对游击战运动战，这也是一个好例。

公式主义在事实面前也要露马脚的

公式主义的思想基础，就带有客观唯心论的性质。为什么呢？因为它把一些固定了的思想公式看做决定一切的东西，以为世界上的一切事物都要受这些公式的支配和安排，而不知道世界万物各有各的变化发展规律，不受任何既定公式的限制。公式主义者当然不会宣布世界万物是受神的支配，或受到一种伟大的精神和思想的支配，但在实际上它是承认了这种支配，因为盲目相信思想公式的力量，在这一点上它根本就是和客观唯心论一致，甚至于和宗教迷信一致的。好了，这一下子我们好捉着客观唯心论的马脚了。它既然是把死的公式迷信成为世界万物的支配者，那么，一旦碰到了活的事实，碰到并不受这些公式限制的事实，这种迷信就要被打破了。城市的正规教育拿到偏僻乡村里就办不通，阵地战的公式在一九三七年上海抗战中碰得头破血流，曾国藩的公式想拿来对付日本帝国主义只落得一个愚昧落后的笑柄！公式主义的破产，也就是客观唯心论的破产。但是你们也许要问了："不错，公式主义固然是这样荒谬的，难道黑格尔的问题也是这样简单吗？这样一个大哲学家的思想，你只这样轻描淡写的几句话，就想把它驳倒，这未免太轻率了吧？不是马克思也曾称赞过黑格尔的哲学吗？"请不必着急，让我慢慢告诉你们。我们并不想这样轻率地把黑格尔的哲学简单地一笔抹杀，问题是要有分析。要分清楚黑格尔的哲学中有合理的部分也有荒谬的部分。不错，马克思称赞过黑格尔的哲学，那是只称赞他的合理的一部分，这一部分就是他的辩证法的方法，这种方法承认世界上一切事物永远变化发展，这是和事实一致的、合理的，但是马克思并没有因此连他的荒谬部分也加以称赞。这荒谬部分，就是他的客观唯心论。要知道马克思对于黑格尔的唯心论是坚决反对，并且给与过彻底的驳斥的。马克思怎样驳斥黑格尔的唯心论呢？在根本上说来，他也不外是指出了它的公式主义的荒谬性质。

黑格尔的客观唯心论也有公式主义的性质

黑格尔写了一本叫做《论理学》的书，把绝对精神写成一套固定了的思想公式，并认为一切事物的变化，都不能超出这些公式。马克思的驳斥，主要的就是指出黑格尔的思想公式（也叫做唯心论体系）常常和事实不符合，并且和他自己的辩证法的方法也有冲突。辩证法承认事物是永远的向前发展，而唯心论体系却又要把这种发展死死地限制在一些思想公式的框子里，因此使得他的辩证法也受到大大的损害，成为不彻底的东西。马克思称赞黑格尔的辩证法，说这是他的哲学的合理核心，但同时又指斥他的唯心论体系，说这是一个荒谬的外壳，所以主张要打破这唯心论的外壳，以便救出它的合理的核心。

马克思主义怎样打破黑格尔的唯心论外壳呢？那就是抛弃一切死的“公式”“体系”，切切实实地研究活的客观事物的变化发展。这样就采取了唯物论的世界观，把黑格尔的唯心论的辩证法改造为唯物论的辩证法。

五　三分像人，七分像鬼

——二元论、机械唯物论

二元论是唯心论和唯物论的混合物，不是第三种哲学

现在我们要先讲一下二元论在招牌上所看见的花样，然后再

讲唯物论。俗话说："三分像人，七分像鬼。"二元论的哲学思想，很好用这句话来说明。以前早已说过，二元论并不是唯心论和唯物论之外的第三种哲学，只是把两种世界观勉强硬凑在一起，成为两种根本对立的哲学思想的混合物。二元论的哲学表现一种动摇的立场，它既不敢彻底地主张唯心论，又不愿完全赞成唯物论，想把一种荒谬的思想和一种合理的思想调和起来，就好像拙劣的画师，既不愿把人完全画成鬼样子，又不能或不肯切实认真地画出一个正确的人像，结果他所画出来的东西，就好像是鬼和人的混合物；看起来像鬼，又有点像人。总之，决不是鬼和人以外的第三种东西，而只是疑似于两者之间的东西。哲学的二元论就是在唯物论和唯心论两者之间疑似和摇摆的东西，它有时像要偏向唯物论，有时又在实际上和唯心论、宗教迷信等打成一片。其中道理请让我们慢慢解释。

康德的二元论，是把唯物论和主观唯心论硬凑在一起

世界上最有名的二元论哲学家，就外国来说应该要数十八世纪末叶时候德国的康德。如果他的前面挂着那一块招牌，他会怎样去了解它呢？他一定首先承认，这招牌是客观的东西，是在外界独立存在着的，并且它的本身是物质。但如果你再向他追问："你所说的这招牌的物质是什么？是木头吗？是金属吗？"那回答一定出乎你的意外。康德的回答是："物质固然是物质，但那物质的本身究竟是什么东西，我们没有办法知道。"如果你反驳他，说："为什么没有办法知道呢？只要敲一敲声音，掂一掂重量，或者再试一试它的坚硬如何，不是就很容易判断是木头或者金属了吗？"康德就会很狡猾地把你驳回来："你所说的重量、声音以及坚硬等等，都是我们人的感觉。你所知道的只是这些感觉。你

把某些感觉联合起来，说这是金属，或者是木头，所以，你所谓木头，或金属，都只是一团感觉集合起来的名称。除了你的感觉之外，你不知道任何东西，外界存在的那木头或金属的本来面目究竟是什么，我们是没有办法认识到的。”康德的哲学思想的特点，就是认为物质的本来面目（康德叫做“物自体”）和我们的感觉完全不同，所以他一方面承认物质是存在的，并且承认我们的感觉是由于物质和我们的感官接触才引起的，就这一方面来说，他是赞成了唯物论。但另一方面，他又坚持我们所知道的世界一切事物，都只是一些感觉，我们不知道“物自体”是什么面目，这也就是说，我们是在自己的主观感觉里过日子，这样一来，又成为主观唯心论了。这样，康德把唯物论和主观唯心论硬凑在一起，就成了他自己的二元论。

康德的二元论，是偏向唯心论和宗教迷信方面的

康德的二元论，是偏向唯心论方面的，他的哲学里有许多漏洞，恰恰适合替唯心论开后门。首先有人就要问他：“你既然说没有办法认识物质的本来面目，那为什么你敢断定它一定存在呢？譬如，你前面有一间屋子，当你还没有方法认识它的内部的时候，你怎能断定里面一定有人呢？”唯心论哲学者就常常抓着康德哲学思想里的这样一个漏洞，说他既主张我们不能认识到屋子的内部，却又武断说里面一定有人，说他一方面主张不能认识“物自体”，一方面又偏要说“物自体”存在，这在道理上就讲不通。要想把道理讲通，只有取消二元论，或者站在唯物论方面，承认感觉就是物质的本来面目的反映，我们通过感觉就可以认识“物自体”，这样我们肯定“物自体”存在就有理由了，或者相反的，干脆否认“物自体”这东西的存在，跟主观唯心论一样地主

张世界就包含在我们的主观精神里。康德的学生和他的许多后继者，都走了后面的一条路，把“物自体”干脆丢掉，以后就发展成有名的德国唯心论。这德国唯心论变来变去，最后就出现了黑格尔的哲学，又成为客观唯心论，这是以前我们已经讲过的了。至于康德自己，最后也是偏到唯心论和宗教迷信方面去。因为还有这样一个困难的问题逼着他不能不走向这方面去：世界的本身是物质的，我们也是在这个物质世界内部生活的，但是我们却看不见这世界的本来面目，那我们的生活不是就像瞎子走路一样的危险了吗？而且也许，我们的情形比瞎子更坏吧？因为瞎子虽然没有眼睛，还可以利用触觉和利用棍子来摸索道路，而我们却根本没有方法摸索我们的道路。我们就好像梦游病者，只能看见自己的梦，自己的感觉，前面有危险的悬崖，我们也不可能自己觉察。这样，世界上的人全是梦游病者，为什么都能好好地生活下去呢？为什么人类在生活中还不至于莫名其妙地落到“物自体”的悬崖下去呢？如果康德肯丢掉唯心论，他对于这问题就很容易回答，因为他可以改变他的主张，承认感觉是“物自体”的反映，我们的感觉能够引导我们认识物质的本来面目，因此我们能够看清道路，不至于在悬崖前面失足。但是，康德不肯丢掉唯心论，一定要坚持二元论，结果他就只好偏向唯心论方面，作了一个带宗教迷信味道的解答，就是说：我们之所以不失足，“是由于幸运”。这样，命运之神的心意，就被康德看做世界的支配者了。

“三分像人，七分像鬼”，画师要把鬼相和人相混合成既不是人又不是鬼的第三种独立的东西是不可能的，它只能是或者更像人一些，或者更像鬼一些。二元论者在道理上也是不能独立地站稳脚跟的。它如果不偏向唯物论，就一定要偏向唯心论种宗教迷信，否则它本身就有一大串难题解决不了。要想把少数孤家寡人决定一切的专制思想和广大劳动人民创造时势的民主思想结合在一起，是不可能的，要一个人不放弃公式主义而又能够按照事实情况灵活办事，也是做不到的，要希望一个有速胜论思想的人执行持久战的战略一定要发生危险。中国两千年前有个孟轲说过这样的话；“我想同时吃到鱼和熊掌两样食品，但是不可能，那只好选择一样，丢掉鱼，吃熊掌了。”二元论者想同时把唯心论和唯物论都吃进自己的哲学肚子里去，但事实证明这样做是免不了要害消化不良症的。那怎样办呢？真正的办法只有一个，那就是抛开二元论，在两种世界观中选择一种，而丢掉另一种。选唯心论好不好？康德以后的德国唯心论曾这样做过。但唯心论的情形，我们已经讲过，不论是主观唯心论或客观唯心论，都是荒谬不通的思想，都会要把人引进宗教迷信的圈套里去，我们应该坚决反对它。因此，问题的解决是很明白的：我们要选择唯物论，而丢掉一切种类的唯心论；要反对少数天生优秀的头脑决定一切的反动思想，反对不顾客观事实、只凭主观感想办事的错误想法，反对“公式主义”等等，而要相信广大劳动人民力量，要在做工作时注意研究客观事物的规律，要接照事实的具体情况灵活解决问题……

唯物论首先要承认世界是物质的，但更重要的是了解什么是物质

现在我们就要详细说明什么是唯物论了。

唯物论的一个起码的特点，就是一定要承认我们的世界是一个物质的世界。或者说，世界的一切现象在本质上都是物质的。如果连世界的物质性也不承认，那怎么还能叫做唯物论呢。但是，仅仅承认这一点是不够的。因为有人还要进一步问：你所谓

的物质，是怎样的一种东西？对这一个问题如果答复得不好，你的唯物论就往往站不住脚，而且会在无意中被唯心论所打败。

如果认为物质不变自己变化活动，就不能站稳唯物论的脚跟，就会落进灵魂不灭的迷信思想里

例如我们平常往往有这样一种感觉：当一提到物质的时候，就以为是指某一种僵死的，自己本身永远不会变化活动的东西，例如说到木头和石头是物质时，就把木头石头看做是自己永远不会变化的东西。如果我们是用这样简单的看法来看物质世界，那么，我们的唯物论包管站不住脚！因为大家知道，我们的世界，是包含着千变万化的现象，包含着继续不断的运动和发展。如果你说物质自己本身不会变化活动，那么人就要问你这些千变万化运动发展的现象是从何而来？如果我们说物质自己不会变化活动，那么我们势必要承认世界上除了物质之外，还得要有另外的一种力量，来推动物质，使他发生变化运动。是什么力量呢？如果你要假定世界上的事物，除了物质现象之外，还有其他东西，那么这东西不是别的，自然就是精神。你既然认为物质自己不会运动变化，那你就势必要承认世界上的一切运动变化都是由于精神力量的推动，也就是在事实上要承认精神支配世界。这样你就完全失去了唯物论的立场，你不但会成为承认物质、精神各自独立并存的二元论者，而且简直要成为主张精神高于一切的唯心论者了。而且你这样思想，早已普遍的受到宗教迷信家的利用，他们把世界看做是耍木头人戏。把物质看做木头人，它的背后隐藏着神灵，物质的运动变化，在宗教迷信者看来，却是由神灵在冥冥中支配推动的。人的身体是物质，人的身体所以能够活动，全靠在躯体里有一个灵魂，灵魂一离开，躯体就失去一切的活动能

力，这就是死亡。大家知道，这正是宗教迷信里最普遍的灵魂不灭的思想。你如果把物质世界看做僵死的东西，你就不可避免地要做灵魂不灭思想的俘虏。

灵魂不灭思想是谬误的

当然，灵魂不灭的思想，也是很幼稚、很容易旨出它的不合理的。只就最重要的一点来说：它把精神或灵魂看做能够自由离开物质而独立存在的东西，这在事实上就永远得不到证明。我们在事实上所见的一切精神的东西，都是附属在一定的物质止表现出来的，例如说到感情和思想，我们只能看见张三或李四的某种感情和思想，决不会在张三李四之外，在什么地方发现一种独立存在的感情和思想。迷信的人会说梦中的鬼怪神灵就是独立存在的精神，殊不知那只是他自己的梦，那只是他自己的头脑中幻想出来的东西，也离不开他自己的头脑，同时这种幻想的产生，也由于白天看见或者想到了什么东西，也不能离一定的所感所想的对象，因此决不能说梦境是一种独立存在的东西。总之，“决不可把思维和思维着的物质隔开”，这是马克思的名言。再说，就算退一万步讲，假定精神是能够离开物质而存在，那也不能答复这样的问题：无形无体的精神，怎么能推动有形有体的物质呢？例如人把石头抛起来，这是人用自己的物质的手把它抛出来的，不是人的精神想要它飞，它就能飞起来了。你们试试看，你们单单心里想要一块石头飞起来，它是不是就能飞呢？绝对不会的！世界上决没有人心想要怎样便怎样的如意事，只有经过物质力量才可能推动物质运动，单单精神作用是什么也推动不起来的。耍木头人戏的都是有血有肉的物质的人，我们从来也没有见过无形无体的精灵鬼怪所耍的木头人戏，如有人说到这些事，那一定是巫神蛮婆假造的鬼话。

但是，不管“灵魂不灭”的思想是怎样幼稚而不合理，你如果对于物质的性质没有正确的了解，你就不但不能驳倒这种思想，而且不知不觉就要被这种思想所征服。要避免这一个危险，最主要的问题，就是你切不要被平常的粗率而错误的想法所束缚，也就是不要把物质看成不会变动的僵死的东西。你要承认，物质本身自己就会变化发展，世界上的一切千变万化运动发展的现象，都是物质自己的变化，不需要任何物质之外的神秘力量来推动。如果你的思想不是那样粗率，而是能够比较仔细一些看问题，那么，你就应该承认，就是木头石头，也并不是本身丝毫不能变化的，例如木头会腐朽，石头会风化，不过这种变化很缓慢，要经过较长的时间，表面上一下子看不出来罢了。

唯物论不但要承认物质自己会变化发展，而且要正确了解物质怎样变化发展

但是，仅仅笼统承认物质自己会变化发展，还是不够的。因为有人还要问，你所谓的变化发展，是怎样的一种变化发展？你对于这问题如果答复得不对，你也就不能把唯物论的世界观坚持下去。为什么呢？让我现在举出历史的事实来证明给你看。过去有一种唯物论，叫做机械的唯物论。在欧洲，这种唯物论是从十七世纪就流行起来，一直到十八世纪末了，还在法国大大的发展。这种唯物论在那时是最进步的哲学思想，它曾经和宗教迷信思想坚决战斗过。它否认物质的变化发展是由物质以外的任何力量推动的结果，它认为一切变化发展的原因都是在物质本身内部可以找到，它认为物质和物质之间的相互作用和相互关系，就是一切变化发展的原因。这样，机械唯物论就把鬼神的支配作用从

自己的世界观里驱逐出去。

机械唯物论认为一切物质变化只有位置和数量两种变化，把物质变化看得太简单了

但是，这种唯物论思想就是有一个缺点，它把物质的变化发展的性质看得太简单了。它认为世界上物质的变化在根本上说来就只是机械的变化，而机械的变化归根结底就是由于一种机械的力（如吸引力、向心力、离心力等）所引起的位置的变化（一件东西从这里移到那里）和数量的变化（一件东西增多了或减少了，集合了或分散了），而说不上真正性质的变化（一种东西变为另外一种东西）。它认为世界上一切千变万化的现象，归根结底，都可以看做各种不同的位置变化和数量变化的表现。世界上不会有真正新的东西，世界的舞台上转来转去的都是一些老的角色。世界上如果出现了新的东西，照这种唯物论说来，这并不是真有新的东西出现，而是由于某种机械力的关系使原来隐藏在什么地方的东西显露了出来，或者是原来分散的东西突然集中起来，我们以为以前没有这个东西，只是因为以前隐藏着或分散了，我们注意不到的原故。好像军事上所谓的“化整为零”或“化零为整”的变化一样，一个军队“化零为整”，并不是由无到有，而是由分散到集中，“化整为零”也不是由有到无，而是由集中的大队伍化为分散的小队伍。机械唯物论就是这样把世界上一切事物的变化发展，都归结为位置和数量的变化，也就是机械的变化。它认为只有机械的变化才是根本的变化，真实的变化，而其他的各种变化，例如新的东西的产生和旧的东西的消灭，都只是表面的现象，根本上还是位置和数量的变化的表现。

机械唯物论认为世界上一切物质的变化根本上只是简单的机

械变化，他们把各种物质和物质中间的相互关系和相互作用，也一概还原为一些很简单的机械的关系和作用，如相互推动、吸引、冲突、摩擦之类。机械唯物论认为这些关系和作用才是物质中间的真实关系和作用，而其他的一切关系和作用，如社会现象、人的身体上的生理变化等等，都是表面的，而且归根结底，都可以用这一些机械的作用和关系来解释，都可以看做是机械的关系和作用所引起的结果。有一个法国唯物论者叫做拉美特利的，甚至于写了一本书，名叫《人就是机械》，这书就是用机械的关系和作用来解释人的身体的生理现象。

机械唯物论不能说明新的东西的出现和旧的东西的消灭

现在我们可以来看一看机械唯物论的弱点在什么地方了。照机械唯物论的观点看来，那么世界上就不会发生任何真正新的东西，也不会真正有任何旧的东西消灭掉。这种看法，和我们所看到的事实就不大符合。我们在世界上就常常看到许多新的东西出现和旧的东西消灭，这些现象如果硬要依照机械唯物论的道理，就会解释不通。特别是社会现象：就新生的来说，例如中国有了共产党，这是一九二一年才出现的，中国有了解放区，这是一九二七年以后才产生的；世界上有了社会主义国家苏联，这是最近三十多年来的世界大事；就消灭的来说，例如德意法西斯国家被打垮了，希特勒、墨索里尼之流死了；大清帝国被推翻了，袁世凯以及北洋军阀没有了。如果硬要照着机械唯物论的世界观来说明这些事实，那么我们势必要说中国共产党、解放区和苏联，都是盘古开天地以来就有的，不过以前是分散和隐蔽在什么地方，现在才集中出现，这岂不要闹大笑话？又如果说德意法西斯国家、希墨罪魁、清朝、袁世凯北洋军阀等等都没有消灭，而且永远也不消灭，我们觉得它消灭了，只是因为它们都分散隐蔽到世界的什么角落里去了，这岂不要令人骂你发疯?!

机械唯物论在两三百年前的欧洲是进步思想，到现在就落后了

你们也许要问了：机械唯物论既然是这样荒谬的思想，为什么从前还有许多大哲学家提倡它呢？并且为什么曾经要把它看做进步的思想呢？要了解这问题，必须注意时代的条件。机械唯物论是十七八世纪的哲学，离现在两三百年了，那时世界上的科学还没有像现在这样发达，那时主要的科学就是机械科学。那时的社会，是正当欧洲资产阶级起来革命，要求推翻封建社会的时候，但资产阶级中间对于社会问题没有人用科学的方法来好好研究，没有深刻了解当时社会变化的真正性质。因此，那时资产阶级的革命思想家，只能利用机械科学作思想武器，来反对封建思想和宗教迷信，因此在那时提倡机械唯物论的世界观，在反对封建思想。宗教迷信、提倡科学这一点来说，还是在人类思想上起了革命的进步的作用。但是在今天，世界上已经有了高度发展的各种各样的科学，包括马克思主义的社会科学，也有了最进步的科学的世界观，即辩证法唯物论的哲学，并且我们已看见了无限复杂的新旧事物产生和没落的事实。在这种情形下，如果有人还提倡机械唯物论，那就成为落后反动的思想了。十几年前，苏联有一部分人提倡机械唯物论的哲学，受到了苏联哲学界严厉的批评。

凡是否认物质本身能变化发展的唯物论哲学，都叫做形而上学的唯物论。

不承认物质能变化发展的就是形而上学的唯物论

机械唯物论虽然主张物质有位置和数量的变化，实际上不承认物质本身的产生和消灭过程，不承认新旧事物的变化。因此也仍然是形而上学唯物论的一种。和形而上学唯物论相反的，是辩证法唯物论，这是马克思主义者的革命的世界观，是无产阶级的哲学。

从下面一段起，我们就要开始说明什么是辩证法唯物论的哲学了。

六　为什么会有不如意的事

——辩证唯物论

在日常生活中，我们常常会碰到许多不如意的事情。举最简单的例子来说：天气冷了，如果我们衣服准备得很少，那么即使心里想不受冻，也不可能。在反动派统治的穷人很多的都市里，每年冬天要冻死很多人，这些人是不是自己愿意死呢？当然不是，但是他们还是死了，这在他们就是大不如意的事。抗日战争开始的时候，为什么会有速胜论的思想出现呢？就是因为中国有一部分人幻想马上得到胜利，但是抗战却继续了八年，对于他们说来又是不如意的事了。共产主义社会是很好的理想，但中国革命必须分两步走，只能首先取得新民主革命的胜利，然后进一步过渡到社会主义，到较远的将来再实现共产主义，如果我们希望现在就实现共产主义，那么事情对于我们也要不如意的。照这样，我们可以举出无数的例子，证明我们常常会遇到不如意的事。

世界的事物是在我们主观心意之外独立存在着

我们如果把一切不如意的事情总括起来，仔细的想一想，那么我们就不能不承认一个道理。就是：世界上的一切事物，是在我们的主观心意之外独立存在着，它们的发展变化的情况不是依赖我们的心意为转移的。世界上的事情，决不是我们随便想要怎样便会怎样，相反的，常常是我们希望这样，而偏偏事实上就不会这样。如果我们按照主观唯心论的思想，想要单凭我们的主观心意去随便决定一切事物，想要一切事情都照我们主观想望的去做，例如硬要在中国立刻实现共产主义，硬要计划使抗战三个月胜利，那结果怎样呢？结果只有一个：就是做不通！也叫做碰钉子。主观唯心论不对，那么客观唯心论又怎样呢？我们的主观心意既不能随便决定事物，那么是不是也可能有一种非常伟大的客观存在的心意，能够对一切事物起决定作用呢？是不是有神灵呢？那么，也请试一试吧，就照着求神拜佛的公式，做一番祈祷吧。冻死的人能因祈祷而复活吗？持久战能因祈祷而变为速胜的吗？显然是不能的。读历史的人，都知道四五十年前，中国曾有过一次义和团运动，这个运动的目的，主要是反对“洋人”，表现了中国农民对帝国主义侵略的英勇反抗。但是这个运动的领导者是用迷信落后的方式来组织群众，标榜能够用一种神术，抵御枪炮，打退洋鬼子。结果怎样呢？结果大家都知道，神术毫不灵验，义和团的群众成千成万的壮烈牺牲了，八国联军还是打进北京城里来了。这类历史的事实，足够证明，世界上的事物决不受任何神灵的支配，也不受任何类似神灵的客观心意的支配。

事物是依照它本身的规律而发展变化并互相发生作用

世界上的事物既不受我们人的主观心意随便支配，也不受客观的神的心意支配，这一点既然得到证明，那我们就不能不承认，世界的一切现象，根本上是物质自己的变化、物质自己的发展。物质变化发展的最后原因，不能从精神力量里去找，而只能在物质自己的内部关系和相互作用中去找。衣服少了受冷，是北风跟我们的皮肤发生作用。日本的帝国主义的侵略和中国广大人民的反抗运动发生关系，就造成持久战的局面。帝国主义、封建势力、官僚资本对于中国人民的压迫和剥削的作用，就激起了广大人民的新民主主义革命的斗争。总之，物质内部和物质相互间发生关系和作用，就形成世界一切事物千变万化运动发展的现象。如果你再仔细研究和思考一下，你就会发现，各种物质的内部关系和相互作用，都有一定的特点，这些关系和作用所表现出来的事物的变化发展，也有一定的经过和结果，一定的秩序和过程。北风吹在皮肤上所给与的感觉一定是冷，而不是热；帝国主义一定要侵略弱小国家和民族，被侵略国家的广大人民，对于侵略一定要反抗，而不是屈服，甘心屈服的一定只有少数大地主大资产阶级，而不是大多数的人民。这些关系，都是一定的。在冷风中不穿衣服，经过相当的时间人一定冻死；中国广大人民反抗日本帝国主义一定要经过持久的战争，而结果日本侵略者一定要失败。我们可以举出无数的例子，来证明事物的内部关系和相互作用以及它们的发展变化，都有一定的特点和一定的过程，这种一定的特点和一定的过程，就叫做事物发展的规律。世界上的事物，就是依照本身所具有的一定的规律变化发展，并与其他事物发生关系。它们之所以一定要如此发生关系和作用、一定要如此发展和变化，这是它们自己的规律使然，而不是由于人的心意支配或者鬼使神差的结果。

不如意和碰钉子的原因是由于我们的主观愿望和事物规律不符合

现在我们可以懂得，为什么在我们日常生活中，常常有不如意和碰钉子的事了。这个世界是在我们的心意之外独立地存在着的物质世界，世界上的一切事物都依照它们自己本身的规律变化发展，不管我们的心里高兴不高兴，愿意不愿意，它总是要按照它自己的规律变化发展。我为什么会有不如意的事呢？因为我主观的心意里所希望的，我所高兴愿意的，常常与客观事物本身的规律不符合；在这种时候，事物是服从我的主观愿望呢？还是各自按照它本身的规律变化发展呢？当然它一定不会服从我的主观愿望，而一定要照它本身的规律变化发展。因此，事情的发展当然就不如我的意了。俗语说，“癞蛤蟆想吃天鹅肉”，癞蛤蟆能够捕水边的虫子，但不能捕空中的天鹅，这是物质的一定的规律。如果你所希望的事情和物质规律相违背，例如说，要想在冬天的田地里种出西瓜来，要希望在冷天光着身子迎风而不发抖，要希望人能长生不老，要希望帝国主义对中国没有侵略的野心，那你就必定要落一个“癞蛤蟆想吃天鹅肉”的笑柄。如果你不肯服气，一定不顾事实的规律，一定要依照你所希望的去做，那么，请试试看吧，包管你费尽了天大的力量，还是得不到半点结果，还是要失败，碰钉子！

希特勒想独霸世界，日本军阀想征服地球，墨索里尼想使法西斯主义在世界上支配一千年，这是全世界人人明白的“癞蛤蟆想吃天鹅肉”的好典型。世界大势趋向民主，趋向社会主义，专制独裁终归要消灭，帝国主义终归要死亡，这是世界发展的规律，不管法西斯头子怎样梦想，世界大势仍要这样发展下去。希特勒、墨索里尼、日本帝国主义者现在都失败了，因为他们硬要违反世界的规律，所以碰了大大的钉子。中国的大地主大资产阶级的头子蒋介石想学希特勒、墨索里尼，也已经大碰钉子。帝国主义以及其他国家的反动派，想使法西斯残余复活起来，想挑起第三次世界大战，反对世界人民民主运动，同样要大碰钉子！

不同的事物，有不同的变化发展规律，对不同的事物不能用同一个简单的看法去对待它们

世界上的事物是千种万样，从日常生活的小事到国家大事，从地上的河流山川，到天上的日月风云，每一事物，都有它自己的规律，和别的事物的规律不同。我们研究各种事物的规律，可以发现其中有某些规律是各种不同事物的共同的规律，这些共同的规律我们叫做普遍规律。例如过去人类历史上出现过各种不同的社会，但除了原始共产主义社会和将来要在全世界实现的共产主义社会之外，各种人类社会的发展规律，都是通过阶级斗争的，这就是一切阶级社会所共通的普遍规律。又例如不论自然界或人类社会的一切现象，它们的变化发展都是不会违背辩证法的法则的，所以辩证法又是一切事物变化发展的最普遍的规律。但是，除了这些普遍规律之外，各种不同的具体事物的发展过程又各自有着它的特殊性，有着与别的事物互相有区别的特殊规律。植物生长的规律和动物不同，各种动物的生长规律又互相不同。资本主义国家一定会发生失业、恐慌，社会主义的国家却人人有工作，经济天天向上发展。中国大地主大资产阶级经常要依附一个帝国主义，即使如像在抗日战争中那样有一部分大地主大资产阶级反对某一帝国主义，也经常会发生动摇投降的倾向；广大人民，尤其工农群众，对于帝国主义的侵略却始终采取坚决反抗的立场。国民党的官员和军队在抗日战争中大批地公开地投降敌人，共产党领导的军队却一个也没有投降敌人。中国抗战是持久战，是经过防御、相持、反攻的三阶段，是以游击战为主而辅之以运动战。苏联对希特勒德国的战争却比较迅速的得到胜利，并且只经过防御和反攻的阶段，而采取的战术是正规战争而不是游击战争。不同的事物，其规律性也有不同的特殊表现。因此，我们的思想和愿望，对于不同的事物，也要分别对待。如果对于不同的事物，我们只有一个简单的想法和愿望，那么，我们的这种想法和愿望，即使能适合此一事物的规律，但却一定要违背另一事物的规律，在此一事物上能够如意，在另一事物上却要碰钉子。例如我们相信广大中国人民尤其是工农群众一定能坚决抗日，这种想法是合乎事实规律的，但是如果我们对于蒋介石代表的一部分参加抗日民族统一战线的大地主大资产阶级，也以同样简单的想法去对待，说他们也是中国人，以为他们也一定坚决抗日，那么，事实的规律就要打破你这一个幻想，就要给你碰钉子。在抗战中间，的确有一些人碰了这样的钉子。由于这个钉子的教训，这些人才知道要把大地主大资产阶级和广大人民分别看待，才知道正确的政策是放手发动广大人民，是首先团结和组织广大的劳动群众来进行战斗，而对大地主大资产阶级，却要经常警惕他们的投降倾向，和这些倾向作坚决斗争，加以揭露、打击，而不要对他们抱片面的幻想。

公式主义者就是不懂得不同事物有不同规律

总之，任何事物发展的规律，都有其普遍的方面，又有其特殊的方面。研究事物的规律时，自然不能忘记它的普遍的方面，但尤其要注意它的特殊的方面。也就是说，由于不同的事物有不同的规律，因此我们也就要用不同的看法、不同的态度来对待它们，才能够免于碰钉子。如果我们不懂得这一点，只看见事物的普遍规律而不注意在不同事物里的不同的特殊规律，因此就用一种简单的看法去对待一切事物，这样就会要犯叫做“公式主义”的错误。“公式主义”是什么？我们已经讲过，它是一种客观唯心论，它以为世界上有一种客观存在的死的思想公式，能够支配一切事物，因此只要我们仅仅抓着这一个死的公式，就能够当做万应灵药，来对付一切事物。其实，如果我们让自己的思想和愿望受到死的公式的束缚，而不能适应各种不同的事物规律，那我们所有的，将不是万应灵药，而是到处使我们碰钉子的有害的毒药！

好了，现在我们把唯物论的基本观点大体上讲清楚了，唯物论承认世界的一切事物都是不依赖人的心意为转移的客观存在，都是具有自己的变化发展规律的客观实在的东西。但仅仅这样说，还不能明白地把机械唯物论和辩证法唯物论分清楚，因为机械唯物论和辩证法唯物论同样承认物质是客观存在的和有它自己的变化规律的。要怎样说才能把两者分别清楚呢？我们已经知道，机械唯物论认为物质的变化的根本形式，只限于位置的移动和数量的增减，而不承认物质本身能发生性质上的真正变化。机械唯物论把机械运动的规律当做一切事物变化的唯一普遍的根本规律，想用简单的机械规律来说明一切现象的变化。十七世纪法国的笛卡儿用机械规律来说明动物的生活现象，十八世纪法国的拉美特利用机械规律来说明人类身体的生理现象。有些机械唯物论者想用机械的规律来说明社会的现象。

机械唯物论用机械运动作为公式说明一切，不是彻底的唯物论

说到这里，我们又看出机械唯物论的一个毛病来了。原来它在不知不觉中已经陷入了公式主义的圈套里去，它已经不是彻底的唯物论，不能认识到各种不同事物的不同规律。它错误地把一个简单的机械规律的公式当做一切事物的普遍规律。它不知道机械规律只是一部分自然现象的特殊规律，这一个特殊规律，决不能代替一切事物的共同的普遍规律。一切事物的共同的普遍规律，只有根据各种科学（包括一切自然科学和社会科学）的研究成果，加以总结、概括，才能够揭发出来。机械唯物论时代的科学水平，还不能做出这一种概括，所以，它在解释自然界的机械运动现象时，虽然也还能够保持一些唯物论的观点，但对于其他的现象，特别是社会现象，就站不稳这一个立场，就只能用简单的公式主义的方法任意胡说了。这种唯物论自己既然站不稳脚跟，因此也就不能够彻底打败唯心论。相反的，在十八世纪末和十九世纪初时，德国的唯心论曾经把机械唯物论打败。这一方面固然是因为当时欧洲资产阶级已经没有勇气进行坚决地反封建革命斗争，因此就丢开了唯物论，而采取了唯心论，把唯心论当做和封建宗教势力妥协的思想桥梁，但另一方面，机械唯物论本身的弱点，也是战败的一个原因。

辩证法唯物论承认事物的性质变化，以及事物的产生和死亡的规律

辩证法唯物论就没有机械唯物论的弱点。它不但承认世界上一部分事物具有机械力学的性质，承认数量和位置的变化是某些

事物变化的主要形式，但它更重视的是事物自己本身的性质的变化，注意到一事物在适当发展条件下，能转变为另一事物。辩证法唯物论不但承认机械运动的规律是物质运动的真实规律，而且指出化学的变化，生物的进化、生长，社会的发展、变革、斗争，也各有各的特殊规律，指出每一种事物有它自己独立的规律。因此，机械的规律决不是一切事物变化发展的普遍规律，它本身也只是一种特殊规律。只有根据各种科学研究的成果概括出来的辩证法的规律，才是一切事物发展的共同的普遍规律。世界上经常有新的事物出现，也经常有旧的东西死亡。什么事物该新生起来，什么事物该死亡没落，也是由于事物本身的规律使然，不依赖任何主观的心意为转移。结了婚的夫妇，一定要生小孩，除了有病或其他不正常的条件，要想这新的生命不产生出来，那是不可能的；人太老了一定要死，即使不愿死也没有办法。奴隶社会在世界上早消灭了，封建社会也将近完全消灭了，这是社会历史的规律，谁要想恢复奴隶社会和全盛时代的封建社会，那是妄想！法西斯统治世界的幻想也打破了，资本主义世界也日愈走近死亡了，现在世界上新生的社会制度，是社会主义制度，这种制度一定要在全世界生长起来，并且最后都走向共产主义社会，这是历史的规律，谁也不能违抗。以美国的反动派为首的世界许多国家的反动派，要想用一切力量阻止社会主义的生长，也一定要大碰钉子，就如像希特勒、墨索里尼一样！

我们讲了上面一大篇，有的人也许会觉得不耐烦，要提出质问了。他说："请不要再讲下去了吧！我已经发现了你的大漏洞。你说你在讲辩证法唯物论，我看倒有点像宿命论。你说一切事物都有它本身一定的变化发展规律，人的主观心意决不能任意违反这规律，这不是等于说一切都以命定，一切都没有办法改变，那么，人在世界上岂不是只有听天由命或者随波逐流了吗？人的任何主观努力和奋斗，对于世界岂不都是徒劳了吗？这难道还不是宿命论吗？”

唯物论认为人的心意不能随意决定事物，但决不是宿命论

这个质问发的很妙，问得很有些道理，但是，这决不会把我们问倒。因为辩证法唯物论和宿命论是有根本分别的，他说没有区别，是因为没有完全了解。不错，辩证法唯物论承认事物有它本身的规律，我们的主观心意不能任意和它违背，因此我们也不能依我们主观心意随便决定一切，但是，这并不等于说，我们已经是命运的奴隶，不能对世界上的事物作丝毫的改变。说农民不能希望冬天在田地里种出庄稼，并不等于说农民不能设法改良耕作法，使庄稼长得更好；说我们不能希望帝国主义不侵略中国，这并不等于说我们不能战胜帝国主义的侵略；说我们不能幻想大地主大资产阶级坚决抗日，并不等于说我们不能利用他们内部的矛盾规律，拉一部分大地主大资产阶级到抗战营垒方面来。按照宿命论的思想，就要把上面的“不等于”看做“等于”，因此就要取消一切主观努力，反对农民改良耕作法，反对抵抗帝国主义，反对在抗日战争中和一部分大地主大资产阶级建立暂时的统一战线。

认识了事物的规律，人就可以利用这种知识去改变世界

但是，按照辩证法唯物论，对事情就不能这样消极地来看，而一定要从积极方面来看：正是因为知道冬天在田地里不能种庄稼的规律，因此就可以选择最适宜的天气，采取最适当的方法，使耕作改善，生产增加；正是因为知道帝国主义一定要侵略中

国，并且知道只有依赖广大人民的反抗才可以战胜侵略，因此我们就要发动广大群众，争取胜利。由此可以知道，承认事物有自己的独立规律，并不见得就会把我们引到宿命论的消极无能的泥坑里去。恰恰相反，认识了事物的规律以后，我们就有可能利用这些规律的知识来正确规定我们主观努力的方向，我们就有可能避免碰钉子、走错路，我们就能按照事物自己的规律，采取正确的方法进行工作，使工作容易成功。

只有唯心论才会碰钉子，才会成为宿命论

而只有违背事物规律的唯心论观点，才会使我们到处表现无能，到处碰钉子，才会使人误认为自己是在受命运的捉弄。所以宿命论只是和唯心论有联系的思想，只是在唯心论者碰了太多的钉子之后，以为一切没有办法，才会发生这种"听天由命"的错误思想。

唯心论把主观精神放在第一位，以为世界一切事物都受心意的决定，这是错误的。唯物论把主观精神放在第二位，认为人的心意如果违背物质规律，就没有丝毫作用。但是，这并不是说人的心意的作用完全要被否认了。人的思想如果能够与事物的规律一致，如果能认识这规律，适当地利用这规律，它就能发挥很大的力量，利用这些规律知识，去改变世界上的事物，就能创造许多新的事物。例如能制造飞机飞上天空中，能把地瘠民贫的陕北地方的人民变得丰衣足食，能把分散落后的农民改变为有组织有觉悟的革命队伍，能推翻强大的帝国主义、封建主义、官僚资本主义的统治，建立社会主义社会。这就是说，认识了事物的规律，人就能改变世界，利用世界上的物质来为自己服务。

革命胜利不会自然而然地到来，必须要认识革命规律，要有正确的斗争指导

我们不能像宿命论者那样，甘心忍受帝国主义、封建主义和官僚资本主义三座大山的压迫，我们要把这些大山完全推倒。但是不是心里想要它倒，它就自然而然的倒了呢？这是唯心论的妄想，世界上决没有这样便宜的事。为了推倒我们头上的大山，必须懂得怎样才能使山倒的规律；要进行军事、政治、经济、文化等方面的复杂斗争，要学会认识这些复杂事物中的各种规律。如果我们能够找到这些规律，就一定能指导革命走向胜利，如果不能，那就会失败，就会永远被压在大山下面，不得翻身。我们说革命一定会胜利、反动势力一定要失败，这个“一定”，必须包含着这一个条件，就是：指导革命者必须能正确认识各种社会发展的规律和革命斗争规律，给群众以正确的指导，而不要犯错误。不能认识各种社会发展规律和革命斗争规律，就要犯错误，就会使革命碰钉子。我们今天的革命之所以能走向胜利，就是因为中国共产党已经认识了中国的社会发展和革命斗争的规律，已经有了能够正确认识这些规律的马克思列宁主义思想—毛泽东思想的正确领导，能够有把握领导中国工人、农民等广大群众正确地进行斗争，所以就不致于像太平天国，辛亥革命以及一九二四年到一九二七年第一次国内革命战争末期那样的失败了。

要认识事物规律，必须对每一事物的情况有具体了解

要怎样才能认识社会发展和革命斗争的各种规律，这不是简单的事情。这要对于每一件事物的情况有具体的了解。即使是同一事物，情况不同，规律也就不同。例如要把山推倒，如果我们

有开山的机械，就是一种情况，在这种情况之下，我们就有“速胜”的规律。如果没有这种机械，只能用人力挖土、挑土，这又是一种情况，在这种情况之下，我们就不能希望“速胜”，而必须用愚公移山的办法，作长久坚持的打算。如果我们能认清这个规律，照这个规律做去，一担一担慢慢挖，那么，时间虽然长一点，还是一定可以有胜利的把握。如果我们不按照这规律办事，一定要和开山机械赛快，那么，事情一定不如意，一定弄得筋疲力尽而毫无成功希望。中国人民反抗日本帝国主义侵略，不能像苏联打德国那样较快地转入进攻，而必须作长久的坚持，就是这个道理。但是后来抗战转入反攻阶段，苏联参加了对日战争，日本帝国主义者很快地投降，这就是好比有了开山机械，日本法西斯的山就倒得快了。中国革命是带有长期性的，但在人民反对国民党反动派的战争中，人民解放军的力量强大了，当人民解放军转入进攻时，革命很快就胜利了。

怎样才能了解每一事物的具体情况，正确认识它的规律呢？这就不是马马虎虎随便看一看，心血来潮地偶然想一想，就能达到目的。客观事实常常是十分复杂的，所以就必须要下一些苦工夫，对你所要认识的事物，加以仔细的调查、研究，以便详细认清它的具体的特殊情况，然后才可能认识到它的规律。毛泽东同志有一句名言说：“没有调查，就没有发言权！”革命的指导需要我们作周密的调查研究工作，如果不经调查研究，只凭自己主观的“想当然”，乱说一顿，例如把中国抗战和某些欧洲国家之间的战争同样看待，把城市办学校的工作和偏僻乡村办学校的工作同样看待，用这种轻率的主观的态度来对待革命工作，一定要违反革命斗争规律，一定要犯错误。在这种时候，即使你嘴上讲很多唯物论的革命的名词，你在实际行动上却不是唯物论，而恰恰是唯心论，也叫做“主观主义”，你这样的行动，必定不能推进革命，而恰恰会妨害革命。这是在中国革命历史中有了不少教训的。只有改变这种态度，才能使革命不碰钉子。

唯物论者必须凡事仔细调查，认真研究，才能认识事物规律，正确的解决问题

如果你有心要做一个辩证法唯物论者，那么，对于你最重要的事情，就不是嘴上讲什么是唯物论，而必须在实际行动上有一套唯物论的本领。这就是说，你要使自己养成这样一种习惯：遇到任何事情，任何问题，都能够认真地作系统周密的调查研究，把它本身的具体规律寻找出来，然后按照这规律去办事，去解决问题，去指导工作，使事办得好，问题解决得顺利，工作做得有成绩，不致于碰钉子，或至少不碰大钉子。我们以前讲过，革命的党和革命的阶级必须坚持哲学上的党派性，坚持唯物论的思想，反对一切唯心论的思想。我们所以一定要这样做的原因，首先就是由于如果不这样做，就不能指导革命走向胜利，甚至于要断送革命。坚持唯物论的一个最根本的方法，就是要在工作中，凡事认真调查，仔细研究。不调查研究，只凭想当然办事，就是唯心论，就是主观主义。一个共产党人如果犯了主观主义的毛病，就表示他的“党性不纯”。为什么是党性不纯？因为有了主观主义的毛病，一定要使革命碰钉子，一定要把革命的事业办坏，这也就是没有能够负起一个革命先锋队员所应负的责任，没有能负起共产党员应负的责任，这就是缺乏共产党员所应有的党性。

中国革命现在已经有了共产党的正确的马克思列宁主义—毛泽东思想的领导，而马克思列宁主义一毛泽东思想的世界观基础，就是辩证法唯物论哲学。但要在中国这样大的国家，这样复杂的斗争中，把这领导贯彻到各个地方各个斗争部门，就必须每一地方和每一部门从事革命工作的人，都能够认真学习马克思列宁主义—毛泽东思想，都能够在行动上坚持唯物论的观点，坚持哲学上的革命的党派性，坚决为肃清一切主观主义和唯心论而斗争。这就是要凡事谨慎地从事系统周密的调查研究，认真注意掌握其中的具体规律，正确指导群众进行斗争。我们能不能做到这一步呢？只要努力，是可以做得到的。为什么能够？怎样才能够？这些问题等以后慢慢来谈。

第三章　辩证法唯物论的认识论

七　用照相作比喻

——反映论

照相是我们大家都熟悉的事。谁都知道，要照相，总得要有一个照相机，这是一种方形的暗箱，前面装着一个镜头，外界事物的影像，经过镜头射进暗箱内部，暗箱内部装着涂有化学药品的底片，影像射到底片上，使化学药品发生变化，照像的手续便告完结，再把底片拿去冲洗、晒印，影像便映到纸上来了。

意识、精神以及认识能力，是一种最高级物质的作用

暗箱，底片，镜头，以及其他附带的许多东西，是每架照相机所必不可少的要件。这些东西适当地配合起来，就构成照相机，就具有摄取影像的作用。重要的是不单要有这些东西，而且要把这些东西适当配合，才能成为这样一个具有特别作用的机械，没有适当的配合，那么，镜头永远只是镜头，暗箱永远只是暗箱，底片也只是底片，绝对照不出像来。人类认识周围的事

物，就某一方面的情形来说，与这照相机的作用有点相似（当然决不是说相同）。通常我们总是说，人类有感觉。有思想、有精神。有意识，也就是说，人类有认识周围事物的能力。当我们碰见一间房屋时，我们的意识使我们知道这儿有房屋；我们走在路上，我们的精神就知道这儿有一条路；我们的国家被侵略，广大人民被压迫，我们精神上认识到要对帝国主义、封建主义和官僚资本主义势力作战，我们的民族意识使我们懂得要坚决和侵略者战斗，等等。我们应该知道：这认识的能力，这精神和意识，也就仿佛照相机的摄影的能力一样，不是凭空存在的。要有镜头等等适当配合起来，才能摄影，同样，要有人的活的肉体，以及健康的头脑和五官的组织，才会有正常的精神和意识的现象，才能够认识事物。世界上的物质很多，有矿物和植物，它们也有一定的组织，但是不能够认识。也有很多的动物，大部分都没有认识能力或认识能力很薄弱，只有一部分高等动物才有较多的认识能力。像人类这样的智慧，却仅仅是人类这一种最高等的能进行社会活动（首先是生产活动和阶级斗争活动）的动物才能具有。所以，人类的意识、精神，人类的认识能力，是离不开一种最高级的物质，离不开人类的肉体和五官，离不开人类的社会生产和阶级斗争，它是这一种最高级物质所发生的作用，就仿佛摄影能力是照相机的物质作用一样。

人的认识，是外界事物的反映

还有，照相机所摄的影像，是外界事物的影像。外界没有的东西，决不会在底片上出现。人的认识，也是外界的反映，外界有什么存在着，我们也就只能认识什么。城市的知识分子初到乡下，往往要在乡下人前面闹笑话，因为他们从来没有接触过庄稼，因此就免不了要五谷不分。孙中山的言论里没有抗日民族统一战线的问题。马克思、列宁的书里从没有谈到反法西斯的世界人民统一战线。世界上所没有的、或是不曾发生过的、或没有接触机会的东西，也不会凭空在人的思想意识里出现。做梦和神话，似乎是与外界物质无关的单纯主观的想象了吧？不错，人类能够凭自己的主观活动，想象出一些似乎是客观世界所没有的神话来，这是照相机所做不到的。可是如果你仔细分析一下，你就知道即使是梦和神话，它的内容也是以日常见过的事物作基础的。如果世界上没有猪和猴子，小说家决不会造出猪八戒和孙悟空的幻想。

精神和意识是第二位的，派生的东西，物质才是第一位的东西

摄影必须有两个物质条件做基础，第一要有照相机，第二要有能摄的外界事物。人的认识也要有两方面的物质基础，第一是健全的五官和头脑，第二是直接或间接能接触到的事物，包括自然和社会；而人所能接触的事物范围，是决定于他自己的社会物质生活环境和阶级地位，社会物质生活环境和阶级地位不同，所接触的事物也不同，则认识也不同。没有这些物质基础，就没有认识，就没有精神和意识。认识、精神和意识，是高级物质的作用，它不是在物质之外独立存在的、第一位的东西，而是由物质派生的、第二位的东西，而物质才是第一位的东西。这是唯物论认识论的一个最基本的观点。

喜欢寻根究底的人，可能要发出这样一个问题："我们的认识，是像照相一样，把外界的事物影像摄取到我们的意识里，但是，它所摄取的影像，是不是和外界事物一样的呢？我们所能认

识的，的确是世界物质的真相吗？或者只是自己骗自己的假象呢？如果你相信我们能认识世界的真相。那就要把它为什么真的道理讲清楚。”

人的认识能否摄取外物的真相？这是一个需要回答的问题

这一个问题，是需要回答的。因为在哲学历史上，曾经有过一种“不可知论”，就主张我们不能够认识世界的真相，认为我们就像梦游者一样的生活在自己的幻想里。在我们的日常生活中，常常听得有人说这么一句话：“天晓得！”说这话的人虽然不是在讲哲学，它往往是人在一件事情做坏了的时候偶然发出的叹息。但是在这种叹息中间，却包含着一种不可知论的思想，这就是对于人的认识能力表示绝望，认为事物的真相究竟怎样，只有天老爷才晓得，人是无法晓得的。在世界的哲学史上，“不可知论”的最重要的代表，就是前面说过的康德派的哲学。他们的看法，若用照相作比喻，那他就说照相机所摄取的完全不是外物的真实影子。

“不可知论”认为人不能认识外物的真相

为什么呢？他们说：照相机的性质是这样的：它一方面虽然能够和外界接触而摄取影像，但另一方面却在摄取时把真实的影像改变了。试把照片上的人和真正的人比较一下吧，你就可以看见，照片上的人影是多么缩小了，颜色又只有明暗二色，嘴唇的红色和眼球的褐色，在照片上一点也没有了。还有，真正的人是活动的，照片上的人却永远只有一个死板的姿式。这一切，难道还能算是真正的人影吗？根据以上的理由，他们就断定，照片上的影子，是经过了底片和照相机本身的性质所改变，因此它与外物原来真相是完全不同了。由此推到人类的认识，他们以为也有类似的情形。他们说；我们所能认识到的一切，都经过了我们的感官和头脑的一番改变，而不是事物的本来面目了。譬如这里有一块糖，我们觉得它是甜的，这只是我们舌尖上的感觉，离开了我们舌尖上的感官，甜的味觉就不会存在。同是小米饭，西北的农民觉得是很好的美味，拿到南方的有钱人的前面，那简直看都不愿意看一眼。小米饭究竟是好吃呢还是令人讨厌呢？这与小米饭本身性质都没有关系，只是人的主观作用不同，所以感觉也就不同。美帝国主义者在中国广大人民的眼里是豺狼、是骗子，在中国反动派的眼里却好像又成了亲老子。“不可知论”者对于这种现象，又会下判断说：既然同一事物在不同的人的眼里，可以发生这样不同的感觉，这就可以知道：我们的感觉都是主观的，要认识美帝国主义者本身究竟是什么东西，那是我们的认识能力所达不到的事！

唯物论主张物质的真相可以认识。“不可知论”是不对的

好了！我们不要跟着“不可知论”跑得太远，要快回过头来批评批评它才行了。我们是赞成唯物论的，如果一直跟“不可知论”跑向前去，结果势必要把自己的生活看成是梦游病者的生活，这就是丢掉了唯物论，而只落得一个主观唯心论了。所以，要使我们的唯物论站稳脚跟，就必须把“不可知论”驳倒。聪明的读者在这里一定会问：“唯物论既然反对不可知论，那么唯物论的认识论一定可以称作可知论了吧？”是的，哲学史上固然从来没有人用过“可知论”这一个名词，但一定要说唯物论的认识论就是可知论，也并不见得就不对。唯物论不但承认客观世界里

有独立地存在着的物质，并且认为物质本身的真相是可以认识到的。用照相的比喻来说，唯物论就认为照相机是能够摄取外界事物的真相的。为什么能够呢？让我们把“不可知论”驳倒以后，你自然就明白。

就从照片的颜色说起来吧。“不可知论”者因为上面只有明暗两种颜色，就以为完全不是外物的真象了，这是不是对呢？这是不对的。且不说现在早已经发明了天然色彩的摄影技术，就算照片本身的性质只能摄取明暗两色，而不能保持住唇的红色和眼睛的褐色，在这种情形之下，照片上的影像和原来的东西自然是有点不同了，虽然这样，你总不能说，那明暗两色的影像，完全是底片上平白无故发生的幻影，你总不能不承认，这影像根本还是由外物本身投来的。外物不同，影像也就不同，没有外物，也就根本不会有影像。同时，不论就影像的形态或内容来说，虽然由于底片本身特有的性质，使它不能反映外物的各方面的色彩，但它所反映的明暗两色，还是外物本身各种色彩的一部分，还是外物的部分影像。因此，你就不能说它完全不能摄取外物的真相，你只能说它反映的不是外物的全貌，但总之它还是反映了外物的部分面貌。

我们的每一次认识，都是可以反映外物的一方面或一部分真相

一块糖，我们觉得甜，这甜味当然是舌尖上的感觉，也是我们主观上的感觉，但我们决不能说它只是一种幻觉。因为谁也不能否认，这种感觉的的确确是由糖的本身性质所引起，如果糖的本身不能发生甜的作用，我们就万万不会有这种感觉。拿一碗苦药来叫你喝一下看，你还能说它是甜的么？除非你是疯子，或者

因为你病了，舌头上的感觉麻木，或者你要故意骗人，否则你就决不会说甜，而一定要说苦，这就可以证明你的味觉原来也要靠客观事物本身的性质来决定。所以，当我们说糖是甜的时，这是表示我们已认识到了糖的本身的一种作用，也就是认识到了一种物质的客观性质。同样，农民觉得小米是美味，而不会觉得观音土是美味，这是认识了小米的一方面的性质。美国反动派，对中国人民说来，像狼。像骗子，这也是美国反动派的真实情况的反映，这些反映都符合客观事物的某一方面的情况。由此可以知道，“不可知论”的思想是不正确的。外界事物反映到我们的主观意识里，并没有像“不可知论”所说的那样完全改过了样子，它仅只是不能一下子摄取外物的全部真相，但我们每一次的认识，只要是正常的认识，总可以反映外物的一方面的性质或一部分的真相。除了神经错乱的疯子，生理上不正常的病人，因各种原因而对事情抱有错误成见的人，以及故意要曲解事物真相的反动派或骗子之外，人们所有的认识都不会只是主观幻觉，都一定有一点一滴的客观物质的真实面影。承认外物能够被我们所认识，这是辩证法唯物论认识论的基本观点之一。

认识是运动发展的过程，逐步地达到事物的全面认识

唯物论的认识论，又可以叫做“反映论”。它承认我们的认识，就是外界物质世界在我们主观里的反映，就仿佛照像是外物在照相机的底片上的反映一样，但是，这种反映，不是二下子就能够认识事物的全部，每一次认识，都有一定的限制，都只能认识事物的一个方面，或一个部分的面貌。“不可知论”夸大了这一个限制，断定说我们完全不能认识外物，这是错误的，因为我们虽然不能一眼马上看穿事物的真相，但是我们可以慢慢一部分

一部分认识，这样来一步步地达到掌握全部的认识。我们的认识能力是活的，是能够运动发展的，对于周围的一切，可以逐渐地愈更完全地认识它。例如中国人民对于帝国主义的认识，在最初的时候（例如一九〇〇年义和团运动时候），只有关于外来的“洋人”压迫中国人民这种朴素简单的认识。显然是不完全的，可是不能说它没有反映了当时的一些客观事实。到了一九一九年“五四”运动前后，马克思主义思想在中国传播了，中国人民用马克思主义总结了一下中国人民与外来“洋人”的关系，才认识到压迫和侵略中国的不是随便哪一个“洋人”，而是代表帝国主义利益的“洋人”，这样的认识就比义和团运动时候的简单朴素的认识完全了。所以，人的认识也是运动发展的过程，在这过程中人类逐步地走到事物的全面认识。

人的认识可能发生错误

也许有人又要质问了。“如你所说，那么，人的认识都能够反映事物的真相，世界上岂不是就没有错误的认识了?”我们答复说。“我们主张人类有认识事物真相的能力，但并不因此就否认人的认识常常会发生错误。”例如唯心论的世界观就是错误的认识，这我们不但不否认，而且要坚决的这样主张。我们在前面也附带说到：疯子、病人、对事物有成见的人，以及故意要曲解事实真相的反动派和骗子等等，他们的认识就是不能正确反映客观事物的，因此也是错误的。所以，我们并不否认人的认识会发生错误。我们所要否认的，只是“不可知论”。“不可知论”的特点，是认为人的一切认识都是错误的，根本不能反映外物的真相，这样一种极端的主张才要遭到我们的反对。我们说我们有能力认识事物的真相，但要使这种能力发挥出来，必须克服许多障碍，否则我们就不能得到正确的认识。为什么呢？让我们还是先用照相的比喻来说明。有了照相机，我们就有可能摄取外物的正确的影像。但这也只是可能，如果要使这可能成为事实，就有许多附带的问题要解决。例如，倘若你没有学过摄影的技术，那即使有好的照相机也没法摄出影来，这样，你就首先必须克服这技术上的困难，才能达到摄影的目的。又，即使你学过技术，倘若你没有很多实习的经验，或者即使有经验，你在摄的时候马马虎虎，不仔细对准光度和焦点，那你也不可能摄成正确的影像。因此要摄成正确的影像，你又必须练习，必须在每一次摄影的时候仔细研究，仔细处理。技术、经验、仔细等等，这些是方法上的问题，要摄好照片，这些问题是必须解决的。但还有一个根本的问题，就是照相机本身的好坏质量问题。好的照相机可以正确地摄各种各样的事物对象，不管是天上的、地下的、飞的、走的、动的、静的、明的、暗的，但是坏的照相机却做不到这一点，它只能摄取一部分的事物，例如它感光很慢，就不可能摄飞行的东西。如果镜头坏了，或者是表面凹凸不平，那么，它甚至于任何东西的正确影像也不能摄取。所以，有技术有经验的摄影工作者，还要选择质量好的照相机，才可能发挥他的摄影能力。

要使我们的认识不发生错误，必须有正确的方法、观点和阶级立场

现在再回过来说认识的问题，要发挥人的正确认识能力，首先必须要解决方法上的观点上的问题。例如你依照了唯心论的观点，遇事不仔细调查研究，只凭“想当然”来解决问题，那么，即使你是天下奇才，也没有方法正确认识客观的事物。至于方法，那就是一定要学会辩证法。不学会辩证法，也难于获得正确

认识。这些问题。以后还要详细说明，这里不再多讲。这里我们只想特别提到一个最根本的问题，那就是我们的阶级立场问题。这个问题，仿佛就是照相机的质量好坏的问题。坏的照相机就根本不可能照出好的照片，即使世界第一的照相师也没有办法。

同是对中国问题的认识，因为立场不同，看法也就完全不同

阶级立场不对，也就根本不能正确认识世界，即使你是生来非常聪明的人也是枉然。所谓阶级立场问题，就是你从什么人的利益出发来看事物的问题。你是从进步的革命的阶级的利益出发来看事物呢？还是从反动阶级的利益出发来看事物呢？例如认识中国的问题，先就要问你是从大地主大资产阶级的利益出发来看问题呢，还是从无产阶级及广大革命人民的利益出发来看问题。如果你是站在大地主大资产阶级利益上说话，那你就会把美国帝国主义者看做亲老子，并且把坚决抗战的共产党、人民解放军和解放区人民看做敌人，把民主同盟以及一切要求民主的人民看做障碍物。如果你是从无产阶级及广大革命人民的利益出发来看问题，那么，你就把美国帝国主义者看做“豺狼”“骗子”，你能认识到它仅仅对于无耻的反动派才像是亲老子，你就能把共产党、人民解放军以及解放区人民看做中国人民争取独立解放的领导力量和中坚力量，把民主同盟以及一切民主人士看做为中国独立、和平、民主而战的同盟者。同是对中国问题的认识，因为立场不同，看法也就这样完全相反。请问这两种看法，是哪一种对呢？哪一种才是正确的认识呢？当然对的还是后一种看法，还是从无产阶级及广大革命人民的利益出发才能够有正确的认识。

要获得正确的认识，首先就要能站在广大工农人民的利益上看问题

因此，如果你决心使自己的主观意识有充分地正确反映客观事物的能力，如果你希望自己能够充分正确地认识一切事物，那么，首先要解决的一个根本问题，就是你必须依照无产阶级及广大革命人民的利益来考虑自己的立场，就是要努力使你自己能够全心全意忠实于人民的利益，就是要决心以你的全部工作、全部能力，用到广大人民的解放事业上，而为了这个目的，不惜牺牲一切。简单点说，就是要坚持为人民服务的立场。无产阶级及其先锋队伍共产党的立场，就是最彻底地为人民服务的立场。你如果能有为人民服务的精神，努力克服个人的自私自利的思想，坚决肃清帝国主义、封建势力和官僚资产阶级所遗留给我们的坏影响（如果你身上有这种影响的话），那么，你看问题的时候，就可以不致于因为有什么成见或因为有什么顾虑，而妨害了自己彻底了解问题的真相，你就有可能对一切事物获得正确的认识。

八　卓别林和希特勒的分别

——感性认识与理性认识的矛盾

人类的认识和照相并不完全相同

前面我们用照相作比喻，来说明我们的认识是什么一回事。但是，凡是比喻，总是不完全的，它只在某一些方面比得对，在别的方面，就不一定对了。用照相比认识，就是这样的。以前我

们专讲照相和认识是如何相似，以下我们就要讲我们的认识，和照相最相似的，主要的还是感觉器官所得到的认识。

由感觉器官所得到的认识，叫做“感性的认识”，这是和照相机似的

我们的感觉器官，从周围摄取种种色色的影像，使我们能够认识一件件的周围事物的外表形象。假使电影上的卓别林走到我们面前，眼睛就会告诉我们；这位先生的嘴唇上有小小的胡子，头上戴顶破礼帽，裤子、皮靴都大得很不相称，手上捏着一根竹鞭当作手杖，走路的姿式也不太平稳……。眼睛里所感到的这一切，和照片上的卓别林是一个样儿。照片上所能摄取的都是事物的外表形象，感官所能感觉到的，也是事物的外表形象，这些外表形象是可以由直接的感官接触而认识得到。一撮胡子，一顶破帽，一根竹鞭……，卓别林这些外表的各个部分的特征，都可以由照片直接摄取。也可以由感官直接认识。这种由感觉器官直接认识的事物的外表现象，我们叫做“感性的事物”；由感觉器官所得到的认识，我们叫做“感性的认识”。

总之，我们说人类的认识可以用照相来做比喻，只是就感性的认识来说的，因为感性的认识类似照相，只能像照相片一样的摄取一件件的事物的外表形象。如果我们人类仅仅只有感性的认识，那我们就永远只是像在照相，只能认识一些外表的事物形象，如胡子、破帽、竹鞭等等。但事实上并不是这样简单，我们的认识能力，除了“感性的认识”之外，还有另外的一种认识，使我们不只是能摄取外表的形象，而且能认识更深刻的东西。还是把卓别林拉来具体的讲一讲吧。已经说过，照片上印着的卓别林只是一个留着小胡子的人，照片上除了那一副褴褛的外形之外，不再告诉我们什么。但是，请你仔细想一想，卓别林仅仅是一个留着小胡子的人，仅仅是你在照片上所看见的这一个外表形

象吗？我相信你一定要答复不是。你一定说卓别林决不仅只是留着小胡子的人，而且还是另外的一个东西。这一个东西，我们的感官是直接“感觉”不到的，但我们用自己思想却可以“了解”得到，他有一个名字，就是“滑稽大王”。我说我们所感觉到的是一个留小胡子的人，但我们所了解到的却是“滑稽大王”。这话你肯相信吗？你也许不肯相信，并且还要反驳我说。“滑稽大王也能为我们直接感觉到的。我们不是经常看滑稽大王的电影吗？这不是表明滑稽大王可以直接看到吗？”你这种说法，似乎有道理，但是事实上却并不正确，让我们把事实分析给你看看。如果你单凭感性的认识，那么，试把一张希特勒的照片和卓别林的照片摆在一起，你能分别他们的不同吗？卓别林演过《大独裁者》，如果把他扮的大独裁者的像片，和德国法西斯独裁者的像片摆在一起，外表上能看出什么不同吗？仅从外表上看，一定是一模一样，没有什么分别的。但是，这时如果有人说卓别林和希特勒没有分别，你一定要大不服气。为什么不服气呢？因为你除了承认他们在外表上一模一样之外，你心里总认为他们在根本上还有不同的地方，这个不同，不是外表上直接感觉到的，是你心里了解到的。你能了解他们一个是滑稽大王，一个是法西斯魔王，你这种了解，并不会因为他们有外表上的共同点而被蒙蔽起来。

再用另外一方面的例子来讲一讲，事情就更容易明白了。假使你是从来没有看过电影的人，我们把卓别林的像片，和罗克、劳莱、哈台等人的像片，一起摆在你的面前，你会发生怎样的认识呢？你一定只能认识到这些人的不同，而决不会想到他们中间的共同点。因为在这种时候，你仅仅能够凭着照片上的表面形象来认识他们，你对于他们只能有感性的认识，你只能感觉到卓别林有小胡子，罗克戴眼镜，劳莱是瘦子，哈台是胖子，各人有各人的特征，无论如何也不能混成一起。但是如果这里来了一个看过很多电影的人，他一定笑了起来，说："看呀，这一群滑稽大王都摆在一起了！"这位看电影很多的人，他对于卓别林，罗克等人就不仅只感觉到他表面的不同，他对于这些人已经有了另外一种认识，就是能了解到他们同样都是电影上的滑稽大王。

我们的认识有两种：一种是感性认识，只能认识事物的外表形象；一种是理性认识，能了解事物本身深刻的特性

现在我们可以完全明白了：我们有两种认识，两种认识反映事物的两个方面。一种是感觉器官所得到的感性认识，这种认识只能为我们反映事物的外表形象，如小胡子、戴眼镜、胖子、瘦子等等。另一种认识所反映的却不是外表上直接可以感到的东西，它是比较深刻的东西，它是代表事物本身深刻的特性，如滑稽大王，法西斯魔王等等，这种东西要凭我们的"了解""理解"来认识，这种认识叫做"理性的认识"。我们又看到，感性的认识和理性的认识不但是两种不同的认识，而且往往有相反的结果，两种认识的结果往往会相互矛盾。不论在日常生活中或世界的大事里，我们都可以举出无数的例子来证明这种矛盾。例如这里有一个苏联人和一个美国政府的官员，只从外表上看，那么他们都是高鼻子白皮肤的西洋人，如果你了解到他们本身的特性，你就知道他们是相反的人物，一个是有共产主义思想的人，而一个是有帝国主义思想的人，一个代表无产阶级，一个代表资产阶级。日本军阀和中国老百姓，从皮肤颜色来看，同样都是黄种人，比起苏联人或英美的工农人民来说，在外表上他们还是更接近的，但从社会地位或阶级性质上来看，日本军阀是侵略者，是中国老百姓的敌人，而苏联人和英美的工农人民，却是中国老百姓的朋友。感性认识和理性认识，往往就是这样相反，这样矛盾的。这种矛盾还被法西斯主义者所利用，他们强调人类皮肤颜色的关系，而故意抹杀了人类的社会阶级的关系，强调种族的对立，而抹杀了社会阶级的对立，这样来制造出他们的侵略思想。例如希特勒宣传雅利安人是世界上最优秀的民族，生来有征服世界的使命；日本法西斯宣传黄种人的东亚，而黄种人又以大和民族为最优秀，应该成为盟主，这样来为它的侵略行为辩护。邱吉尔想使英美帝国主义分子联合起来，发动第三次世界战争，他在第二次世界大战结束后不久到美国去发表了一篇演讲，也利用英美两国语言相同的外表特点，作为他的一个重要理由，而抹杀了英美帝国主义者和英美人民中间的矛盾。

感性认识和理性认识的矛盾，引起了长期间哲学界的争论

现在我们碰到一个困难问题了；感性认识和理性认识，它们同样都是人类的认识，它们本来就像是一家人，像是两公婆或两弟兄，但这两公婆或两弟兄是那样的不和气，往往要大家抬杠。“感性”先生说是这样，“理性”先生偏要说是那样，究竟谁靠得住呢？“公说公有理，婆说婆有理”，这场纠纷，实在难得排解！从古以来不知出了多少专门研究哲学的人，为了排解这场纠纷而费去无数的脑汁。可惜很多的哲学家，虽然头脑可以算得聪明，但因为态度不好，不能公正对待问题，常常只是偏袒着一方，不能正确了解两方面的相互关系以及每一方面所有着的一定的地位，因此让这公婆俩争吵了两千多年，也没有办法制止。一直到离现在百年以前，马克思、恩格斯的辩证法唯物论出来了，才算公平合理地解决了纠纷。

偏袒感性认识，认为只有它才能认识事物的真面目的，叫做经验派哲学

让我们简略的把情形说一说吧。有许多哲学家，是偏袒感性先生的，有许多哲学家，又是跟理性先生一鼻孔出气的。偏袒感性先生的哲学家，就只相信感性的认识才能反映事物的真面目，以为只有像照相一样得来的认识才靠得住没有错误。这一类的哲学家在哲学史上总称为经验派的哲学家或经验论者。为什么叫做经验派呢？因为他们相信经验是一切正确认识的来源，而他们所谓的经验，就是指感觉上的影像或感性的认识。承认认识首先是从感性方面得来，这本来是对的，因为客观物质是首先要通过我们的感觉器官才能反映到我们的主观意识里，但是，这些经验论者太偏袒感性认识，结果就把理性认识打入冷宫里去，认为理性的认识不可能使我们了解事物的本来面目。例如对于卓别林，他们只相信那小胡子、破礼帽，才真正是卓别林身上的东西。如果有人说："卓别林是滑稽大王。"那么经验论者便要皱起眉头来，说："你错了。卓别林只是一个留小胡子的人，因为只有他的小胡子和他这个人的形状，才是我们实实在在看得到的东西，只有实实在在看得见的东西，才是事物的本来面目，只有留着小胡子的人才是卓别林的本来面目。至于'滑稽大王'，那只是你嘴上说说的一个名词而已，滑稽大王这几个字，并没有生在卓别林的脸上，也没有刻在他的身上，你并没有在他的脸上或身上看见它，而只在你的心里觉得他是滑稽大王，那么，他本身究竟是不是滑稽大王，你是没有办法证明的。"所以，经验论者只相信直接感触得到的感性认识，他们认为不直接由感觉器官得到的理性认识，只是我们主观里的东西，而不能反映客观事物本身的真面目，它只是嘴上说说的名词，并没有反映任何客观事实，它只是

抽象的或空洞的名词。

在我们日常生活和工作中，有没有经验论者呢？当然，经验论的哲学专家，是不容易碰到的。但是有些普通人的观点，也可以归入经验论一类，这种人倒常常可以碰见。这类人虽然不至于像哲学专家那样把道理推到了极端，连卓别林是滑稽大王都要怀疑，但他们在事实上却常常袒护感性认识，只重视一件件事物的表面现象，而不相信理性的认识。例如在苏德战争的头两年，当德国法西斯军队一直向着莫斯科前进，还没有被苏联军队阻止住的时候，有一些人根据这一时的表面现象对于苏联就抱着悲观失望的看法，以为希特勒军队真是无敌的。在这种时候，你向他宣传社会科学的理论，说法西斯一定要没落，社会主义的苏联一定要胜利，他是不会相信的。因为他只相信他直接看得到的才是真实的东西，而误认为马克思主义的科学理论也好像是与事实不一致的空洞名词或抽象言论。在这种情形下，我们就可以说他是有了经验论的观点。盲从希特勒的人，以为皮肤的颜色不同是人类中间的敌视和斗争的原因，而不相信社会科学关于阶级斗争的理论，从思想观点上来说，也可以说是有着一种经验论的因素。在革命队伍中，有些人只重视自己个人或自己周围的人们的直接斗争经验，只注重零零碎碎的经验，而轻视有系统有条理的理论知识，认为谈理论是空洞无用的，这也是一种经验论的观点，这叫做狭隘经验主义。

偏袒理性认识，认为理性才是正确认识的来源，这叫做理性派的哲学

现在要谈一谈那些和理性先生一鼻孔出气的哲学家了。这一些哲学家，又太偏袒理性的认识，以为感性的认识只是表面的、

虚假的、混乱不清的幻影，以为只有理性的认识才是正确认识的真正来源，才能反映事物的真面目。这种哲学叫做理性派的哲学。拿卓别林的例子来说，理性派的哲学家一定要坚持卓别林只是滑稽大王，而不是留着小胡子的人。他的理由是："只有滑稽大王才能代表卓别林的根本特性。至于小胡子，希特勒嘴上也有一撮，你不能把卓别林的小胡子和希特勒分开，你说卓别林就是留有小胡子的人，那只表示你没有真正认识卓别林。"理性论的哲学家，既然认为感性的认识是不可靠的，因此他们以为我们要求得真正的认识，就不必依靠感性认识。他们以为我们有一种内心的理解能力，只要运用这种理解能力，而不需要依赖任何的感觉经验，任何的调查研究，直接就能够了解事物本身的特性，就能认识事物的真正面目。在中国的哲学史上，有人主张聪明的人对于事物的深刻认识是天生的，不是学习来的，也就是不必经过感觉经验以及调查研究得来，这就是一种理性论的观点。在明朝时候有个王阳明，更把这种观点发挥到极点，提倡一种名叫"致良知"的哲学思想。他所谓良知，就是说的人类生来具有的正确知识，所谓致良知，就是说要我们努力从自己内心里唤起我们这种生来的知识，而不要去做调查、研究、观察、学习的工夫。他举他自己的例，说他曾坐在竹子旁边观察了七八天，想来想去，人都病了还是毫无结果，所以还是不观察的好。

在我们日常的工作和生活里，自然不会碰到那么多理性派的哲学专家。我们周围的人，谁也不会把道理讲得那么极端，以至于连卓别林有小胡子这一件明明白白的事情也要否认。但是类似理性派的观点，却常常在很多人的思想言论中表现出来。特别是有许多读书较多而又没有社会经验和工作经验的知识分子，常常犯一种毛病，就是过分看重书本上的理论知识而轻视实际经验和实际知识。遇到问题要解决的时候，他们不是根据实际情况来决定办法，而是依靠书本上引证的词句，加上他自己主观的一套推论，以为这样就可以掌握事物的真理。这种人对于自己的言论思想的实际效果如何，是不看重的。他们只相信书本上的词句和自己的“想当然”，只要把这两件东西加起来，作成一篇文章，看起来好像“言之成理”，他们就很满足、很得意了。至于这一篇文章是否“合乎实际”，是否能正确解决问题，这不是他们所关心的。甚至即使是与实际情形完全不合，他们也满不在乎，因为实际的东西，本来是他们所轻视的。这种人走在革命的队伍中，就会把外国书本上的革命理论，逐字逐句简单生硬地搬到中国来用，而不管是否每字每句都适合中国的实际情况。他们把外国书本上的个别原理当做宗教信条那样看待，只知道简单地背诵它的词句，而不知道应该同时注意研究一下外国当时的实际情况和革命经验，不知道还应该比较一下中国现在的实际情况和革命经验。这种把书本词句当做宗教信条来看待的坏作风，我们也叫做“教条主义”。教条主义既不注重中国的实际情况和革命经验，因此也就不能正确地指导革命。当他们一旦居于指导的地位，就一定要犯错误，就一定会使革命受到损失。这就是偏袒理性的害处。国民党反动派也有教条主义，在抗战初期，蒋介石一流人主张打阵地战，就是抄了清朝时候镇压太平天国运动的反动首领曾国藩的教条，说打仗要以“守的为主，攻的为客”。这是封建的教条主义，也使抗战遭受了不少的损失。

经验派和理性派都各有偏袒，不能解决认识问题的争论

我们看，经验派和理性派的哲学家，本来是想给感性和理性这两公婆或两兄弟排解纠纷的，但结果不仅没有成功，反而使他们自己互相对立起来了。在外国，经验派的大本营是在英国，理

性派的大本营是在欧洲大陆德、法、荷兰等国。两个大营垒在哲学史上对立了很久，抬了几百年的大杠子。为什么他们要这样呢？这是由于他们的看法不对。在他们的眼睛中，感性认识和理性认识好像是两只绝对势不两立的老虎，如果把两只老虎放在一起，他们一定要拼个你死我活，决没有并存的道理。“一山不容二虎”，因此他们以为排解纠纷的办法只有一个，就是救活一只，杀死另一只。但是究竟要杀哪一只，而哪一只又应该留着呢？对于这一个问题就发生分歧了。经验论者喜欢感性认识，就说要杀死理性认识。理性论者看中了理性认识，就说要杀死感性认识。于是就争吵起来。这样，感性认识和理性认识的纠纷不但没有排解得了，反而发展成为经验派和理性派的两大对立营垒，把纠纷扩大，变成了战争，事情倒弄得更僵了。

经验派和理性派都是形而上学的方法

把感性认识和理性认识中间的矛盾，看成了两只势不两立的老虎，这里包含着一种错误的看法或错误的思想方法。这种看法在哲学上叫做形而上学的方法，它和辩证法的方法是相反的。它喜欢把不同事物看成相互孤立的、绝对分离的东西，而不注意事物中间的联系。一切不同的事物在他们眼中都不可能有联系，至于互相抬杠互相闹纠纷的事物，那更是不能两立了。

感性认识和理性认识有密切联系，不能分开，不能偏废

其实世界上事物的实际情形，和形而上学的看法是不符合的。两公婆或两兄弟尽管天天吵架，但他们仍然是一家人，而不是两只老虎（严格说起来，就是两只老虎，相互间也有一定联系

的)。如果你把人类的认识多研究一下，你就知道，任何一个人的认识，都是同时兼有感性和理性两方面，这两方面经常结合在一起，简直难分难舍。你要把任何一方面撇掉，都觉得有些不妥，就好像单身的男女不能建立完全的家庭生活一样，单凭感性认识或单凭理性认识都不可能成为完全的认识。你说卓别林只是留小胡子的人吗？那只是看见了卓别林的外形，不能了解他的特性。你说他只是滑稽大王吗？那么这又太抽象、太空洞了，罗克也是滑稽大王，你怎样说明他们两人的具体分别呢？

要正确了解感性认识和理性认识各自的作用，以及相互的关系

你要说明这分别，其方法之一，就是要向感性求援助，说卓别林是留小胡子的（当然还有其他特点）滑稽大王，而罗克则是戴眼镜的（当然也还有其他特点）滑稽大王。只有这样把感性和理性的认识都拉在一起，你才能够对一件事物得到完全的认识，否则你不是只落得一个外表，就是只落得一个抽象空洞的名词。依照这样的道理，我们就可以说：那些只有书本上的理性知识而没有实际经验的人，虽然自己以为是知识分子，其实只是半知识分子。同样，只有实际经验而不学习理论的人，他们也同样没有完全的知识，而只有片面的知识。好了，事情既然是这样，我们在排解纠纷的时候就不能采取形而上学的态度，只偏袒一方而抹杀另一方，如像经验论或理性论所做的那样，而是应该把两方面好好的拉拢，使它们很自然地合作起来。这就必须要公平地承认各个方面的地位、权利，正确对待互相间的关系，必须要正确了解两个方面各自的作用，以及它们的相互关系。如果我们懂得正确地对待感性和理性的关系，适当地发挥各自的作用，那么我们

就可能经常获得比较正确的完全的认识。

所以，我们的认识论虽然叫反映论，并不完全像照相。照相里只有类似感性认识的反映，人的认识却除了感性认识之外还有理性认识，必须正确对待感性和理性的关系，才能反映事物的真面目。究竟要怎样对待，究竟感性认识和理性认识有什么关系？这问题必须要用辩证法的看法来解决。但是这里已没有篇幅了，等下一段再讲吧。

九　原来是一家人

——感性认识与理性认识的关系

当一个电影院要放映卓别林的影片时，照例很早就有广告张贴出来。这时，我们就在街角上，墙壁头、报纸里，到处发现这位留着小胡子的流浪人的画像。这小胡子的影像，前次曾经说过，是我们的感觉器官可以认识到的，所以叫做感性的认识。感性认识给我们的印象，是不是真实的呢？当然是的。小胡子留在卓别林嘴上，是的的确确的事实，谁也不能怀疑。但是这里立刻又发生了问题，卓别林的小胡子跟希特勒的太相似了，如果只从小胡子上来看卓别林，那我们就很难把他和希特勒分开。于是我们又想到要从更根本的地方来认识卓别林，就是要认识他是在性质上和希特勒根本不同的人物。这时我们就运用自己的理解力，认识到他是滑稽大王了。

感性认识和理性认识的矛盾是反映着事物本身的矛盾

已经说过，我们用理解力认识到滑稽大王这种性质，这种认识作用，叫做理性的认识。我们还说过，理性的认识是怎样常常喜欢和感性认识抬杠，感性先生说是这样，理性先生偏说是那样，他们的争吵是这样激烈，以至于有些形而上学的哲学家误认为是两只老虎老打架，想打杀其中的一只来解决纠纷。但在打哪一只的问题上，这些哲学家自己也争吵起来了。现在我们站在唯物辩证法反映论的观点来看，才明白了事情的真相，原来他们不是两只势不两立的老虎，而是兄弟或公婆，尽管他们激烈地争吵个不休，始终还是一家人，还是要共同生活下去，拆散不了的。如果我们再仔细研究一下，更可以知道，这种争吵抬杠，并不简单只是我们自己的两种认识能力在互相捣蛋。追根究底，这种争吵抬杠原来是包含在客观的事物里。原来卓别林这个人本身就是包含两个方面的。一方面他是留小胡子的人，这是他的外表，一方面他是滑稽大王，这是他的性质。因为卓别林这个客观事物本来有这两方面，所以反映在我们人的脑子里，也就有两种认识，因为卓别林的这两方面本来不完全一致，反映在我们脑里的两种认识也才会互相抬杠。所以这两弟兄或两公婆的争吵抬杠，并不是我们的认识能：力自己爱兴风作浪，而只是反映了事物本身的复杂内容罢了。

客观事物的表面现象如果和它的性质一致，我们的感性认识和理性认识里也就会一致

如果事实本身的这两方面一致了，它的外表和它的性质一致了，那反映在我们的脑里，也会觉得好像是很和谐的夫妇或兄弟，这时感性认识和理性认识就不会抬杠了。当国民党反动派的统治还没有被打倒的时候，上海、北京各地的人们，经常看见美国军队欺负中国老百姓，这是他们从感性认识里经常看到的。在

这种情形之下，如果我们再从理论上告诉他们说："美国是帝国主义国家，美国对中国现在采取侵略政策。"他们会不会反对呢？当然不会反对，因为这时他的感性认识和他的理性认识是一致了，他们所感到的美国军队的外表和行为，和他们所了解的美国国家性质是不抬杠了。这种情形，在抗战刚刚胜利的时候，或者马歇尔最初来中国"调停"的前后，是不会有的，那时美国军队的坏行为还没有完全暴露，美国政府在外表上装得好像是一个公正的"友邦"，仿佛既帮助了中国抗日，又似乎不偏袒国内各党派的任何一方。在那时候，他所给人们的感性认识，好像是与帝国主义的性质不一致的，它就与理性认识有抬杠的作用。因此，那时如果我们说美国的政策是帝国主义的侵略政策，有些人为感性认识所蒙蔽，就不肯相信。所以，感性认识和理性认识的关系，原是客观事物在我们头脑里反映的结果，理性和感性抬杠不抬杠，是由事物本身的性质（也叫做本质）和它的外表（也叫做现象）一致不一致来决定，客观事物本身没有的东西，也不会在我们的头脑里凭空出现。

理性认识是怎样产生的

现在恐怕有人会发生这样一个问题了，"理性认识是怎样发生的呢？这是我们很难了解的。我们很容易了解感性认识是如何产生。因为你在前面已经用了很浅近的比喻，把它说得十分透彻了：感性认识有点类似照相，由我们的感觉器官直接从外物摄取的。但是，理性认识是怎样来的呢？它不是直接由外物摄取的，并且也不可能直接摄取，因为它所反映的不是一件件的事物的外表现象，而是事物的根本性质。前面说是要用我们的理解力去'了解'，才能得到理性的认识。这个所谓了解，岂不有些神秘吗？性质是外界事物本身内部的性质，而‘了解’是我们头脑中的了解，这两件东西不是隔得很远吗？怎么能够连接起来呢？”

由客观事物反映为理性认识，要以感性认识做桥梁

是的，这是一个必须要解答的问题，而现在也正是解答的时候了。我们的理解力和事物的性质之间，的确是有相当的隔离，不能直接接触，那么怎的会发生理性认识呢？要想把一条河流的两岸联接起来，应该靠什么呢？自然要有一座桥梁。的确，事物和我们的理解力之间，需要有一座桥梁，才能达到理性认识的目的。什么是这一座桥梁呢？在答复这个问题时，我们就更进一步发现了感性认识和理性认识的亲密关系，更加看出两方面果然是真正的一家人。原来从事物的性质到达理性认识的桥梁，不是别的，正是感性认识。换一句话说，如果没有感性认识，那也不可能有理性认识。我们知道，一个从来没有看过电影的人，乍然看见了卓别林的照片的时候，一定不会想到这是一个滑稽大王，即使你告诉他这是一个滑稽大王，他也不会真正了解你所说的是什么一回事。什么人能够了解滑稽大王呢？一定是常常看电影的人，电影看得愈多的人，愈更能够深刻了解卓别林这个滑稽大王。我们以前说，看见卓别林的小胡子的人，往往误认为这是希特勒。这也只是指那些从来没有看见过卓别林电影的人说的，例如中国解放区乡下的小孩子，对希特勒是很知道的，如果把卓别林的像片给他看，他一定告诉他妈妈说：“看呀，希特勒变叫化子了！”这就因为他没有看过卓别林的影片。凡是看过卓别林电影的人，他一定一眼就能认出这是滑稽大王，而不是那欧洲的法西斯魔王。因为当他一看见照片的时候，他就会联想起以前看过的许多卓别林的影片，每部影片都是讽刺旧社会，使人发笑的。

他的脑子里的卓别林，不仅仅是眼前的一个留着小胡子的人，且是一连串的滑稽电影故事，这些故事的总体，在他脑子里形成了一个牢固的滑稽大王的认识，和他对希特勒的许多侵略疯狂行为的认识完全不同，因此他决不会把卓别林的像片和希特勒混淆起来。

要先把很多感性认识积累起来，才有可能达到理性认识

现在我们懂得理性认识是怎样发生的了。原来理性认识的产生先要有许许多多感性认识积累起来。对于一件事物如果没有感性认识或者感性认识很少，就不可能有理性认识，或不可能有正确的理性认识。但如果感性认识多了，那你就有可能经过它而达到正确的理性认识了。只看见一张照片，决不能想到这是滑稽大王，看了许多电影，你那滑稽大王的认识就牢固起来了。只看见美国政府人员或军队的一两件事情，你决想不到他是帝国主义，甚至于相反，以为他是好朋友、公正人士。等你经过很长的时间反复地看了他们许许多多行为事实之后，你的脑子里对于他这帝国主义的认识就愈益明确了。又譬如对于中国国民党反动派的代表人，你倘若只听见他们的某些漂亮的言论或者只看见他所做的一两件表面上似乎不坏的事——例如你只看见他们参加抗战，参加一九四六年的旧政协会议，和各党各派共同签订政协决议，以及蒋介石提出允许言论自由等四项诺言，你或者会以为他们是真正爱国家、赞成民主的人，但是等你长时间地观察了他们的一切反对民主压迫人民的行为之后，你才深刻的了解，他们原是非常顽固的专制独裁主义者，他们的一切漂亮的说话都只是假装门面骗人的手段。所以，没有很多感性认识做基础，是不能有正确的理性认识的。为什么把许多感性认识积累起来，就有可能达到正

确的理性认识呢？因为有了许许多多的感性认识，我们就能够反反复复地观察到各种现象的互相关系，就有可能把他们加以比较、分析，就能够看出有些关系是一定不移的，是反复出现的，是真实的关系，有些关系却不是经常的确定的，而只是偶一出现的，表面的，甚至于是不真实的、伪装的关系。这就是说，我们由此可以找到一些深刻地支配着事物的全部发展过程的某些确定不移的秩序，也就是认识到事物的规律。

从许许多多感性认识中，可以看出事物间的确定的关系和规律

卓别林这小胡子的流浪人，经常出现在电影银幕上，每一出现，必要引得观众发笑，这是卓别林与观众中间的确定的关系。美帝国主义的许多行动，都是要扩张它的势力，侵略别的国家，它帮助中国抗战，对中国来说，实质上也只是为着在中国扩大它的势力；他一面表面上“调停”中国内战，另一面却拼命帮助独裁政府建立军队，准备内战。把这些现象中反复出现的各种关系加以全面的综合研究，就可以得到一条规律，就是美帝国主义当局的一切行动，都是为了扩大自己的势力，为着把中国降为殖民地。就中国国民党反动派来说，也是一样。我们从他的许许多多可以直接看到的事实里，能够归结出一些固定的规律，就是它一定要反对民主、压迫人民，而为了反对人民，又一定要依靠帝国主义、出卖国家！总之，许许多多的感性认识，使我们能够看见客观事物里的许许多多现象，从这许多反复出现的、内容丰富而且复杂的现象中，我们就可以认识到深刻地支配着事物的全部发展过程的许多确定的关系，认识到他们的规律，这样也就能够认识了事物的根本性质，因为所谓事物的根本性质，不外就是事物

的各种关系、各种规律的总称。不同的事物有不同的性质，是因为它们有不同的规律，是因为它们与其他事物发生不同的关系。如卓别林的演技使人民愉快，希特勒的行为使人民遭殃，美帝国主义和国民党反动派的行为使中国人民痛苦、愤怒和反抗等等；而卓别林和希特勒之所以有根本性质的不同，就由于他们和人民的关系不同，就由于在这种关系中的规律不同。

单单感性认识的积累，并不就是理性认识，而要加上分析比较的思考工夫

这样，我们可以明白，为什么感性认识的积累，是理性认识的桥梁了。但为什么只是桥梁呢？为什么不能说许多感性认识积累起来就成为理性认识呢？因为，单单把感性认识积累起来，仍然只是感性认识，仍然只能认识一些片面的、零碎的，甚至于似乎是混乱的、自相矛盾的外表现象。单单靠感性认识，就不能超出这些片面零碎混乱矛盾的现象，找出其中一定的秩序，一定的规律来。要找出这规律来，就不能只依靠感觉，而要再用一番思考的工夫。就是要把这许多现象加以比较、加以分析，要研究那许多现象相互间如何发生关系，哪些现象中间的关系是经常的、一定不移的，哪些只是偶然的、不重要的，甚至于是表面的、虚假的，然后把这些确定的重要的关系抽出来，把那些偶然的、不真实、不确定的撇开，这样就可能把握到事物的规律。中国一般人民能够认识到美帝国主义要想把中国降为殖民地，并且能看出马歇尔的调停内战的“公正”面目乃是虚假的表面现象，这并不仅只是长期感性认识的结果，而且是根据许多对帝国主义的感性认识而加上了一番比较分析的思考工夫的结果。

分析比较，就是应用理解力，就是思想的概括作用，就是经验的总结。

特别是由于马克思列宁主义者——共产党人对帝国主义的各种规律早已研究清楚，并在一般人民中间宣传这些知识，就帮助人民较为迅速地完成这种思考工夫。这种思考工夫就是理解力的应用，在哲学上也叫做思想的“概括”作用。在革命工作中，我们常在一定的时期总结经验，而总结经验的目的，也就是为要把这时期中的感性认识（经验）加以分析概括，找出工作中的规律，使我们的零碎片面和表面的感性经验知识变为全面的、有系统有条理的理性认识。

感性认识和理性认识的关系有如父子

这样，我们可以知道感性认识和理性认识是有着怎样一种亲密的关系了。原来他们是在分工合作，共同来帮助我们一步步深入地反映世界上的事物。感性认识第一步反映事物的外表现象和外部关系，理性认识再进一步反映事物中间的各种内部关系、各种确定的规律。现在感性认识和理性认识的关系，好像又不是公婆或兄弟的关系，而是父子关系了。我们首先要有感性的认识，感性的认识要积累到一定的程度，就好像人要长大到成年的时候，才有可能和理解力结婚，产生出一个儿子——理性认识来。由此可以知道，那些偏袒理性先生的理性论者，是大大错误了。

理性派和教条主义以为不依靠感性认识就可以有理性认识，这等于说没有父母就能生儿子

他们把理性认识讲得很神秘，以为是人们天生的一种能力，可以不依靠感性认识作基础，就可以认识到事物的根本性质。这种说法，就等于说没有父母也可以生儿子一样的好笑。没有感性认识，要想获得深刻的理性认识是不可能的。你连事物的表面现象都还没有看见过，你怎能够希望了解事物现象中间的内部关系和确定的规律呢？一个从来没有打过仗或看见过战争的人，要他谈战略战术的规律，是不是可能呢？一个从来没有下水游泳过的人，要他讲游泳的规律，讲怎样才不会淹死，是不是可能呢？当然，也许有一种爱吹牛皮的人，明明自己一点打仗经验没有，偏要大谈战争规律，明明一次也没有下过水，偏要当游泳教员，但这种人讲的战略战术和游泳术，一定空洞而无内容，一定是一套骗人的空话，如果有哪一个傻瓜真照他所讲的去做了，一定要打败仗，或一定要在水里淹死！有人要问：毫无打仗经验或打仗的感性知识的人，如果看几本战略战术的理论书，不是也就可能了解一些战争规律吗？我们的答复是！不能。自然他也可能照书背诵词句，但他决不可能了解这些词句的真实意思在哪里。三岁的小孩，不是也可以背诵帝国主义、法西斯蒂之类的词句吗？但这些词句的真实意思是什么？三岁小孩能否了解？当然不能，原因就是没有帝国主义或法西斯蒂的感性知识。所以小孩即使能背诵这些词句，也只是说出一些没有理解到真实内容的空名词。前节我们讲到的那种教条主义者，他们轻视中国革命的实际经验和实际知识，或者完全缺乏这些实际知识，而专门搬弄外国书本上的革命理论，在实际上也和三岁小孩谈帝国主义或法西斯的罪恶一样，不能真正地了解那些理论。仅仅有书本理论知识的人，说他是半知识分子，已经是很够了，事实上连这一半他们也不一定能获得真正的了解。

只相信感性认识而不注意理性认识，就会陷于眼光短浅，遇事没有先见之明

我们把感性认识和理性认识的关系比作父子的关系，这一点也没有要轻视理性认识的意思。相反的，我们还要说清楚，按照通常的发展规律来说，儿子的一代，总应该比老子进步一些（不是指个别的儿子来讲，个别的儿子当然有比父亲更退步的），理性认识也是比感性认识更高一步的认识。感性认识是认识的初级阶段，只有感性认识，我们就难免为零碎片面的事物外表现象所迷惑，我们就难分别卓别林与希特勒，难确定美帝国主义究竟是好朋友还是豺狼，难确定当权的大地主大资产阶级是要民主还是要独裁，而在希特勒军队向莫斯科一直前进的时候，就难有把握说希特勒一定失败，在一九四七年初解放区军队退出了某些城市的时候，就难得建立中国人民对帝国主义、封建主义、官僚资本主义斗争的必胜的信心。总之，如果只有感性认识，我们就容易为当前的局部，片面、表面的现象所迷惑，不能预先看见事物变化发展的较远的前途，不能对事物作全面的了解，不能通晓事物中间的较普遍的确定的关系。但是如果我们把各方面的感性认识及实际经验加以概括总结，达到理性的认识，看清楚了这些事情的一定的规律，那么，以上的疑难，都可以完全解决了，而我们对每一件事情发展变化的前途都可以有先见之明，对事物的整体就可以有一个全局的了解，对于事物中间的较普遍的确定的关系就可以斩钉截铁地作明确判断了。所以，那些偏袒感性认识的经验论者，轻视理性认识，轻视理论，只相信自己直接感到和经验到的东西，这也是不对的。如果坚持这种观点，那一定会把自己束缚在局部的狭隘经验的圈子里，或弄得眼光短浅，固执偏狭的成见，或者弄得动摇不定，思想为现象的变幻所左右，不能对事

变的发展前途有先见之明，不能掌握事物发展规律的正确知识来指导自己的行动，不能满怀信心地向前战斗。所以我们一定不能以感性认识为满足，一定要更进一步，求得更深刻的理性认识，就是要求得事物的规律知识。

要从中国的革命实际中找出中国革命的理论

但理性认识究竟是感性认识的儿子。要想获得真正的理性认识，必须在感性认识方面先有充分的准备。要对中国革命运动获得正确的理性知识，要掌握中国革命运动的理论，必须着重学习中国革命历史的实际经验，调查中国社会的实际情况，把这些实际的材料加以研究，加以分析、概括和总结，找到中国革命各方面的规律。总之，要从十分丰富的感性的事实材料中去分析研究和找出事物本身的规律，而不是仅凭个人主观的感想或凭简单地从书本上引来的片言只字来下结论，这就是正确对待问题的科学态度，就是唯物论的“实事求是”的态度。

当然，我们并不是轻视学习书本上的理论知识。相反的，我们是非常重视一切科学著作的理论知识的，例如马克思、恩格斯、列宁、斯大林的著作，就是我们应该认真学习的，毛泽东同志的著作，同样也是我们应该认真学习的，因为这些著作里包含着丰富无比的关于社会发展规律和革命发展规律的知识，包含着极其丰富而正确的关于中国社会和中国革命规律的知识。但是，第一应该了解，这些伟大的科学著作中的理论知识，也是从极丰富的感性知识基础上辛苦研究出来的，我们自己如果不多少有一些同类的感性知识，就不可能真正了解这些著作。例如我们要了解毛泽东同志的著作，要了解其中的许多深刻的理论，我们就必须同时学习一下中国近代的历史和中国共产党的历史，要有这些历史的感性知识作基础，才有可能了解毛泽东同志的革命理论著作。第二，我们从这些著作中学到了一些理论知识之后，就可以用它来指导我们解决自己工作中所遇到的问题。但必须注意，我们的具体工作中的问题，可能又有一些新的特殊情况，书本上的理论知识，不可能把我们所遇到的每一种特殊情况都完全现成地涉及到了。所以，当我们用科学著作上的理论知识来解决我们工作中的问题的时候，我们的正确态度，应该是把这些已经确定的规律知识作为一般的指导，而我们自己还必须在这一般的指导之下，对那些特殊情况下一番独立研究的工夫，把那些新的特殊的感性材料加以分析，找出一些特殊的规律，才能正确了解我们具体的工作的性质，才能正确解决问题。用马克思列宁主义的理论为指导，来帮助我们实事求是地研究和解决具体工作中的具体问题，这就是毛泽东同志说的“有的放矢”的态度，这是学习马克思列宁主义理论的正确的态度。教条主义者想单纯依靠书本上的理论，而对具体工作中的具体问题，不肯搜集材料，不肯认真地作独立的调查研究，这是“无的放矢”的态度，是错误的态度。

一〇　由胡桃说起

——认识和实践

假如这里有一个胡桃，试问我们的感性认识所能觉到的是什么？首先我们的眼睛看见它是黄褐色，表面凸凹不平，再用手去触一触，是硬的，或者用鼻子嗅嗅，没有一点气味。还有什么没有呢？怕不再有什么了。这就是我们眼前对于胡桃所能感到的一些外表的东西。但我们对胡桃的认识，当然不只这些东西。除了这些外表的感觉认识之外，我们还能够认识到胡桃的各方面的关系；我们知道它可以作为人的食品，而且相当美味，相当有营养价值。我们也知道它是一种植物的种子，把它放在土里，有了适当的阳光、水分和肥料，就能生长成为树木。这些都是胡桃的性质，是胡桃这种客观事物所包含的规律。这些规律为什么会被我们认识了呢？眼前的感性认识就能直接告诉我们吗？当然不能。胡桃的肉是藏在壳里，不把它敲破，就不可能看见。胡桃树要从这颗种子里长出来，那是将来才会有的事，眼前我们的感觉，是不可能看见这一切的。我们怎样能够认识这胡桃的规律呢？照前节讲过的道理来说，是经过两个步骤：第一，我们先有感性认识，而且把这感性认识逐渐积累起来。我们不是今天才看见胡桃，在今天以前，我们已经有很多次看见过胡桃了，我们好多次看见别人敲碎胡桃，我们自己也敲过胡桃。如果我们是在乡村里生活，那我们也会看见过农人种胡桃树，甚至于我们自己也可能种过胡桃树。第二，在积累起来的感性认识上，我们又加上了思想的工夫，我们在日常生活中，不知不觉已把这些感性认识加以总结，把那反复发生的现象概括起来，认识出它们中间的一定不移的关系，因此也就认识了它的规律：敲开胡桃（只要不是坏了的）一定得到美味的食品，种在土地上适当的加以培养一定可以长成树木。这些步骤叫做认识的过程，就是从感性达到理性的过程。我们在过去日常生活中已不知不觉的完成了这个过程，所以今天一眼看见胡桃，不用把它打破，不用把它放在土里去栽种，已经能够推测出它会发生一些什么作用了。理性的认识，就是有这样的好处，就是能够按照一定事物的规律的知识，来推测这一事物未来的发展以及它将会发生的作用。

我们认识事物有两种情形：一种是在旁观的地位上去认识，一种是在实际行动中认识

但是这里有一个秘密，我们还没有说出来。前面说过：我们在以前吃过胡桃，种过胡桃树或者看见有人种过胡桃树，因此才有丰富的感性认识，才能总结成理性认识。如果我们从来没有做过这些事，没有对胡桃采取过这些行动，能不能有这些认识呢？我敢说绝对不能。没有这些行动，单单看见过胡桃的外表，那么，即使反复看见过千万遍，仍然只能认识这是一个黄褐色的硬圆球，此外便毫无所知了。因此，我们对于胡桃，可以在两种不同的地位上去认识它：一种是在行动上和胡桃不发生任何关系，不敲它、不吃它、不栽种它，总之，不把它的现状加以任何改变，简单的从旁观察它，这叫做在旁观的地位上去认识事物。在这种地位上认识胡桃，我们将永远只能认识到它的外部形状，至于它的内部怎样，我们永远无法知道。如果有人一定要问内部怎样，那我们只好跟“不可知论”者一道走。明朝的王阳明整整用七天工夫观察竹子而没有结果，就是这样的原因。这是在一种地位上所发生的一种认识结果。另外一种地位和上面相反，是经常在行动上和胡桃发生关系，敲它，吃它，栽种它，或看别人栽种它，总之，一面改变它的现状，一面来认识它，这叫做在实际行动中来认识事物。

要在实际行动中，才能不断获得新的感性认识和正确的理性认识

在这种地位上来认识胡桃，我们就不会永远只看见它的一些简单的外部形状，相反的，我们就可以把它的隐藏着的内容和内部关系剖露出来，把“不可知论”认为无法知道的东西经常变为可知，于是我们就常常能获得新的感性认识，能发现事物中间的

新的关系。而且这些关系的认识，如果再经我们亲身试过，就更能够实实在在证明它是不是确定的关系，是不是一定不移的规律。单单听人说胡桃肉味美，我们还可能半信半疑，要是我们自己也吃过，那就完全无疑了。单单听人说胡桃是植物种子，我们还可以怀疑，如果我们自己也种过或亲眼看见人种过，那就要完全相信了。所以要通过实际行动，才有可能让我们不断获得新的感性认识，并用我们的行为来切实地检查这些认识，使我们经过行动的检查证明而得到正确无误的理性认识。

说到这里，读者诸君，我要向你们道歉了！我在前面费了很长的篇幅，讲了好几次反映论，可是总没有把一个最重要的东西讲出来，这就是人的实际行动，哲学上也叫做“实践”。由胡桃的例子，我们可以知道，实际行动对于我们的认识，是有决定作用的。实践是我们一切认识的基础，不论我们的感性认识或理性认识，归根到底都是从我们的实际行动中得来的。首先，实际行动使我们不断地获得很多新的感性认识，并由此形成新的理性认识。其次，我们的认识之正确与否，又要拿到实际行动中去加以检查才能得到证明。“实践是真理的标准”。只有指导实践获得成功的规律知识，才是正确的知识。如果在实践中碰了钉子，或部分地碰了钉子，就证明这种知识是完全错误或部分错误，必须加以抛弃或修改。总之，认识是服从于实践的，做什么，才要学什么，也只有在做的过程中间，才能够确确实实地学到一些东西。如学马克思列宁主义理论是为了解决中国革命各方面的问题，也只有在解决中国各方面的革命问题的实际行动当中，才能逐渐把马克思列宁主义理论学好。脱离了实际行动的地位，我们的认识就会停止不进，就不能得到正确的规律知识。

实际行动有两种：一、改变自然；二、改变社会

我们这里所说的实际行动或实践，是改变事物的行动，是打破胡桃壳的行动，是要打破现状，而不是保守现状的行动。这样的实践有两种：一种是改变自然的实际行动，如农人种地，工人做工，这种行动又叫做生产的实践，因为在这种行动中，人类就能改变自然，生产出自己生活所必需的物质资料，如吃的饭、穿的衣等。另一种实际行动是改变社会的行动，如中国人民推翻封建皇帝以及军阀的统治，建立民主的新社会，俄国人民推翻沙皇政府和资产阶级的统治，建立社会主义国家等等。这种行动又叫做阶级斗争的实践，在这种行动中革命的阶级推翻腐败没落的反动阶级统治，建立新的革命阶级统治。就中国的情形来说，我们改变社会的实际行动，就是反对旧社会里帝国主义、封建主义及官僚资本主义对广大人民的奴役和压迫，就是要推翻这些压迫人民的反动统治者。推翻了反动统治者、建立了人民政权以后，我们除了继续肃清反动派之外，又要对农民、小资产阶级以及资产阶级进行教育改造，也要教育工人阶级自己，以便过渡到社会主义社会。前面曾经讲过，要想使我们自己有充分正确的认识，把事物的真实面目反映在我们的脑子里，最根本的一个条件就是必须站在无产阶级的立场上，必须从广大人民的利益出发来看问题。

中国广大人民的立场，就是改变中国旧社会的立场

为什么要这样说，现在我们可以完全懂得其中的道理了。旧中国广大人民（以工人农民为主）亲身遭受封建势力及帝国主义

的最残酷的剥削压迫，并且也能坚决与专制独裁者和外国侵略者斗争，他们的亲身痛苦经验，使他们容易深刻认识到，要使中国进步必须努力打破这个束缚中国向前发展的胡桃壳。俗话说："饱汉不知饿汉饥。"不站在中国广大劳动人民的地位上，就不可能深刻认识中国民族遭受压迫的灾难之深重，就不能认识推翻这种压迫的迫切需要。抗战胜利一年不到，广大中国人民就完全认清楚了美帝国主义的豺狼面目，但是以蒋介石为首的国民党反动派，反而把这豺狼认作老子，这就因为中国人民所处的地位是要打破中国的半封建半殖民地硬壳，要让独立自由民主的新中国成长起来，而国民党反动的大地主大资产阶级的地位是要保守这个硬壳，因此前者很容易（特别是在中国共产党的马克思列宁主义科学思想指导之下）看到侵略者压迫者的凶狠面目，而后者却不容易看见，即使看见，他们也要装作看不见。专制独裁者经常玩弄手腕，假意发表许多民主的诺言，或者采取各种欺骗的措施，身受压迫的广大人民在实际行动中深刻认识到独裁者的诺言从来不会兑现，因此就比较容易了解他们的虚伪；但是一些比较处在上层地位的人，没有亲身深刻体验过受欺骗的苦味，却往往要受到迷惑，甚至有时受到反动派的收买拉拢，对专制独裁者发生各种的幻想。

不同的阶级对事物有不同的认识，就因为他们在实际行动中的立场不同

前面讲世界观问题时，曾经说过各种世界观是代表各种社会阶级集团的看法，说一切思想都有阶级性，其中道理，我们现在更加了解了。不同的阶级，对于革命的实际斗争所处的地位也不同，有的反对革命，要保守旧社会的胡桃壳，有的坚决要革命，要打破旧社会的胡桃壳。有的比较动摇，有的完全脱离革命，但也不坚决反对革命，只站在中立旁观的地位。各阶级在革命实际斗争中各自所处的这种不同地位，使他们的感性认识和理性认识也有差异。脱离群众革命斗争的小资产阶级分子，受到反动势力压迫时，很容易成为悲观主义者，因为他们没有和广大人民一起行动，对于后者的伟大力量没有感性的认识，因此也就无从理解到革命的光明前途。在抗战初期，大地主大资产阶级中间发生了“唯武器论”和“亡国论”的思想，因为他们自己本来就是反对人民的，他们对于广大人民在民族战争中的伟大力量没有感性认识，他们的眼中只有敌人的强大的武装，因此“抗战必亡”就成为他们的理性认识。无产阶级是革命的阶级，他们的生产工作是有组织的，他们亲身体验到群众的组织和团结的力量，他们也能理解组织和团结的坚强与否能决定斗争的胜败，所以无产阶级先锋队共产党在抗战初期就相信只要中国广大人民充分发动和组织起来，就可以最后战胜日寇，也可以最后推翻封建势力和帝国主义的统治。

广大农民有无产阶级领导，就能够脱离宿命论的思想，而相信自己的力量能使自己解放

旧社会的农民由于生活分散，没有无产阶级领导，不能形成坚强的组织，虽然对于封建统治者也能进行英勇的斗争，但因为力量不能集中、不能充分发挥，以致常常遭受失败。农民阶级的这些弱点也形成了他们的认识上的弱点，使他们对于自己的伟大力量往往缺乏信心，因此封建统治者的宿命论思想就能够影响他们。但是当他们受到了无产阶级的领导，团结成为强大的组织力量，并起来进行斗争，那他们就会看见新的天地，就会在思想上

高度地觉悟起来，抛弃宿命论的影响，相信自己的力量可以使自己翻身。中国广大人民对反动统治者的斗争，其主要的成分，就是农民在无产阶级领导之下，进行自己解放自己并解放全民族的广大人民的斗争。

以上许多例子，表明各种阶级有各种不同的思想，这些思想有正确的，合乎事实真理的，有错误的、违背真理的，而这些在最后都决定于一定的阶级立场。

只有和广大群众一起斗争的革命阶级，才能获得正确的认识

脱离了群众的革命阶级斗争，或害怕激烈的阶级斗争的一些小资产阶级分子，他们的眼睛不敢面对客观现实，他们的思想也就不能正确反映客观事实，就会有许多错误的思想。反革命阶级与人民为敌，是反对社会的进步发展的，因此他们的思想也就成为与真理正相反对的欺骗人民的思想。相反的，无产阶级为了改造世界而领导和参加广大人民群众的阶级斗争，他们的立场就使他们有可能面对客观真理，他们就有可能对于事物获得正确的认识。外国有一句话说："压迫人的人，聪明的也会变为愚蠢。"压迫人民的反动阶级，他们首先在感性认识上，就不会觉到（或不会深刻地觉到）被压迫是如何痛苦的事。因此也就不相信被压迫阶级一定要反抗到底，不到斗争胜利不止；因此他们就会发生错误的梦想，以为骑在人民头上做皇帝的事可以成为千秋万世的基业；因此他们就要愚蠢地向广大人民的铜墙铁壁进攻，不到自己碰死不止。希特勒、墨索里尼一群人的灭亡，就是外国压迫人民的反动阶级的愚蠢行为的榜样，慈禧太后、袁世凯、北洋军阀，以及蒋介石为首的国民党反动派的倒台，就是中国压迫人民的反

动阶级的愚蠢行为的榜样。要想不愚蠢，要想有正确的思想，最根本的条件，是要站稳革命的阶级立场，要站稳广大人民的立场。小生产者和资产阶级的个人自私的立场，大地主大资产阶级的反动的立场，都是妨害正确认识的，而后者的立场甚至于还要走向有意地隐瞒真理和诈骗行为。无产阶级的集体生活、集体斗争的立场，把个人利益服从于集体的利益，全心全意为广大人民服务的立场，是保证我们没有主观成见，虚心学习，正确认识客观事物的立场。这也是共产党人的立场。

正确的理性认识能使我们预见将来，指导行动，不至于走错路

前面我们讲革命的实践如何产生正确的认识，现在我们又要反过来讲一讲，正确的认识对于革命的实践是如何重要。我们的认识通过改变世界的实践由感性阶段达到理性阶段，而理性认识就使我们了解事物发展变化的规律。有了这种规律知识，我们对于周围事变的发展前途就能有先见之明，就能够预测某些事物将来一定要发生发展，以及如何发生发展，某些事物一定要消灭，以及如何消灭。我们就能照着这些预测去定出一定的方针、计划，来指导我们的行动，使我们的行动不犯错误，使我们能走向上发展的道路，而不是走消灭的道路。我们推测胡桃有肉，就去打破胡桃，我们了解石头没有肉，就不去打石头。这样地来行动，就不会枉费精力，就可以避免错误或少犯错误。在革命斗争中我们有了正确的理论知识，就能预测革命的前途，就能够在事先很好的作准备工作，就不至于走错路，碰太大的钉子，使革命遭受损失，总之，就是能够正确指导革命运动。例如我们认识了抗日战争的持久战的规律，我们在行动中，就不会像亡国论者一

样灰心丧气，以至于投降敌人，也不会像速胜论者那样轻率急躁，集中很多兵力和敌人打阵地战，使民族力量遭受不必要的损失；我们在抗战的指导上就能作长久布置，如发展游击战，发动广大群众斗争，建立敌后根据地等等。八年的抗战就是由于广大人民在毛泽东同志的这种正确理论指导之下才能保持民族力量的继续生长，建立了解放区，坚持到最后胜利。没有持久战的正确理论，是不可能有这样伟大成绩的。所以说："没有革命的理论，就没有革命的运动"，只有依靠正确的理论知识及其预见来指导革命运动，才能有革命运动的发展和胜利。我们之所以必须要学习马克思列宁主义的革命理论，学习毛泽东同志应用马克思列宁主义理论精密揭示出来的关于中国革命的规律知识，目的就是为了指导中国革命的实际行动，指导中国广大人民胜利进行推翻帝国主义、封建主义、官僚资本主义的斗争，指导中国人民争取使中国经过新民主主义革命过渡到社会主义的斗争。

正确的革命理论，是从群众的实际斗争经验中总结出来的。因此也才能正确地指导斗争

现在我们要再回过来讲一下：如何才能掌握正确的革命理论知识？前面说过，正确的革命理论知识，是以革命的实际行动为基础，是从广大人民的实际革命行动中产生出来的知识，是经过群众实践的反复证验，是群众的革命斗争经验的总结。例如抗日战争中的持久战的理论，就是这样产生的。抗战以前，中国人民对帝国主义封建地主阶级等反动势力进行了多年的斗争，已经在历史上积累了许多感性认识（即经验），这些感性认识反复证明，广大中国人民对反动势力的斗争，必须经过艰苦而曲折的道路，必须发动广大群众，进行武装斗争，进行游击战和运动战……中国革命的领导者共产党把这些经验总结起来，确定地认识了中国革命要经过长期战争这一个的规律，把这些规律知识应用到抗日战争中，加上了抗日战争最初几个月的新的实践经验的总结，就创造了抗日战争中的持久战的指导理论。所以持久战的理论，并不是从革命领袖的脑子里偶然凭空产生出来的，而是毛泽东同志从中国人民群众的实际斗争经验中总结出来的。正因为是从群众的实际斗争经验中总结出来的，是群众的斗争反复证明了的规律知识，所以才能够正确地指导群众的斗争。认清这一点，在我们的认识论里是非常重要的。我们以前说，要保证正确地认识事物，必须有无产阶级的革命立场，必须站在广大人民的立场上来看问题。而这里讲到广大人民的立场，必须包括重视广大人民群众的斗争经验和善于学习群众斗争的经验这一点内容，只有这样，才能达到正确认识革命规律的目的。凡是做革命工作的人，不论他担负的工作大小，要想把工作做好，必须熟悉他所担负的工作的规律，而要熟悉工作的规律，就必须善于学习与这工作有关的群众的经验。学习群众斗争的经验，就是要把成功的经验加以发扬推广，把失败的经验作为教训，避免将来再犯错误。试举解放区的生产运动做例子；我们现在都知道在生产落后的农村里，领导农民组织变工队，可以提高劳动效率，增加生产，用这一条规律知识指导生产运动，曾发生很大的效果。这条规律知识是从哪里得来的呢？是不是指导生产运动的领导者凭空想出来的？当然不是。其实它的初步经验，是农民群众中原来就有的，是由农民自己创造出来的。不过在旧社会里，农民的变工组织只是临时的个别的现象。

正确地认识事物和指导工作的方法。是“集中起来，坚持下去”，是“从群众中来，到群众中去”

解放区的生产运动的正确指导，就是把这些农民群众原有的初步经验，加以总结、集中，把它提高、推广，成为普遍的运动。把群众中创造出来的好经验概括和集中起来，加以提高、推广，加以普遍化，这是领导革命工作的基本方法，也是认识事物的正确方法。这种方法，照毛泽东同志的说法，叫做“集中起来，坚持下去”的方法，也叫做“从群众中来，到群众中去”的方法。无论担任大小工作，如果能够善于运用这种方法，就可以正确认识工作规律，就可以把工作做好，把斗争引向胜利。一个革命工作者，他必须和群众站在一起进行斗争，并以“甘当小学生”的态度，虚心倾听劳动群众的意见，向群众学习，然后才有可能把群众的经验集中起来，掌握革命的规律知识，反过来又以这种知识来指导群众的斗争。

说到这里，有些知识分子一定要发问了：“如你所说，我们学习革命理论，只有一条路了，这就是从中国革命的群众的斗争经验中学习。这样一来，书本上的革命理论就毫无用处了，马克思、恩格斯、列宁、斯大林的书可以不读了，甚至于中国革命领袖的书也可以不读了。”我们答复说，在前一章我们就说过，我们决不轻视书本理论知识，而且相反地十分重视一切科学著作的理论知识。

从群众的斗争经验中学习，是学习革命理论的正确方法的一个重要方面

但我们又必须指出；从群众的斗争经验中学习，是我们学习理论的正确方法的一个重要方面，因为我们学习理论是为了要能指导中国革命工作，是要掌握中国革命（包括我们自己直接做的具体工作在内）的规律知识。马克思、恩格斯、列宁、斯大林的著作中许多普遍的科学原理，可以作为我们研究和解决中国革命问题以及我们的各种具体工作的指导，不从这些著作中学习理论，要正确了解中国革命规律和做好工作，是不可能的。但中国革命中以及我们的许多的具体工作中，有着许多特殊情况和特殊规律，例如抗日战争和持久战的规律、建立民族统一战线反对日本帝国主义侵略的规律、抗日游击战争的规律等，在马克思、恩格斯、列宁、斯大林的著作里并没有为我们准备了现成的解答，如果我们只知道一些普遍原理，而对于这些特殊情况特殊规律不作独立研究，就不能真正认识中国革命运动和指导这些革命工作。要掌握这些中国特有的规律，解决具体工作中特殊的问题，必须从中国的革命群众斗争经验中去学习。这样，正确的学习方法，就是在马克思、恩格斯、列宁。斯大林所确定的许多普遍原理的指导之下，来研究中国革命的实际情况和中国革命群众的实践经验，来认识中国革命以及我们许多具体工作的特殊规律。毛泽东同志之所以能创造地发展了马克思列宁主义的理论，正确指导中国革命，就因为他是这样正确地来研究马克思列宁主义的。马克思、恩格斯、列宁、斯大林的著作，是一方面反映了他们指导革命的当时当地的一些特殊经验和规律，这些规律在一定条件下也可以适用于别的国家的时候，另一方面，他们的著作也包含

着许多普遍的经验和普遍的规律，这是对于世界各国以及中国都适用的。例如要推翻封建社会必须经过资产阶级民主革命的规律，帝国主义争夺殖民地的规律，世界人民反法西斯统一战线的规律，这些普遍的规律，也适用于中国革命的斗争经验。有了这些普遍的理论知识，就可以指出中国革命运动的某些一般方向，就可以作为我们研究的一般的指导。例如，根据这些理论，我们确定中国革命的第一阶段的性质是资产阶级民主革命的而不是社会主义革命的，中国革命包含反帝国主义的民族革命运动，中国人民在抗日战争中与世界反法西斯各国建立同盟关系等等。但是单只有这些一般的方向，并不能完全解决中国革命问题，因为中国还有中国革命的特殊情况和特殊经验，不是这些一般的方向所能完全包括。我们要把那一般的理论作为指导，来研究和总结这些特殊情况和特殊经验，找出中国革命运动中所包含的新的特殊规律，例如我们由此认识到中国革命第一阶段虽然也是资产阶级性的民主革命，然而却有它的新的特点，即它是新式的资产阶级民主革命而不是一般的旧资产阶级民主革命，它是新民主主义革命。掌握了新民主主义革命的规律，我们就有了完全符合于中国情况的能够正确指导中国革命的理论了。

要把马克思主义的普遍真理和中国革命的具体实际结合，才能得到正确的革命规律知识

因此，书本上的理论知识并不是毫无用处，马克思、恩格斯、列宁、斯大林的著作必须研究（毛泽东同志的著作自然更必须学习），问题是在于我们要掌握正确的学习方法。我们不需要教条主义的方法，也就是把原来的活理论变成死理论的方法，单纯依靠书本上的某些一般原理或现成词句而不重视中国人民群众的实践经验的错误方法。我们的方法应该是以研究中国的实际情况和学习群众的实际斗争经验作基础，把马克思主义著作中的普遍真理作为一般的引导，来总结出中国革命所特有的具体规律，指导中国革命运动。按照毛泽东同志的说法，这叫做“把马克思主义的普遍真理与中国革命的具体实践相结合”，这叫做从实际出发再回到实际的学习方法。用这种方法学习理论，就不会成为教条主义者，就能够活用书本上的理论，创造出适合中国革命运动特点的具体的理论。只有这样的理论，才能正确指导革命运动，如毛泽东同志的理论那样。

一一　是朋友还是豺狼

——真理论

前面讲过，美国的帝国主义者曾给了中国人两个相反的印象：一个是在中国广大人民眼中的印象，他们觉得美帝国主义者一天比一天更像豺狼；一个是以蒋介石为首的国民党的大地主大资产阶级的印象，他们硬要说美帝国主义是中国人民的好朋友，尤其在他们自己看来，更是一天比一天像爷老子。这两个印象，两种相反的认识，究竟哪一种是正确的呢？这个问题，照我们在前面的答复，那就是：“豺狼的印象是正确的。”读者诸君！你们赞不赞成这个答复呢？我想你们会赞成的。如果有人反对，说好朋友和爷老子的印象才对，那你们一定要向他提出严重的抗议。如果又有人说；“两种印象都正确”，你又怎么办呢？你当然又要反对，说这种说法太荒谬，太没有道理。又是豺狼，又是好朋友，世界上哪有这样的怪东西！

主观真理派不承认认识的真假有客观的标准

但是，世界上无奇不有，往往我们以为荒谬的事情偏会存在。现在我们当然还没有听到过这种议论，说美国帝国主义者对于中国人民又是豺狼又是好朋友。但和这有些类似的思想，还是不难找到的。在哲学上，它还成了认识论上的一个派别，曾经有许多大哲学家拥护这种主张。这种派别，叫做主观真理派。它主张人们的认识没有客观的真假标准，各人的主观就是道理真假的标准；只要主观上认为是真的认识只要自己以为是想得通的道理，那就算是正确的道理，就是真理。因此，照这种哲学思想的观点来看，一个人认为美帝国主义是豺狼，固然是对的，另一个人硬说它是中国人民的好朋友，也可以说是对的，反正一切道理都由人的主观来决定，人的主观上相信是对的，就是对的。两千年前曾经有一个哲学家说过这样一句话："人就是万物的标准。"这就是主观真理派的有名的格言。

你说荒谬不荒谬呢？不说客观事物是人的认识真假标准，反而说人是万物的标准了，这样的思想居然还成了哲学上的一派，哲学家的头脑岂不奇怪？但是，让我们仔细研究一下，就知道这并不是哲学家的头脑奇怪，只是我们自己以为奇怪。我们早已说过，哲学并不神秘，哲学在日常的人们思想里就有了基础。主观真理派的思想也是一样，不仅只哲学家中间才有主观真理派，我们普通人中间，也可以找到很多的主观真理派。有一种很固执的人，他们和别人谈问题的时候，总不肯考虑别人的意见，别人如果反驳他，弄得他无话可说时，他就会气势汹汹地拍起桌子来说："我就是这样主张！反正我认为对就算对。"请你们想一想，你们不是也曾碰到过这种人吗？你们对于这种人有一个批评，说他是“主观太强”，说他是“固执己见”。这种人，就是日常生活中的主观真理派，他喜欢把“我认为”当做真理的标准，而不管他的这个“我认为”是否合乎客观事实。

还有一种人，表面上和前一种人完全相反，看起来简直是另一极端，但根本上也还是主观真理派。这种人遇到有人争论问题的时候，他的态度是，听了甲的说话，就觉得甲对，听了乙的说话，又认为乙对。公婆吵架，在他看来就是公也有理，婆也有理。这种人你们是不是也碰到过呢？你们碰到这种人，就会给他们一些批评，或者说他是“毫无定见”，或者说他是“到处讨好”。这种人自己没有固定的主张，当然更不会要固执什么主张。他没有一定的是非的标准，当然更不知道客观的标准，别人的各种各样的意见，就是他的标准。这种人，看起来好像很公平，很没有成见，实际上他是是非不明，好坏不分，其结果还是承认了非的一方面，委屈了是的一方面，帮助了坏的一方面，抹杀了好的一方面。你说美帝国主义也是豺狼，也是中国人民的好朋友，那你就是事实上赞成它是好朋友这一个谬误思想，而不坚持它是豺狼这一个真理了。

主观真理派是荒谬的主张

英美有一些所谓的自由主义者，他们主张一个国家不但要让民主主义者有宣传自由，而且也要让法西斯反动派也有宣传的自由，他们说这才叫做“民主”，才叫做“自由”。他们反对苏联和东欧人民民主国家，因为在这些国家里法西斯反动派毫无宣传自由。这种“自由主义”，表面上似乎在主持公平。实际上是在帮助法西斯复活，伤害了真正的民主。这种“自由主义”也可以算一种主观真理派，因为他们否认民主的真假的客观标准。当民主主义的死敌法西斯主义者向他们说："给我宣传的自由，否则你就不是民主主义者!"他也就表示赞成，说这个法西斯主义者也是在讲民主主义了。

唯物论承认认识的真假要以客观事物做标准。这就是承认客观真理

好了，我们已经把主观真理派的荒谬面目揭露得够了。那么，我们是什么派呢？当然，我们就是客观真理派。我们已经屡次讲过，人类的认识是客观事物的反映。你的认识对不对，就要看你把客观事物反映得正确不正确，看你所认识的是否和外界物质存在的真面目符合。比方我们的认识能力是镜子，一面镜子很平很光，前面来了一个漂亮的美人，照在镜子里也是一个美人；另一个镜子是凸凹不平的哈哈镜，漂亮的美人照进去，却变成了又短又肥的大肚子女人。如果这两面镜子会说话，它们互相争论起来，都坚持说："我反映的才对!"那时，你怎样去评判它们的争论呢？如果你愿意做主观真理派，你就得两面都去讨好，说："平面镜反映得对，哈哈镜也反映得对。只要你们自己主观认为对，那就对了。"但是，事实上你并没有真正两面讨好，而是委屈了那平面镜子，更得罪了镜子外面的美人。你愿不愿意做这样一个主观真理派呢？如果不愿意，那就得用另外一种评判的方法：不要依靠镜子自己的主张做标准，而要依靠镜子外面的真正的美人做标准，来比较一下，看哪一面镜子的反映是真正的面目。这样你就是客观真理派，就是把客观事物本身作为认识的正确与否的标准。

当然，世界上的事情，不会像照镜子那样简单。镜子只反映外表影像，是否正确。一眼就可以看出，人的认识不但要反映事

物的外表，而且要从外表的感性认识，深入到事物的规律性的认识，要了解事物的本质，这就不是从旁观的地位上一眼便能看穿。这就像以前说过的，要依靠实践，依靠实际行动，在实际行动中来看它如何变化，由它的变化情形和过程来认识它的规律。你的前面有一个胡桃，你的脑子认识到它可以剥肉吃。这个认识是不是真理？是不是和客观的胡桃一致？这不是从胡桃的外表能看出的，只有动手敲破胡桃，才能得到最后的证明。美帝国主义是豺狼还是中国的好朋友？哪一种看法合乎客观事实？这不是由外交上演讲声明之类的表面文章可以看得出来，必须在中国人民与它所发生的实际行动关系中，才能证明它毕竟只是吮吸血液的侵略豺狼。

有人又会提出一种新的反驳来了。他们说："好吧！我们就丢开主观真理派，承认真理必须有客观性，必须得到实践的检证，证明它是正确地反映了客观事实。总之，我们就加入客观真理派吧！但是，客观真理派也不见得就能证明，美帝国主义一定是豺狼，而不是好朋友或爷老子。中国的人民固然得不到美帝国主义的什么帮助，但反动的中国大地主大资产阶级当权者，却得到了很多的帮助，他们得到了军火、借款、剩余物资、军事顾问、军事训练等等，他们就依靠着这种帮助，才能够维持自己的统治。能够给人这样的帮助，难道还不能算好朋友吗？反动的大地主大资产阶级脑子里的爷老子印象，难道不是这一个客观事实的反映吗？中国人民觉得美帝国主义是豺狼，固然得到了实践的证明，但反动的大地主大资产阶级的爷老子的想法，不也在他们的实际行动中得到证明了吗？说美帝国主义是豺狼固然是客观真理，说它是好朋友或爷老子，不也同样是客观真理吗？"

这一个反驳，看起来似乎也有些道理，实际上并不对。反动派脑子里的好朋友和爷老子的印象，固然是客观事实的一种反映，也有他们自己的实际行动作证明。但是他们是站在反动派保守现状的行动立场上反映事实，他们这面镜子是有毛病的，所以就像哈哈镜或坏的照像机一样，把事实反映错了。错在什么地方呢？原来美帝国主义帮助他们，成为他们这些反动派的好朋友或爷老子，其真正目的正是要加深对中国人民的压迫剥削，在实际上正是豺狼行为的一种表现。反动派自己本身已经成了豺狼的奴才和儿子，他们已经失去了代表中国人的资格，说美帝国主义是他们这些反动派的朋友或爷老子，固然是近乎事实的（所以说是“近乎”事实，是因为严格地说，那也不是什么朋友关系，而只是主子和奴才的关系），但如果把他们的朋友夸张成中国人的朋友，那就大错特错了，这个错误就仿佛哈哈镜一样，把原来短的东西，拉成长的影像，或把原来的瘦人照成胖的影像，和真正的事实完全不符合了。自然，反动派是不肯承认自己没有做中国人的资格的，他们一定要以中国的主人自居，甚至把自己称做中国的唯一代表，而把广大的人民，把中国真正的主人看做他自己和他爷老子的奴隶。这是他们的反动立场使然的。正是由于这种反动立场，才使他们的主观的镜子所反映的认识影像，成为错误的，荒谬的，违背真理，带有欺骗性质的。按照中国广大人民的实践经验来说：只有明确地指出反动派没有代表中国人的资格，而反动派的“朋友”和爷老子决不等于中国人的朋友，这样才合乎客观事实真理。

认识只在一定的情形下才是真的，这是真理的相对性

好了，现在我们明白真理必须有客观的标准，必须要符合客观事实了。我们不能按照反动派的主观想法，说美帝国主义是中国人民的朋友，而只能按照广大人民的实际经验，证明它是一只

残忍狡猾的豺狼。但是，在这里，我们也不能否认另一方面的事实，就是：如果对于反动派来说，那么，美帝国主义者的确可以算作爷老子，因为美帝国主义用种种方法给中国的反动统治者撑腰，也的确是一个事实，并且也是广大人民在实际斗争中体验得到的。因此我们并不是根本反对说美帝国主义可以有豺狼和爷老子的两重资格。我们所反对的，只是说它对同一中国人民可以同时有两种资格，如果说它一方面对中国人是豺狼，而另一方面它对反动派却是爷老子，那这种说法我们还是完全赞成的。为什么我们在这种情形之下，又赞成美帝国主义者的两重资格了呢？要答复这个问题，就必须讲出一番新的道理。这个新的道理，叫做“真理的相对性”：什么叫做真理的相对性呢？就是说真理并不是绝对不变，它只在一定的客观情形下才是真理，客观情形变了，真理的看法也就要变。我们说美帝国主义者是豺狼，这是对于中国人民来说的，如果对于反动派卖国贼，那就要说它是有了爷老子的资格，才能算真理了。总之，我们对于事物的某一种认识，常只是在一定的情形之下，才是合乎事实的，如果换了一种情形，就不能照那样认识了。原来世界上一切客观事物的本身，都是有这种相对性的，同一事物在不同的情形之下，就会发生不同的关系、作用，就会有不同的规律。因此我们的认识，也就要按照不同的情形，对事情作不同的了解，才能正确地反映事实。如果情形不同了，而我们的认识和了解依旧不变，那就不能反映客观事实，就会变成主观的错误了。再把美帝国主义拿来研究一下吧，我们说它对中国人民是豺狼，这是不是不管任何情形之下都能这样说的呢？也还不是，因为我们至少要注意到以下两种情况：第一，我们只是对美国反动的统治者才能这样说，对美帝国主义统治下的人民和美国的民主分子，就不能那样说，不但不能那样说，而且还要坚决肯定的说美国人民和民主分子是中国人民的好朋友。第二，就是对于美帝国主义的统治者，也只因为它对中国实行了豺狼的政策，才说它是豺狼，其实在有些情形之下，也不是绝对不能成为一时的朋友。如在抗日战争时期，在珍珠港事变以后，美国政府参加了抗日战争，虽然就在这时他们也已经包藏着帝国主义侵略的豺狼目的（因为这是它的本质），但在反法西斯的战争这一点上，他们暂时成了中国的盟友，并且不仅仅是一部分大地主大资产阶级的朋友，而且成为抗日的中国人民暂时的盟友。所以，客观事物是有相对性的，是跟着情形的不同而常常变化的，我们的认识，既然要以客观事实为真理的标准，因此也必须要能反映出这种相对性来，必须在不同的情形下对事物作不同的理解，才能正确无误，才能成为客观真理的认识。

读者们或者要问："照你所说，你又是相对真理派了。你主张世界上的道理都是相对的，只在一定的情形之下，或者对一定的事和人才是真的，在另外的情形之下或对另外的事和人来说就变成错误了。你反对绝对真理派，你认为一切道理的正确或错误，都不是绝对不变的。今天你承认的道理，明天你就可以坚决反对它，在这一块地方你说的话，在另一块地力你就可以完全否认，你的一切主张、认识，都要准备随时把它抛弃。都不必对它负责。这对不对呢?"如果有人像这样提出问题，那是一个误解。

"相对主义"是错误的，一切真理都是相对真理和绝对真理的统一

我们主张真理有相对性，决不是表示对自己的主张和认识可以不负责任，那是极端的相对真理派的想法，这种想法也叫做"相对主义"。我们不是极端的相对真理派。我们认为真理有相对性，同时也有绝对性，一切真理都是相对真理和绝对真理的统

一。这是怎么解释呢？请听我慢慢解释。

极端的绝对真理也不对

先要把什么叫做绝对真理弄清楚。有一种极端的绝对真理派，他们认为真理不能有丝毫相对性，认为世界上只有一种认识才是真理，那就是在任何情形下都不能有丝毫改变的认识，如果情形变化，认识就必须有相应的改变，那这种认识就不算真理了。我们说美帝国主义本质上像豺狼，同时在太平洋战争中又说它是我们一时的盟友，在极端的绝对真理派看来，这种认识就不是绝对不变的，因此也就不能算做真理了。请问读者诸君，你们赞不赞成这种极端的绝对真理派？我想你们一定不赞成。因为你们明明知道，把美帝国主义看做豺狼的认识，是反映了当前的客观事实，符合于客观的标准，所以就得要承认它有真理的性质。不能因为一种认识要跟着情况变化有若干相应的改变，就说它不是真理，而且恰恰相反，只有跟着事实情况的变化而相应地改变，我们的认识才能正确地反映事物，才能够有客观真理的价值。如果客观的情况改变了，而你的认识偏要坚持不变，那才一定要成为错误。所以极端的绝对真理派是不对的。

但是，我们也不是反对世界上有一种绝对真理，不过我们所说的绝对真理，与极端的绝对真理派所说的意思不同。我们所说的绝对真理，不是指那绝对不变的认识，而是指一切经过实践证明的符合于客观实际情形的正确的事物规律的认识。我们说美帝国主义对于中国人民有类似豺狼的作用，是经过中国人民多年来流血痛苦的实践证明了的真理，这样的真理就有它的绝对性。但是，承认了这一点绝对性，并不是说美帝国主义的特性就仅仅限于这一点，并不是说这一个真理就不能再有其他方面的表现，就不能再被展开，不能再有所补充了。在反对日本法西斯战争中，美帝国主义者也曾短时期成了盟友，这也是不容否认的客观真理。所以，真理既是经实践证明，就有了客观性，也就有一定的绝对性，同时真理的认识又不是一次完结的，它是随着客观事情的变化而不断地展开新的方面，要有所发展和补充的，所以它又有相对性。

绝对真理是无数相对真理的总和

弄清了什么是绝对真理，那么，相对真理和绝对真理的密切关系，也就很容易了解了。这是怎样的关系呢？首先应该指出；绝对真理是无数的客观事物发展规律知识的总和，每一种正确的客观规律知识，都是具有绝对性的真理，都是绝对真理的一片断或一部分，同时，每一种客观规律知识，又都是在一定情况之下所达到的一定有限的认识，又都是一个相对真理，所以，也可以说全部绝对真理乃是无数相对真理的总和。我们已知道，任何事物的规律，都不是一下子就会全部展开出来，而是在发展当中一步步地表现出来的。对于普通的不懂得马克思列宁主义的某些中国人民来说，今天美帝国主义者才表现出豺狼的面目，而昨天它的这种面目却完全隐藏着。并且还是以反法西斯盟友的资格出现。

我们不能一下子认识全部的绝对真理，而只能在认识的发展中一步步去接近它

要想一下子认识事物的全部规律是不可能的。这也就是说，我们不能一下子就认识到绝对真理的全部，而只能在事物认识的

发展当中一步一步地去接近它。第一次世界大战以前，列宁就认识了帝国主义的许多规律，但那时还没有法西斯主义，所以列宁的书里也还没有提到世界人民反法西斯运动的规律。现在我们认识到了世界人民反法西斯运动的规律，这是比列宁在的时候对帝国主义的认识更丰富、更完全了，但是世界的帝国主义一天没有完全倒台，就可能还有许多新的变化规律等待我们去认识，去掌握。

我们的每一次认识都有相对性，同时又更接近完全的绝对真理，这就是相对真理和绝对真理的统一

即使帝国主义完全倒台了，我们对于人类社会的认识也还不能完结，因为那时我们又要去发现全世界人类进入共产主义的许多规律知识。因此，我们的认识，是经常有相对性的，我们每一个时期所得到的认识，都受着一定的客观历史条件之限制，都只能认识一部分的事物规律，而不能把事物的一切规律吸尽。但是，这样的认识同时又是有绝对性的，因为每一种客观事物规律性的认识，它本身就是绝对真理的一部分，绝对真理并不是超然在这些相对真理之外的东西，而是无数相对真理的总和。我们的每一次新的认识，都表示我们的认识更完全、更接近于全部绝对真理，都是在总的绝对真理认识宝库中增加了一份财富。我们不能像极端的相对真理派那样，以为今天认为是真理的，明天就可以认为是绝对的错误，对自己的思想可以经常抱不负责和没有信心的态度，这是完全错误的。我们重视每一种情形下所得到的新的知识，虽然明天在另外的情形下又必须有另外一方面的看法，而不能把今天的认识照样引用，但今天的认识，仍是表示比昨天更进一步接近了绝对真理，仍要承认这是更多地掌握了绝对真理的一个新的方面，一个新的部分。我们今天的新认识，不是把昨天的真理完全打倒，而是使它得到更完全的补充。恩格斯曾认为一个国家进行社会主义革命不可能胜利，这在他所处的历史时期（帝国主义以前的时期）说来是符合客观事实的真理。但到了列宁、斯大林的时代，由于进入了帝国主义时期，所以就应该说主张一国社会主义革命可以胜利，才是客观真理。有了列宁、斯大林的新的理论，并不就可以说恩格斯在当时所主张的不是真理，而只能说是把马克思、恩格斯的全部革命理论作了新的方面的补充，使它更丰富、更完全。总之，我们一方面要看到真理认识的相对性，因此就永远不应满足于现有的知识，而必须不断努力，不断调查研究，不断地认识新的事物和学习新的知识。另一方面又要相信我们每一次获得的正确的认识虽然一方面是相对真理，但另一方面同时又具有客观性和绝对性，要相信无数相对的真理积累起来，可以不断接近绝对真理，因此就要学习积累知识，不要把任何有价值的经验教训随便忘掉，天天努力使自己的经验更加丰富，认识更加完全，以便更有能力正确地、周密地认识问题、解决问题，更善于指导工作。

第四章　唯物辩证法的基本规律

一二　天晓得

——立场、观点和方法

在前面许多次的讲话里，我们所谈的都是认识论的问题，现在就要把它结束，另外开始来讲一些新的东西了。这一次的题目叫做“天晓得”。这是一句大家听得很熟的俗话，用这句话来做题目，其目的之一，是想使大家容易感觉有兴趣，不致于因为以前讲了很多而疲乏起来。

“天晓得”的思想就是“不可知论”

“天晓得”，这句话我们在前面讲认识论的时候已经提到过了。它所包含着的一种哲学思想，也略略解释过。当我们听见有人讲“天晓得”的时候，他是想告诉我们什么呢？这一定是他碰到了一件很难了解的事情，使得他感到没有办法，使得他叹息，觉得人类知道的东西太少了。他要告诉我们：有许多事情，只有“天”才晓得，人是无法晓得的。这种思想，就相当于哲学上一种关于认识论的见解。过去哲学界曾讨论过一个问题，叫做人类的认识能力问题，这个问题要求我们解答的事情是：“人类究竟能够晓得多少东西?”“天晓得”这句话，就给了一个解答，说人的认识能力是有限的，人类所能晓得的东西并没有多少，有很多事情，人就无法知道。我们不要以为这一个解答很平凡，而小看了它，要知道这种解答在哲学历史上也曾一时占了重要地位，成为很时髦的哲学思想。前面说过的德国大哲学家康德的思想，就是“天晓得”一派的有名领袖之一。他认为人类只晓得事物的表面现象，至于事物本身的真面目（他叫做“物自体”），就不是人类所能认识得到的了。不过康德是个大学校里的哲学专家，他不喜欢用老百姓的俗话谈问题。他没有把他自己称做“天晓得”派，他的哲学，有一个文绉绉的名字，这就是前面也提到过的：“不可知论”。

“不可知论”认为人的认识能力是有限的，并且固定不变的

大家知道，我们是不赞成“天晓得”的思想的。过去几次的讲话里，已经说明过它为什么不对的道理，我们在这里不妨再提一下。主张“天晓得”的人，他们先扰把人类的认识能力看做固定的东西，这就是说，人永远只晓得那么多的东西，除此而外，就只有“天晓得”！一个胡桃摆在前面，让“天晓得”一派的哲学家来看时，他一定说我只能知道这是圆而硬的褐色东西，至于它的内部是怎样呢？那是“物自体”“不可知”，那只有“天晓得”。美国曾是反法西斯国家，也叫做民主国家，美国的当局发表公文、演讲、声明之类的时候，也经常提到要拥护民主政治，但是法西斯国家打倒以后，在德国、日本、中国以及其他国家，美国所采取的实际行动都是包庇法西斯势力，特别明显的就是麦

克阿瑟在日本极力支持天皇的老地位和反动派组织的内阁。这是为什么呢？如果让“天晓得”派来答复，那就仍然是这一句话：“不可知！可知的只是那些表面的声明、演讲之类，以及这些包庇法西斯的外表行动，至于为什么的问题，那是美国本身的‘物自体’，我们的认识能力不能渗透进去，不好妄自猜测。”读者诸君，你也许要反对我了。你会说：“世界上哪里有这种蠢人，连打破一个胡桃都不懂得？何况善于思想的哲学家，他们的头脑更不至于这样简单。你所谓的天晓得派，恐怕是一种虚构吧。”请你不要着急！你要注意我们提到胡桃的事情只是一个比喻。凡是比喻，总是特别的简单，其目的是要使人容易明了，不要被高深复杂的弯弯曲曲的道理所迷惑。世界上的确没有这种蠢人，连胡桃也不懂得打破，但这是因为胡桃的事很简单，人人容易懂得，碰到复杂的哲学问题，就不一定这样了。

“不可知论”不懂得实践可以使人的认识进步

你不要以为“不可知论”是多么高深的学问，如果你能抓着它的根本思想，你就会知道，“不可知论”派哲学家的想法，在实际上就是那么愚蠢，等于不懂得打破胡桃。他们以为我们的认识能力是固定不变的，人类所能知道的东西是有一定限制的。他们不懂得经过我们的实际行动，可以把事物内部隐藏着的东西揭露出来，使最初在外表上看不见的东西，终于变成看得见的东西，使“物自体”变成能供人利用的事物，使“天晓得”变成人晓得，使人的认识不断地进步，不断地深入。

人的认识是发展的，没有静止不变的认识

所以，我们反对“天晓得”派的主张，因为它在实际上是一

种很愚蠢的思想，不合乎人类认识的事实。人类所能晓得的东西的确是一天天在进步，有许多事情，在从前人看起来只是天晓得，但现在却被人晓得了。有许多事情，我们在幼小时候看起来莫名其妙的，长大了几岁以后，就觉得非常明白了。认识能力并不是固定不变的，每一种认识都是绝对真理的一部分，都有相对性，都是认识了事物的某一方面的关系、作用和规律，我们能够把这部分的认识不断地方增加、积累起来，逐渐接近完全的绝对真理的认识。认识是一种历史的过程，是在人类的实践中不断发展的过程，是一种运动，没有静止不变的认识。所以，在我们过去许多次的讲话里，完全没有提到人类能晓得的有多少，不晓得的又有多少的问题，因为事实上不需要这样问。今天我们虽然有些事情不晓得，但明天说不定就可以晓得了，没有什么绝对不能认识的“物自体”。没有破壳的胡桃肉是“物自体”，破了壳以后就变成能供人利用并能为人认识的东西了。我们只能问目前还有什么东西我们不晓得，却不能说我们所晓得的东西永远只是这些，而另外的东西我们就永远不可能晓得。

我们要研究人类的认识怎样发展进步的问题

我们既然不能问人类晓得的东西有多少，也就不必白费精神去研究什么认识能力的问题了。我们只知道人类的认识是不断进步的，因此我们所要研究的问题应该是认识怎样进步、怎样发展、怎样把认识积累起来，不断接近完全的绝对真理，怎样使我们所晓得的东西一天比一天更丰富、更全面。前几次讲话里所谈过的，也不外就是这些问题。这些问题的答复，简单总括起来，不外以下几点：首先我们答复了人类所晓得的东西（也就是人类的认识）是从哪里来的。我们说认识都是外界事物的反映，我们所晓得的东西都是周围世界事物的影像，不是我们头脑里凭空产生的。其次我们问：这种反映是不是照相机一样，只摄取外表的影像？我们的答复是不完全像照相机。我们一方面经过感性的认识摄取事物的外表形象，这一点倒有点像照相机，但我们的认识不仅只限于事物外表的反映，还要进一步认识事物的关系、作用和规律，了解它的根本性质（或叫做本质），这就还要有理性的认识，这就不是照相机一样单从外表可以反映出来，而要用我们的理解力去认识。我们再问，我们的认识为什么能从事物外表的认识深入到根本性质的认识，为什么不单只有感性认识，而且进一步有理性认识？我们的答复是：人类的认识和照相机还有一个不同之点，就是人类并不像固定不变的照相机一样，只是消极的简单接受外来的事物影像，人类是天天在实践，在行动，在改变周围的事物。人类改变的事物，概括起来说，就是社会和自然。所谓改变社会的行动，就是进行革命的社会运动，进行阶级斗争，在中国就是推翻帝国主义、封建主义和官僚资本主义的斗争，就是对人民内部各阶级进行教育改造，准备过渡到社会主义社会的斗争。所谓改变自然的行动，就是进行生产。农人种地，工人做工，都是生产的行动，都是改变自然的行动。人类就是为了要能够正确地进行改变社会和改变自然的这些实际行动，才要来认识事物。人类就是在这种行动中不断地发现新的事物，接触新的事物，不断地使自己的感性知识丰富起来，同时就把这些感性认识加以总结、理解，找出事物内部的确定的关系和规律。所以实际行动是我们认识的基础，参加革命斗争的人才能真正认识革命的规律，亲身下水游泳的人才能真正认识游泳的规律。这些规律的知识，对于人类有什么用处呢？有了事物规律的知识，就可以预测事物的发展，就可以指导我们的行动，使我们在实践当中做得很正确，不至于碰大的钉子。因此认识虽是以实践为基础而发展起来，但它反过来又可以指导实践。还有，我们用我们的认识指导实践的时候，又必然接触新的事物，这样一方面可以在进一步的实践中检查和证明我们的认识是否正确，另一方面又可以获得新的感性认识并进一步总结出新的理性认识，使我们原有的知识可以得到补充、修正和发展。

人的认识是和实践结合着的发展过程

总之，我们的认识是和实践结合着的一种发展过程：它首先在实践中得到感性认识和理性认识，再用我们的认识指导实践，再在进一步的实践中检验和证明我们的认识之正确与否，同时再获取新的感性和理性认识。由实践到认识，又由认识指导实践，在实践中又得到新的认识，又再进一步去指导实践。实践，认识，再实践，再认识，这样不断的循环往复，我们的认识就不断地前进、发展，就愈更高度地接近绝对真理。例如在抗日战争中我们认识到美国一个时候成了我们共同作战的盟邦，我们以这种认识指导我们的行动，和美国（以及苏、英等其他国家）建立了反法西斯战争的同盟关系，结果共同打败了日本，这证明我们前面的认识是正确的。但是当我们这种同盟关系正在进行的时候，我们已得到了许多另一方面的认识，首先我们回想到在太平洋战争爆发以前，美帝国主义始终没有真正帮助我们反对日本帝国主义的侵略，就是在太平洋战争爆发后，美国已参加抗日战争了，但我们从种种事实上仍可以认识到美国政府的反法西斯政策是不彻底的，特别到日本投降以后，更看出它的行动和我们中国人民的斗争要求相反，不是彻底肃清法西斯残余，而是包庇这些残余和反动派，并帮助它恢复力量，不是真正根绝法西斯独霸世界的侵略思想行为，而是要用它自己的帝国主义扩张政策来代替这种思想行为。于是我们就得到了进一步的认识，并且用这认识指导进一步的行动，就是要反对美帝国主义的扩张政策。在这些实践行动中，我们还可以得到其他方面的一些认识，例如我们认识到美国人民中可以找到我们的朋友，特别是美国无产阶级，他们是跟我们一样的反对美国政府的扩张政策，要求世界和平。因此我们又深刻地认识到，美国政府的扩张政策，只能代表美国一小部分帝国主义分子的要求，而不能代表美国人民。对于美国人民和民主分子，我们还可以继续建立反对帝国主义和争取人民民主自由的联盟。这样，我们的民族斗争的实践和我们的认识互相联系互相推动，不断地循环往复地使我们对于美帝国主义的认识一步比一步地更加提高，更加完全。

要获得正确的认识，必须要有正确的立场、观点和方法

以上我们把认识发展的情形简单地重述一遍，算是把前几次关于认识论问题的讲话作了一个收场。现在我们就要给新的讲话开锣了。什么是我们开锣的新节目呢？这就是关于认识方法的问题。为什么还要讲方法的问题呢？因为不讲方法，即使懂得了以前的一切道理，也还不能够很好地认识事物。把以前的道理，在实际上应用起来，不外是两点；第一，我们的认识既是与实践密切结合着，因此在我们认识事物的时候，就要站在无产阶级的立场上来看问题，要有为广大人民服务的精神，要和广大劳苦人民的实践行动一致，也就是要以广大人民的利益或斗争要求为我们认识的出发点；第二，认识既是客观事物的反映，是事物经过感性认识达到理性的规律知识，因此我们在认识事物的时候，就要有唯物论的观点，也就是一定要对客观事物进行认真的调查研究，一定要积累经验，根据实际情况和广大人民的实际斗争经验来观察问题和解决问题，而不要以个人主观的猜测来解决问题，不要轻率地凭着书本上引用的某些话和自己的“想当然”来解决问题，而要一方面善于用科学著作的普遍原理作研究指导，另一方面又善于依据广大人民的实践经验去掌握具体事物的特殊情况和特殊规律。但是，有了无产阶级为人民服务的立场，有了唯物

论的观点，是不是就够了呢？是不是就一定能够正确认识事物的规律了呢？那还是不一定。那还要讲正确的认识方法或研究方法。方法讲得不好，即使你有真诚为人民服务的一片好心，即使你调查了许多事实材料，积累了许多经验，你没有好的方法加以分析研究，那还是不容易正确地认识事物的规律，那你也就不能正确指导实践，你也就空有一片为人民服务的好心而不能很好地达到服务的目的，因此你的立场观点的正确性，也就要打折扣，也就不能完满表现出来。当然，反过来说，如果只讲方法，不要正确的立场和观点，那你这方法当然也是空的，也是无的放矢。中国有一句话说，“巧妇难为无米炊”，善于做饭的女子，如果没有米，也没有办法做出好饭来。把认识比作做饭，那么，客观事实就是米，而思想方法就好比“巧妇”做饭的方法。你首先要想法得到米，你才能使她的做饭方法有地方施展出来，你先要让客观事实材料有可能充分反映到脑子里来，你的研究方法才用得上去。怎样才能使客观事实有可能充分反映进脑子里来，首先就要有正确的立场和观点。没有无产阶级为人民服务的立场，不跟广大人民的生活实践息息相关地打成一片，你就不能真正体验到人民的痛苦和改变社会的迫切要求，你就等于闭了眼睛不愿去看世界的真相，说得严重一点，就等于有意无意跟着压迫人民的反动派去做欺骗世人的勾当，这样你就失去了忠实认识客观事物的基础，就等于断绝了认识的米的来源。没有正确的唯物论观点，一切只依靠你自己主观的推想，这也就使客观事实材料不能很好地反映到你的脑子里来。总之，没有正确的立场和观点，你就不可能获得正确认识的米，即使真有那么一个思想上的“巧妇”，也不可能做出认识上的好饭，即使勉强做了，那也只是一些主观的空论，不是客观的真理。反过来说，没有好的方法、立场。观点的正确性也不能圆满表现出来。立场、观点、方法，这三个东西是不可分开的。要得到正确的认识，必须学习怎样掌握正确的立场、观点和方法。马克思列宁主义的理论之所以非常正确，就是有正确的立场、观点和方法。我们要学马克思列宁主义，最主要的也就是要学习它的立场。观点和方法，而不是要简单地去死记马克思主义的书本文献上的许多片断条文。仅仅记得马克思主义书本文献上的条文词句，而不懂它的立场、观点、方法，这叫做教条主义的学习。懂得了立场、观点和方法并且能够很好应用，这就叫做学到了马克思列宁主义的精神和实质，这才是正确的马克思列宁主义的学习。如果能够这样，那即使不能把书上的词句倒背如流，也不要紧。

立场、观点和方法是分不开的。在我们以前既然把立场、观点的讲话收了场，以后就必须为方法的节目开锣了。我们讲方法，是以什么为目的呢？是要告诉大家；方法有正确的和不正确的两种，不正确的，我们就要反对它、抛弃它，正确的，我们就要学习它、掌握它。掌握正确的方法，是很重要的。没有米固然做不成饭，有了米，没有好的方法，也做不好饭，也只是把宝贵的米浪费了。

正确的方法，是与事物的发展规律一致的方法

什么是正确的方法，什么是不正确的方法呢？这当然要以后慢慢加以说明，才能够详细知道，但现在也可以简单地把它们的特点提示一下，正确的方法，就是和事物的发展规律一致的方法，不正确的方法，就是违反事物发展规律的方法。例如世界上的事物都是会变化的。这是事物的规律。如果你用变动的方法、变动的眼光来看事物，你的方法就合乎这规律，它就会是正确的；如果你把事物看做不变的，你就违反了这规律，你的方法就错误了，即使你调查了很多材料和积累了很多经验，你的认识仍然不会正确。例如，反动势力现在表面上好像还很强大，你如果

应用变化的方法，就得要研究它的这种强大如何要变为弱小，走向没落，就要注意从你所调查的事实材料和积累的经验中，去找出它由强变弱、由大变小的原因和规律。这样的研究，就是正确的。如果你用了相反的方法，把这种强大看作永远不变的，你的思想就自然而然地去寻找出它如何强大的理由，而不注意相反方面的材料和经验，那么，你的研究就会错误，这种错误会使你悲观失望，使你对推翻反动势力没有信心，不能勇敢地进行斗争和指导斗争，无意中把你引到为反动势力服务的立场上去，也就是在客观上成为他们的辩护者和帮助他们巩固了统治的地位。

正确的方法就是辩证法，不正确的方法就是形而上学的方法

我们所说的正确方法，就是辩证法的方法；不正确的方法，就是形而上学的方法。辩证法本身，就是事物发展的普遍规律，我们应用辩证法的方法，就合乎事物发展的规律，就能正确认识事物的真面目。形而上学的方法是违反事物的辩证法规律的，用形而上学的方法就会发生认识的错误。这个结论，是从哪里来的呢？当然不是我们主观上“想当然”得来的，这也是经过千千万万人类的实践的证明才得到的结论。因为人类思想发展的历史已有几千年了，几千年来，人类在实践和认识当中，有的时候运用了辩证法，有的时候运用了形而上学的方法，结果证明用形而上学的方法认识事物都得到了错误的结果，而应用辩证法方法都得到了正确的认识。因此我们讲认识方法或研究方法，就要告诉大家来认识什么是辩证法的方法，并且好好学习它，同时看清楚什么是形而上学的方法，如果我们在认识事物的时候发现自己是在用这种方法，那就要努力丢掉它！

一三　无风不起浪
——事物的普遍的有机联系的规律

现在我们要开始解释辩证法的规律了。我们选择“无风不起浪”这个成语来开头。你们听见别人讲过这个成语吗？如果听到，请回忆一下是在什么情形之下讲的。我听见这成语的时候，是在“九一八”后的第二年，这时日本帝国主义者已经把我们的东北抢去了。当时就听到一种风传，说汪精卫以及蒋介石国民党政府内的许多要人都跟日本帝国主义者有勾结。大家知道，汪精卫在当时还不是公开的汉奸，他还是蒋介石的所谓国民政府的行政院长。中国的一般人民只知道是张学良丢了东北，而不知道当时张学良的不抵抗行为是受了国民党最高负责人即蒋介石的命令。所以有些人听说国民政府内部的要人也和日本帝国主义勾结，往往会发生怀疑，甚至于认为是怪事，并且很关心地问道；“真的有这事吗？”对于这样的疑问，就有人用“无风不起浪”的成语来作答。他的意思是说：凡事都不会无缘无故发生，没有风，决不会起浪，现在风传国民政府的许多要人与日本帝国主义者勾结，那一定有它的原因，决不是一点道理没有的。

“凡事都不会是无缘无故发生的”，这就是“无风不起浪”这一个成语里所包含的重要哲学思想，这种思想在我们每一个普通人的头脑里都存在着。我们每一个人都相信，一切事物的出现，总有它出现的一定原因，一定的道理。我们不相信世界上会有一种事物是毫无一点原因而凭空存在，如果我们感觉到有什么事物是没有来由的，我们一定要对它发生怀疑或者感到奇怪，一定要去追究它究竟为什么出现的。而如果我们用心去研究、去寻找，总一定能够把这些事物的发生原因和条件找出来。

拿前面所说的例子来讲吧。对于当时的风传，有的人所以会怀疑以至感觉得奇怪，正是由于它们没有看见它的原因和条件，或者没有去研究它的原因和条件。如果他把事情加以研究，找出了它的原因和条件，那他的怀疑奇怪都会打消，而承认这是很自然的事了。为什么会发生这种风传呢？你研究以后，就会发现这样的原因；原来那个国民政府并不是真正代表国民的政府，它是一些主张专制独裁的国民党反动分子所垄断的政府，而汪精卫就是其中之一。凡是专制政府，都要压迫人民，反对民主，以保持少数人升官发财荒淫腐化的剥削寄生的生活地位。为了这目的，他们不惜采取任何卑鄙无耻的手段，他们不惜出卖国家民族，向外国侵略者摇尾乞怜。清朝皇帝曾提出“宁赠友邦，勿与家奴”的口号。袁世凯为了要做皇帝，不惜答应日本帝国主义的二十一条卖国条件。蒋介石国民政府也是专制独裁的政府，因此蒋介石自己出卖国家民族以及它的要人和日本帝国主义勾结，乃是毫不足奇的，而“九一八”后的那种风传，也决不是毫无来由的。

事物都不是孤立的，都和周围的某些事物有一定的联系

“无风不起浪”这一个成语，表示我们一般人的思想里多多少少都认识到一条辩证法的规律。这条规律告诉我们说，世界上的事物都不是孤立的，不是与周围的其他事物毫无关系的。每一事物都和周围的某些事物有一定联系，都和这些事物有互相依赖、互相制约的关系。

联系就是互相依赖、互相制约

什么叫做互相依赖？这就是说，这一事物的存在和另一事物的存在是分不开的，没有另一事物，也就没有这一事物，反过来

说，没有这一事物，也没有另一事物。什么叫做互相制约？就是说，这一事物的变化，也必然引起另一事物发生变化。风和浪是联系着的，有风就有浪，风平就浪静，风的大小，又必然引起浪的大小。请你随便举任何一个例子来说罢，你能够找到任何一件事物，可以不依赖周围其他事物而孤立存在的吗？可以完全不受周围的任何影响而永久固定不变的吗？我敢说你有天大的本领，也做不到这一点！

事物不能孤立存在，乃是一种普遍的规律

这并不是我敢大胆夸口，而是因为事物不能孤立存在，乃是一条最普遍的物质规律，世界上任何事物都逃不出这条普遍的辩证法规律，正如孙悟空一筋斗十万八千里的本领也逃不出如来佛的手掌心一样。试把你自己来做比方，首先如果没有你的父母，世界上就不会有你这一个人存在。如果没有一定的社会环境，你就不可能像现在这样生活。你的生活之所以和美国人不同，就是由于你的周围环境和美国不同；你的环境不是资本主义的环境，而是由半殖民地半封建走向社会主义的环境，因此你的生活只能在两条路中间择取一条：或者是做一个革命者，为推翻帝国主义、封建主义及官僚资本主义，争取实现社会主义而斗争，或者直接、间接地跟反动势力走在一道，反对人民的民主要求，并向帝国主义者屈服。你在社会上生活，必须有一定的职业，或者一定的工作岗位，你的职业或工作岗位就为你过去的生活经历和学习过程所决定。例如，你过去如果没有学习过文化，就不可能在文字宣传岗位上工作。再举其他的一些例子来说吧；树木要依赖一定的阳光、水分、肥料才能生长，大雪要在北方的冬天才会降落，牛羊要依靠吃草，虎豹离了肉食就不能生活，不依靠出租土地剥削农民的地租，就不能做地主，不投资开工厂榨取工人的剩

余劳动，就不能叫资本家。

事物互相依赖、互相制约，这种关系叫做有机的联系

任你举无数千万的例子，都可以证明，你所举出来的事物，都和它周围一定的事物有着不可分割的联系，都和它们有互相依赖和制约的关系。这些周围的事物，就成为它的产生或存在的原因和条件。这种关系，我们叫做事物中间的“有机的联系”。世界上每一事物，都和周围的事物有机地联系着，都有一定的周围事物作为它的原因和条件，它也就是由于有这一定的原因才能出现，就是由于在这些条件之下才有它存在的意义。如果这些原因和条件变了，那么它本身也要发生变化，不能照原来的样子继续存在下去。

事物的有机联系是辩证法的第一条主要规律。形而上学的思想方法就首先违反这条规律

这就是辩证法的第一条主要规律，形而上学的思想方法首先就是违反着这条规律。按照辩证法的这条规律，整个世界的事物，不是各自孤立，而是有机地互相联系着，形成一个不可分割的整体。按照形而上学的看法就正相反对，认为世界的事物都没有联系，事物的发生和存在都不必以另外的事物作为原因和条件，整个世界就是无数分散孤立的事物偶然凑合在一起。中国的宗教神话里，认为人可以修炼成神仙，做到不饮不食，长生不老，这就是一种形而上学的幻想。为什么它是形而上学的幻想？因为它以为世界上有一种人，可以不依赖任何条件而能生存下去。读者诸君，你们觉得这种神话很荒谬么？你只要稍微有点科学常识，就知道它是完全的荒谬，就知道世界上决不可能有这样

的神人存在。但是我要告诉你，如果你的思想受了形而上学的影响，你解决问题的时候就会不知不觉走到这一类的荒谬的道路上，那时你不但不觉得它是荒谬，而且还以为你的道理蛮对。比如你有一个朋友，他在蒋介石国民党的政权下面升官发财了，他得意洋洋地向你夸耀；“这全仗我的本领!”你一听这话，觉得蛮对，你想，没有本领的人怎样能升官发财呢？别人不能升官发财而他能升官发财，可见全仗他的本领了。请你不要见怪，我这只是作一个比方，并不是说你一定会这样来看问题。但假定你会这样来看问题，那么你就是中了形而上学思想方法的毒了。一个人在哪种情形下能够升官发财，是有种种条件的，例如要和贪污腐化的反动势力同流合污，要依赖反动统治者中间的亲戚故旧的关系，要昧着良心剥削老百姓。如果你忘记了这些条件，真正相信升官发财全仗他的本领，那你就是受了形而上学的思想影响，把人的本领和周围的各种条件隔绝，把一个人的升官发财这件事情看成孤立的现象，这种看法，乍然间你也许发现不出它的错误，但仔细研究一下看看，这样的想法，不是和相信仙人能不饮不食、长生不老一样荒谬么？如果你仔细观察一下你周围人们的思想，那么，像有这类荒谬想法的人，不是也很不少么？

按照有机联系的规律，我们研究事物的时候，首先就必须认识与这事物联系着的原因和条件

好了，我们已经把这一条规律的内容大体上说清楚了，同时我们认识事物时所应该采取的正确思想方法也很容易明白了。既然一切事物都和周围一定的其他事物有着有机联系，它的发生和存在都有一定的原因和条件，那么我们无论研究什么事物的时候，首先就必须研究哪些是和它有着联系的事物，就要去找出它所以发生和存在的条件。试把任何一种正确的理论思想拿来仔细

研究一下，你就发现它总是很好地应用了这一种方法的。持久战的理论，是在八年抗战中完全得到了实践的证明的伟大的正确理论，这理论一开头，就告诉了我们中日两国的几种条件的对比（敌小我大，敌强我弱，敌是退步的而我是进步的，敌人在国际上的援助较少而我的援助较多），告诉我们在这种条件的对比之下，为什么中国抗战一定是持久战而不是速决战，为什么一定能争取最后胜利而不会走到亡国论者所想的那种悲观前途。由于认识了持久战是必然的规律，因此在指导抗战的时候，就必须依照这个规律去做，就是不要躁急，不要求速胜，也不要悲观失望，要耐心地正确地进行长期艰苦的战斗，以至争取到最后的胜利！

不能把事物的原因和条件弄清楚，就不可能有正确的认识

要把事物的发生原因和存在条件弄清楚，才可能正确地了解这一事物。错误的认识都是由于弄不清楚事物的原因和条件，或者没有完全弄清楚这些原因和条件。速胜论的错误，就是由于没有认清敌强我弱的条件，亡国论的错误，就是由于只看见这一个敌强我弱的条件，而没有看见敌退步我进步、敌小我大、敌寡助我多助等条件。

不认识原因和条件，就不可能了解一事物存在的意义

不认识一事物的原因和条件，你就不知道它为什么会是这样的一种东西，就不能了解它的存在有什么意义，就会对于它觉得怀疑，或者觉得奇怪和莫名其妙。虎豹的爪牙为什么那样尖利呢？为什么牛马的牙齿就不是这样呢？如果你不知道前者是要依靠肉食，而后者依靠草食，你就不知道两种不同的牙齿存在的意义。反动势力为什么对人民那样野蛮残暴？如果你不知道反动势

力要依靠剥削和压迫人民而生存，你就很难明白它一定要这样野蛮残暴的道理，更不懂得在这野蛮残暴的外表背后，还包含着它的弱点，就是说反动势力实际上是很孤立的，是与广大人民对立的，它不能不用野蛮残暴的行动来补救它的孤立地位，如果人民都觉悟而且团结起来了，对反动势力的压迫和剥削进行坚强的抵抗，它就可能被打倒，它的野蛮残暴的面目只有纸老虎的意义，那强大的外形是迟早可以戳破的。

同一事物，在不同条件下就要有不同的性质和规律，就有不同的意义

当我们研究一件事物的时候，首先自然是要有充分地调查材料并且积累许多实际经验，有了这些事实材料和实际经验之后，我们就要把这些材料拿来研究分析，而研究和分析的方法，首先就要从它里面找出我们要研究的事物所联系着的那些原因和条件来。即使表面上好像是同一的事物，如果它所联系的条件不同，我们就要给与不同的了解。例如人类，如果照形而上学的方法孤立起来看，而不依照人所依赖的社会物质生活条件来了解，那么，世界上任何国家、任何一阶级的人都是同样的人类，都是一种最高等的动物，没有什么区别了。但是如果照辩证法的方法来看，我们就会了解，虽然同是人类，由于他们所依赖的物质生活条件不同，就有了阶级的分别：靠收地租不劳而食的就是地主，佃地耕种受人剥削的就是农民，投资开工厂剥削劳动者的叫做资本家，除自己的劳动力之外没有一点资产、因此也只能出卖劳动力过活的，叫做无产阶级。同一事物，在不同的地点、不同的时候，就会联系着不同的条件，因此也就有不同的意义，不同的性质和规律。同是广大人民反对法西斯侵略的战争，在苏联，因为有高度发展的工业和社会主义制度的条件，所以就能采取正规战

争，在较短期间打倒敌人；在中国，因为生产条件落后和大部地区处于半殖民地半封建制度下，就只能以游击战、运动战、持久战抗击敌人。这是同一事物在不同的地点所表现的不同性质。同一个英国保守党的领袖邱吉尔，在德意日法西斯被打倒以前，曾经积极主张与苏联联盟反对法西斯国家，在德意日法西斯被打倒以后，却转过来阴谋组织英美联盟反对苏联，以前所以要联苏，是因为德国法西斯的疯狂侵略行为已威胁了英帝国的基础，以后之所以又反苏，是因为德国法西斯的威胁已经没有了，又露出了保守党的帝国主义面目。这是同一事物在不同的时间表现出不同的规律。

一切决定于条件、地点和时间

一切事物既然在不同的地点，不同的时间，就有不同的联系条件，因此我们认识事物的时候，也必须善于根据这不同的地点、时间和条件，认识事物的不同意义。所以说；“一切决定于条件、地点和时间”。凡是正确的理论，都一定是正确地根据地点和时间、条件，认识出事物的特殊的意义，新民主主义的理论就是一个最好的典型。《新民主主义论》告诉我们，中国的革命是资产阶级性的民主革命，但不同于旧的、资产阶级所领导的、目的在于建立资产阶级专政的旧民主主义革命，而是无产阶级领导的、以工农为主体的、广大人民反帝反封建反官僚资本主义的新民主主义革命。为什么能够看到民主主义革命的这种特殊的性质？这就是因为首先看到了中国革命所处的新的时代条件，即在国际上，是处在苏联的无产阶级革命已经成功的时代，在国内，中国资产阶级很软弱和无产阶级已经觉悟，并且已经有了它的先锋队，即中国共产党。

要注意事物的条件变化，特别要注意新的条件所产生的事物的新的意义

总之，如果我们要按照辩证法的方法来研究事物，我们首先就必须要注意与这事物有机地联系着的条件的变化，以及这条件的变化所引起的事物的变化。我们特别要注意新的条件，以及这新条件所产生的事物的新意义，如像新民主主义理论所做的那样。这叫做具体研究问题和具体认识事物的方法。只有具体地认识事物，才能得到正确的认识，这种认识才能反映事物的真面目，才能反映客观的真理。

要具体地研究问题，一切真理都是具体的

在这里，我要向大家介绍两句辩证法的名言，第一句是说："马克思主义的精髓，就是对于具体事物的具体分析"；又一句是说："没有抽象的真理，一切真理都是具体的"。不具体认识各阶级人们的不同的生存条件，只一般的说世界上所有的人都是人类，这种认识就是抽象的认识，这种认识决不能把人类生活的真实情况反映出来。所以抽象的认识不能反映客观真理，只有根据各阶级的生活条件来分析清楚不同阶级的人类，才能得到人类生活的真理的认识。

不研究具体条件，就是抽象的认识，这种认识都不是真理

有两种错误的思想方法，都是不懂得按照地点、时间和具体条件来认识事物。一种是教条主义的方法。例如把书本上学习到的某些一般的革命规律知识硬套在中国社会上，而不管中国的具

体条件和在这种具体条件之下所产生的中国革命的特殊性质：有的人用旧的资产阶级革命规律知识来套，于是就说中国革命要让资产阶级去领导；有的人用一般的社会主义革命的规律知识来套，又走了另一极端，说中国马上就应该实行社会主义革命。这些思想，都没有经过具体的研究，忽视了中国当前的具体条件，所以都不能认识中国革命的真正性质。还有一种狭隘经验主义的思想方法，这是有些实际工作经验的人往往犯的毛病。他们喜欢把某一地点或某一时期的经验，拿到其他的地点和时间里去随便应用，而不管另外的地点，时间里是否已经发生了新的条件，是否应该有新的认识。

教条主义和狭隘经验主义，都是不能够研究事物的具体条件，都是违反辩证法规律的错误思想方法

苏联的剧本《前线》里所描写的戈尔洛夫，就是这样的人物。他以自己有俄国革命初期内战的经验而自豪，他把这经验拿到苏德战争中来应用，仍以为打仗只要勇敢就能解决问题，而不知道苏德战争是以高度的技术条件为基础的战争，单凭勇敢是不能争取胜利的。不论教条主义和狭隘经验主义，都有一个共同点，就是把过去获得的某些认识当做简单的现成的公式，死板的用到新的地点、新的时间之内来，而不管具体条件的变化。两种方法都违反事物的辩证法规律，都是脱离具体条件孤立地观察问题的形而上学方法，都对于我们正确地认识事物的要求有很大妨碍。如果我们发现自己的思想里有这种方法的成分，就要努力想法把它清除掉！

一四　不是变戏法

——事物自己运动发展的规律

世界上的一切，无时无刻不在变动，这是我们人人看得见，人人承认的事。但这是怎样的一种变动呢？对于这问题，就有各种不同的见解。有一种见解，认为世界上的事物变动，就像魔术师变戏法一样，这种见解是不正确的。

凡在较大城市住过的人，没有看过变戏法的，恐怕是很少了。大戏院里常常有大规模的戏法表演，有时也可以在街头碰到跑江湖的卖艺。通常的戏法，不外是把一件东西变成另一件东西，例如一根棍杖放到毡子下面，立刻爬出一条蛇来，一粒米放在杯子里，他可以给你变成一满杯；或是一些枯干的水草放进玻璃缸去，用手帕一盖，就变成满缸水里游的活生生的金鱼。这一类的变法，在戏法中是最普通的，无论在大戏院里或街头的卖艺里，都是常有的节目。

观客对于魔术师所玩的这些把戏，照例是睁大着好奇的眼睛去观看，有些人对于这种变化往往会深信不疑，以为棍杖真的给魔术师变成了一条蛇了。真的，一个变戏法的人，如果不能使观客惊奇、赞叹和信服，他的戏法就根本没有人来看，也就不要想靠这一门职业来吃饭了。他要把他的技术弄得极其巧妙，使看的人出了钱，受了骗，还要信以为真，感到非常满意。其实棍杖并不真的会变成蛇，一粒米也决没有真的立刻会变成一杯米的道理。魔术师不过是预先将蛇和满杯的米藏在观客所没有想到的一个地方，到了临台的时候，秘密地搬出来，暗中和棍杖之类掉换，巧妙地蒙混过观客的眼睛，戏法就算变成功了。

变戏法的变动，只是位置和数量的变动，而不是事物本身的变化

这就是变戏法的变动。大家知道，这种变动，并不是真正的变动。棍杖根本没有变成蛇，一粒米也没有真的变成满杯的米，只不过把两种东西掉换了一下位置。如果硬要说这里有什么变动，那么至多也只能承认是位置上的移动，或者再加上米的数量上的变动，也就是一种机械的变动，决不能说棍杖之类的东西本身有了变化，这是第一；其次，这一种位置的移动或数量的变化，并不是由棍杖之类的事物自己本身引起的变动，它完全是受魔术师的支配，它的变动的力量完全是外来的，它本身完全没有自动的作用。

有许多人，常常把世界上的一切变动看做变戏法一样的变动。他们虽然承认事物的变动，然而所承认的只是位置的改变和数量的增减，也就是只承认机械的变动。最显著的例子，是中国有一种对于历史的看法，认为人类历史都是循环运动。试翻开许多旧小说来看，开头常有这样的话："天下大势，分久必合，合久必分"。这就是把历史的变化看成分与合的简单循环。照这种看法来说，那么，历史的变化，都只是表面的了：在表面上，我们好像经常看见有新的历史事物出现，然而在实际上并不真的有什么新事物，一切都是老早就有了的，它不过是从暂时隐藏的状态中又重复出现，正好像有一个历史的魔术师，把过去的某些事物悄悄地藏起来，到了一定的时候，又把它拿出来给人再看一次。事物的本身根本没有什么变动，历史的本身也根本没有什么进步，不过是一盏转来转去的走马灯而已。

把一切事物的变动都看做外力引起的数量和位置的变动。这是形而上学的发展观

这种关于变动的见解，是一种形而上学的看法，也叫做形而上学的发展观。它只承认事物的表面的变动，而不承认事物本身内部的实质上的变化。它要我们相信这样的两点；第一，我们所看到的世界上一切变动，只是变戏法样的骗人的事情。水变成冰，大鱼生出小鱼，稻杆上结成谷子，资本主义社会代替封建社会，中国出现了共产党，抗日战争的结果出现了解放区，一切的自然变化，生物繁殖，社会变革等等的现象，都是表面的。世界上的每一事物，都是永久固定不变的，它们的本身决不会由一种变成另一种，我们所见到的变化，不外是一种东西隐藏了，而另一种东西又来代替它的位置罢了。第二，就像戏法的变化是由魔术师制造一样，事物的变动也决不是事物本身的自己变化，事物的本身都是死的，要使死的东西变动，必须假定有一种外来的活力，于是，为说明一切变动的来源，就不能不假定世界上有一个大魔术师，掌管着一切的变动，而万物的变动，都是由他推动的。

形而上学的发展观，最后仍把我们引到宗教迷信的路上

这魔术师是谁呢？是人吗？人决没有这样大的力量，那就只好说是神了。这样，形而上学的发展观结局又是要把我们引到宗教迷信的路上去，相信冥冥中掌握因果报应的鬼神了。

但世界上一切事物的变动，和变戏法决不相同，这是我们很容易看出来的。

一切自然界的变动，社会的变动，人类思想认识的变动，都

不单只是位置上的移动和数量的增减，更重要的是事物本身也起变化。水结了冰，我们决不能说，这是魔术师把水藏了，又把冰拿出来，而是水的本身变成了冰。封建社会经过革命变成了资本主义社会，我们决不能说是神把封建社会装在荷包里去了，又把资本主义社会拿出来。我们只要研究一下社会科学，就知道资本主义社会是在封建社会内部发展起来的。抗战八年，中国出现了八路军、新四军等伟大的人民武装，又出现了解放区，这些也决不是以前在任何地方曾存在过，而现在才搬出来，它完全是从中国人民斗争中新生长起来的东西。人类的认识由感性到理性，并不是谁把感性收藏起来，又拿出了理性。理性认识本身，就是感性认识的总结。

事物本身经常有性质的变化，而不只是位置和数量的变化

无数的事实，都可以证明世界上的事物本身经常在起变化。如果照形而上学的发展观来看，说事物仅只有位置的移动和数量的增减，那么无数的变化事例都将得不到说明，都要成为不可解释的怪事。如果你不肯相信，硬要把魔术师的道理拿来解释，那就请你解释解释看，我担保你的解释一定是荒诞无稽，笑话百出，与事实完全不合！

形而上学的发展观是违背客观事实的规律的

所以，形而上学的发展观，是与客观事实的发展规律不一致的。用形而上学的方法来看事物的变化发展，就不能得到正确的认识。世界上一切事物的变化，不仅包含位置和数量的变化，更重要的，是事物本身自己也在经常变化。我们经常看见一种事物转变为另一种事物，经常看见世界上有新的东西出现，又有旧的

东西消灭了、没落了。小孩子生出来，长大了，老了，老人又死了，又有新的小孩生出来。法西斯头子希特勒上了台，发动了战争，在反法西斯战争中，法西斯国家被打倒了；日本帝国主义侵略中国，中国人民起来抗战，日本帝国主义被打败了，中国出现了新的民主的解放区。事物在一定的时候作为新的东西产生出来，经过一定的时期发展壮大起来，最后又归于消灭、没落，或转变为新的东西。这叫做发生、发展和沿落的过程。

任何事物，都有它自己的发生发展和没落过程

任何事物，都有它自己的发生、发展和消灭的过程。具有生长条件的事物，就作为新的东西生长起来，并不是什么地方搬出来了隐藏的旧东西；具有没落条件的事物，就一定要归于腐朽、消灭，决不会原封原样地隐藏到什么地方去了。世界上找不到一件事物能永久不变。中国从前有些皇帝，妄想寻找一种长生不老的药方，使自己免于死亡，并且最后飞升到天堂里去，事实证明那是极其愚妄可笑、形而上学的发展观，以为事物的本身不会变动，这种想法，实际上也是同样的愚妄可笑，并不比那些皇帝更为高明！

好了，我们已经用事实驳倒了那种不肯承认事物本身会有变化的形而上学观点，同时也就证明了辩证法的观点，证明一切事物经常都在变动中，都在发生、发展和消灭的过程中了。现在再谈谈这变动的原因。事物自己本身的变动，是不是由于事物之外的什么力量，或什么魔术师或鬼神操纵的呢？我们说：不是的，事物变动的原因，可以从事物本身内部以及事物之间的联系里去找到，而不能仅仅用事物之外的力量来说明，更不必用魔术师或鬼神的操纵来说明。我们并不忽视外部力量对于事物变动可能发生的重要作用，但我们要特别强调，事物变动的根本原因，是在

事物的本身内部。例如鸡蛋变鸡，需要从外面得到一定的温度，这种外力是不能忽视的，但外来的温度，只能使鸡蛋变鸡，而不能使石头变鸡。为什么只有鸡蛋才能变鸡而石头不能呢？这就是因为只有鸡蛋本身内部才包含着变鸡的根本原因，而石头内部则没有这种原因。所以，外面的温度，只是促成这个变化的条件，而不是直接引起这个变化的根本原因。日本帝国主义之被打败，德意法西斯国家之所以垮台，不能不说是中国、苏联以及其他各国人民抗战的结果，但日本，德、意法西斯之所以终于被打败，根本原因是在于它自己本身的反动性和腐朽性。

辩证法的又一条规律，就是事物的自己运动发展的规律

中国之所以出现了解放区，是由于中国人民在共产党领导下坚决进行革命斗争的结果，决不是外来的什么力量把解放区从什么地方搬到中国来。所以，事物的变化，首先是因为事物本身内部包含着变化的原因，其次是这一事物与那一事物的联系造成一些外来的促进变化的条件，而事物内部的原因则是根本的。我们反对形而上学那样把事物变化的原因完全归之于外力，更反对宗教迷信那样用鬼神来说明事物的变动。我们主张用事物内部的原因和事物的互相联系来说明事物的变化。这就是说，变化是事物自己本身的变化，变化决不是事物之外的任何神秘力量引起的。

辩证法的方法，是要把事物当做自己运动的东西来研究

把一切事物都看做是在发生、发展和消灭的过程中，把事物的变化发展看做事物的自己运动发展，这就是辩证法的第二条规律。正确的认识方法，都必须要遵守这条规律，而绝不能违反这条规律。这就是说，当我们对于一件事物进行研究的时候，我们

必须注意以下两点：第一，不要用形而上学的方法，把你所要研究的东西看做一成不变的东西，要按照辩证法的方法，把你所要研究的东西看做时时刻刻在变化发展的东西，也就是要研究它的发生、发展和消灭的过程。要研究它在发展过程中是处于什么样的地位，它是正在发生的新生的东西呢，还是已经发展成熟了的东西呢，或者是已经走向消灭的衰亡的东西呢。第二，要研究它所有会变化的原因，研究它为什么一定要生长起来，或者为什么一定要消灭、死亡，为什么一定要这样变化，而不那样变化。这些原因，都应该从事物本身内部及其周围的各种联系当中去找，而不要单单用事物以外的原因或用什么神秘力量来说明。

应用辩证法总结工作，就要注意工作是否在发展，及发展与否的原因和条件

假定你在做一件工作，你在工作中有了一些经验，并且对于工作的各方面情形有了一些调查的材料，你怎样来总结这些经验，研究这些材料呢？你首先要估计你这些工作是在发展，还是没有发展，是有成绩，还是可能失败。如果是有发展、有成绩的，那么，你就要研究：是哪些原因使它发展的？首先要着重研究你的工作本身的情况以及你所采取的办法有些什么可以发展的优点，同时也要研究周围有些什么有利的客观条件。如果是有缺点或者失败了，你也要研究它的原因，而这些原因也包含你的工作本身的困难以及你的办法有无缺点，和客观环境里有什么不利的条件。经过这样一番研究和总结之后，你对于你的工作才有一个正确的了解，才懂得它为什么成功和为什么有缺点，并且以后你就可以按照你的这种正确的认识，来指导同类的工作，你可以根据工作本身的情况，采取好的办法，丢掉坏的办法，争取有利条件，设法克服困难条件，这样就可以避免重复缺点，避免再遭

失败，就可以把工作做得更好，使工作更发展。我们在解放区发动人民来参加人民解放战争，人民情绪很快地高涨起来，群众参军参战的活动大大发展起来，但也有的地方发动人民较困难，群众参军参战的运动发展比较迟缓，你如果研究一下为什么会有两种不同的结果，你一定可以首先从群众本身的情况找出一个最主要的原因，那就是群众需要解决土地问题，而群众之能否发动得好，就要看你能否根据这个情况采取一些正确的办法来领导群众进行土地改革。旧中国人民绝大多数是农民，农民的生活和土地问题是有生死攸关的联系，因此，土地问题解决得好，封建地主的压迫剥削消灭了，广大农民都有了自己的土地，他们的积极性就会空前提高，就会把保卫解放区看做保卫自己的生命一样重要，就了解打垮国民党反动统治是有关自己切身的利益。反之，土地问题解决得不好，农民仍然没有脱离或没有完全脱离封建剥削的苦海，他们就不能够深刻感觉到解放战争对自己有什么切身的利害关系，他们的积极性就不可能提高，在这种条件之下，群众参军参战的运动自然就不会做得很好。土地问题解决得好不好，是发动人民的一个最基本的原因。至于其他客观条件，也起一定的作用，例如某些农村如有灾荒，对土地改革的工作就要发生一定的影响，如果你不同时或首先注意到解决灾荒问题，那么土地改革也就不容易开展。这样，在我们研究清楚了这些原因和条件之后，就可以按照我们的认识来正确地指导工作，从实行土地改革消灭封建势力着手，那么，原来发动群众有困难的地方也就可以发动起来，发动不好的地方也可以得到进步，使工作能够向前开展。

辩证法的方法要研究哪些事物是发展的或消灭的及其发展和消灭的原因

总之，辩证法的思想方法，要求我们能够认识清楚，哪些事物是在发展中的，哪些事物是在消灭中的，要我们了解正在发展的事物，是由于什么原因和条件而得到发展，正在消灭的事物，是因着什么原因和条件而一定要没落。如果我们对于这些问题得到了正确明了的认识，就可以按照我们的认识来指导工作，使工作进行得顺利。

在工作中要依靠生长的事物，努力争取发展的条件

我们怎样用这些认识来正确指导我们的工作呢？我们的办法是要应用这些认识夹确定我们在工作中斗争中应该依靠什么和反对什么。认清楚了什么是向上生长的事物和腐朽没落的事物以后，我们在工作中斗争中就要依靠向上生长的事物，而不要依靠腐朽没落的事物。就要根据向上生长的事物本身所包含的发展的可能因素来采取正确的行动办法以促进其发展，而这正确的行动办法中同时也要包含争取有利的客观条件和克服不利的客观条件的办法。在抗日战争中，中国是依靠了八路军、新四军以及广大抗日人民武装来战胜日寇呢？还是依靠了国民党的大地主大资产阶级雇佣的军队呢？八年抗战的事实，证明是依靠了前者，所以才得到胜利，因为前者是向上生长的力量。八路军、新四军之所以成为向上生长的力量，是因为它是与人民结合的军队，是因为它获得了在中国共产党领导之下觉悟不断地提高和组织不断地加强了的人民的支持，是因为广大人民的支持成为八路军、新四军的无穷无尽的力量的泉源。

有条件向上生长的事物，即使最初非常弱小，它的生长力量仍是无敌的

向上生长的事物，即使最初看起来非常弱小，只要得到了它生长的必要条件，那它的生长力量就是无敌的，任何反对的势力也不能阻止它的生长。八路军、新四军最初只以两三万的少数，处在敌后最困难的环境里，遭受无数次敌人的残酷扫荡，抗拒着敌人大半数的兵力，遭遇到水、旱、蝗种种天灾的折磨，结果还是日愈壮大起来，而在日本投降以后，又能组织成强大无敌的人民解放军，打败了美帝国主义走狗蒋介石国民党反动派的进攻，大量歼灭了敌人的兵力，使自己转入了进攻，迅速地走上了全国的革命胜利的局面。我们用辩证法的思想方法，正确认清楚什么是向上生长的东西，紧紧地依靠它，努力争取使它顺利生长的条件，那么，即使我们自己方面力量的暂时和表面上好像显得有些弱小，我们也不会丧气，不会在困难之前屈服，因为我们深信这种弱小仅只是表面的和暂时的，而生长的潜伏力量则是真正强大而不可抗拒的。另一方面，将近没落和死亡的事物，即使眼前还显得很强大，但它无论如何摆不脱死亡的命运，无论如何不能避免它的末日的到来。希特勒、墨索里尼的军队曾经一时横行欧洲，日本帝国主义者也曾经好像真的要独霸东亚，但是三四年间很快的就被打倒了。我们有了辩证法的正确认识，那我们对于任何强大的反动势力，以及它的表面上不可一世的威权，也就用不着畏惧，就能够以坚强的信心向它进行战斗，因为我们知道这种威权也仅只是表面的、暂时的，是外强中干，是专门吓唬神经衰弱者的“纸老虎”，而它的死亡之不可挽救，才是真实的、必然的。

因此，我们应该很好地学习应用事物自己发展的认识方法来正确观察事物，学习认识什么是向上生长的东西和依靠这些向上生长的东西来进行斗争和工作，这样就能使我们成为大无畏的英勇战士，成为具有满怀信心能战胜一切反动势力的革命者！

一五　追论雷峰塔的倒塌

——质和量互相转变的规律

雷峰塔已倒了二十多年了，到杭州西湖去的人，再也找不到它古老的形影，但在市面上出卖的西湖风景画片中，仍然少不了一幅“雷峰夕照”。一般人对它的印象也不见得就已完全消灭。我们现在来追论它倒塌的往事，似乎还不致于使大家觉得生疏罢。

塔为什么会倒塌呢？自然，年代久远，遭受了长时间风雨的剥蚀，这是使它倒塌的原因之一，但据一般的传说，还有一个原因，那就是被人偷拆。因为它是古塔，迷信的愚民都以为里面一定有什么神灵，把它的砖块偷回家里，希望可以借它来消灾降福，于是不知从什么时候起，雷峰塔的砖便一块一块地被人搬走，而它的基础也就一天一天不稳固了。最后自然终于到了不能支持的一天，以致倒塌下来。

谁都可以想象得到：从雷峰塔的砖块最初被人偷拆，一直到它倒塌，中间要经过相当长的时期。偷拆者每次只能从塔上取去一块或两块，失去了一块或两块砖，对于雷峰塔是不是有影响呢？当然不能说没有影响，因为构成塔的成分减少了，塔的支持力减弱了。但是这种影响非常微小，小到看不出来，塔仍然是塔，并不因为失去了两块砖就有什么改变。照这样拆去一次两次，甚至于几十次，塔上的砖虽然渐渐少了，那矗立在山上的塔，还是不会改变它的形状和性质。但是偷拆的人决不会只有几十个，偷拆的次数也不会到几十次就完结，而塔的支持力量是有一定限制的，它能够抵抗几十次的偷拆，却不一定经得起几千次几万次的偷拆。被偷的砖渐渐多了，终有一天要超过它的支持力所能抵抗的最大限度，一超过这最大限度，塔就不能再维持它原来的性质形状，于是就要变，就要倒塌，这就是以前雷峰塔的遭遇。

雷峰塔的倒塌是经过两种变化过程：量变；质变

雷峰塔的倒塌，是表示一种古老事物的没落。塔是一种迷信的建筑物，它发生在宗教社会的条件中，它依靠着群众的迷信要求而存在在世界上，但最后仍是在群众的迷信行为影响之下毁坏了。表面上看，塔的变化好像很简单，仅仅是一个矗立高耸的东西倒塌下来，但实际上，它却包括着一个相当复杂的发生、发展和消灭的过程，这个过程是与人类社会的宗教迷信行为的条件密切联系着的。我们现在不是谈宗教，也不想研究它的整个的过程，我们只想从认识方法这一个角度上来论一论它怎样没落，怎样倒塌。如果我们仔细研究一下，我们就会发现，由雷峰塔的被人偷拆，到它的倒塌，是经过了两种变化：第一是在未倒以前的变化，这一时期人们把砖一块一块地偷走，塔上砖的数目渐渐减少，塔身的支持力也渐渐薄弱了，但表面上却看不出什么变化，塔始终是塔，始终是一座矗立高耸的迷信建筑物，我们说这时期的变化是数量的变化，是渐变，是外表上不显著的变化；第二是在倒塌时候的变化，这时砖的减少已达到最高限度，塔已不能支持原来的形状，于是哗啦一声，倒塌下去。这时的变化就很明显，矗立高耸的迷信建筑物一下子变成了一个废墟，我们说这一时期的变化是性质的变化，是突变。是一望而知的显著的变化。

量变和质变，是一切事物变化的两种基本形式

数量的变化（简称量变，也叫渐变和不显著的变化）和性质的变化（简称质变，也叫突变和显著的变化）是一切事物变化的两种基本形式，无论什么变化，都可以归人这两类中的一种。就自然界的变化来说，例如鸡蛋的孵化，在未破壳以前，是量变；破壳而成小鸡，是质变。就社会的变化来说，一个社会内部酝酿革命，是量变；酝酿成熟，革命爆发，由一种社会转变为另一种社会，是质变。就中国人民的抗战来说，在抗战的八年中都是量变；八年末了日寇投降，抗战结束，就是质变。就认识的发展来说，搜集事实材料，积累实践经验，增加感性认识，这是量变；把材料和经验加以研究总结，把感性认识加工改造，提高到理性认识，这又是质变。我们以前说过的机械的位置移动，它本身也有量变和质变两方面。例如，把一块石头绑在绳子头上，用手的力量把它甩成圆圈，这种位置移动是一种循环运动，手上愈更用力，圆圈就甩得愈更快，但始终仍是循环运动，这只是量变。如果手上用力过度，绳子断了，石头就突然一直线飞出了，这就由循环运动变成直线运动，这就是质变。世界上事物的种类是多到计数不清，它们的变化的种类，也是多到计数不清，但不论哪一种变化，都可以归入量变的一类，或者是归入质变的一类。

任何事物都有一定的质

不论什么东西，都有一定的质。鸡蛋是一种动物的种子，能孵化成小鸡，这是鸡蛋的质；鸡是一种家禽，它能在人类的豢养下生长繁殖，这是鸡的质；雷峰塔是西湖边的一座圆锥形建筑，它的存在是为着满足群众的迷信需要，这是塔的质，旧中国社会

是半殖民地半封建性质，国民党反动派的大地主大买办资产阶级在那里占着统治势力，从旧中国里生长起来的解放区，是新民主主义的性质，帝国主义和封建势力的统治在那里都被推翻了，而人民成了统治者，这是中国社会两种不同的质。

一事物的质，使它和其他事物有区别

一事物的质，使它和其他事物有所区别。我们说某物和某物不同，主要是指它们的性质不同。同是人类，为什么地主和农民不同呢？因为地主的社会性质和农民的社会性质不同。同是军队，为什么人民解放军与军阀的军队不同呢？因为人民解放军是人民的军队，而军阀的军队，则是与帝国主义勾结的封建势力和买办官僚资产阶级势力的私人军队，是反人民的军队，这是性质上根本相反的两种军队。

质是事物的一种内部规定性

什么是质呢？用哲学上的名词来说，质是事物的一种内部的规定性。这就是说，一定的质，规定事物有一定的特征，这种特征，表现在它和周围事物发生一定的关系和作用上，表现在它的一定的变化规律上。当我们说一种事物的性质不变时，那就是指它的特征，它对周围事物的关系、作用，它的变化规律在根本上都没有改变。就因为这样，所以性质不同的事物就一定有区别。例如说军阀的军队，最早有清朝皇帝的奴才曾国藩、左宗棠、李鸿章的军队，后来有袁世凯以下的北洋军阀的军队，一九二七年以后又有以蒋介石为首的新军阀军队，这些军队虽然所处的时代不同，但就他们对人民的关系和作用来说，他们的根本的规定性始终没有变化，他们始终是依赖帝国主义压迫人民的武力，因此它们的性质始终是没有根本变化，始终是半殖民地半封建社会的反动军队，他们和人民解放军是根本不同的，是完全相反的。

任何事物都有一定的量

不论什么东西，都有一定的量。塔是要一定数量的砖和保持一定数量的支持力，才能立得稳固。鸡蛋有一定的大小，它的内部孵化情形，也有一定的程度，或者已经差不多孵成小鸡了，或者还完全是黄和白，这一定的孵化过程，也就是作为鸡的种子的变化的量。资本主义社会有它的量，例如它的物质生产能力，一定比封建社会高。

质和量，是任何事物都少不了的两个方面

总之，无论什么东西，不但都有一定的质，而且都有一定的量。我们不能设想世界上的任何事物可以没有它自己的质，我们也不能设想，世界上能有一种东西可以不具有一定的量。如果我们说世界上可以有一种东西存在，它的数量是等于零的，那一定要闹天大的笑话！一定的量，是每一事物存在的必要条件，不到三个人的数量，就不能成立团体；没有千万块的砖石，就不可能建筑一座宝塔。总之，质和量，是任何一种事物都少不了的两个方面，它在每一种事物中都联系在一起，不能缺少任何一方面。

事物无时无刻不在变化，不是量变，就是质变

世界上的事物，无时无刻不在变化当中，没有一件事物是有一刻停滞的。而一切变化，都可以归入质变或量变两大类。事物不是在量变当中，就是在发生质变，整个世界，就是质变和量变

交织成的一个变化不息的活动体。有人以为世界有些事物可以不会变化，这是一种表面的看法，往往是因为把量变误认为不变的缘故。在量变的过程中，因为事物的性质不变，所以在表面上看来，好像是没有什么变化。鸡蛋在孵化的过程中，内部已经渐渐变为小鸡了，但表面上看来，始终好像仍是同一个鸡蛋。

在量变过程中质在表面上没有显著的变化，这叫做质的相对静止

八年抗战中，敌我力量对比有了种种变化，但在日寇未投降前，始终是抗战过程，表面上看来，始终是敌人侵略而我们抵抗，这个关系没有变化。总之，在量变的一定限度之内，事物的质，不会发生显著的变化，表面上看来好像它是没有什么改变的样子，这叫做质的“相对的安定性”，或者叫做“相对的静止”，我们觉得世界上有许多事物不变，就是因为事物有这种相对的“静止”和“安定性”的缘故。

形而上学的错误：把静止看做是绝对的

其实这种“安定性”和“静止”只是“相对”的，不是绝对的，不是彻头彻尾完全的安定和静止，只是在量变的一定程度之内，质的方面大体上不变化，而不是事物本身真的有静止不变的时候。如果我们把相对的误认为绝对的，以为世界上真的有固定不变的事物，那就错了。形而上学的思想方法，就是犯了这种错误。

质的相对静止有一定限度，过此限度就要起变化了

我们要再说一遍，质的安定性和静止，只是相对的，只是在量变的一定限度之内保持不变。过了这个限度，就不能再保持这安定性和静止，就要发生质变了。鸡蛋孵育到一定的时候，就要破壳变成小鸡；雷峰塔的砖减少到一定程度就要倒塌下来变成废墟，抗战坚持到一定时期，侵略者就被打败；革命酝酿到一定程度，社会制度就要发生根本的改变。

质变即“突变”、“飞跃”和“连续性中断”

质变的时候，事物常常是在比较短促的时间之内，发生激烈的显著的变化，所以也叫做“突变”或“飞跃”的过程；也叫做“连续性的中断”，因为这样的突变，是由一种质突飞猛进到达另一种质，而使旧的质不能连续保持下去。（这里要注意：质变虽然常常是在比较短促的时间之内发生激烈的变化，但决不是说任何时候都一定如此。在某种情形下，质变的过程也可以采取逐渐过渡的形式。以人类社会来说，阶级社会的质变，是采取爆发式的革命过程，这是较短时期的激烈变化，但在工人阶级专政的国家下面，由社会主义走向共产主义，也是社会的质变，但却只采取逐渐过渡的形式。）这样，量变和质变，就是世界上事物变化的两种根本形态，这两种变化，在世界万事万物中交织着，并且密切地联系着。

量变和质变有密切联系，量变就是质变的准备

在量变的过程中，我们因为表面上看不见质的变化，每每以为量的变化和质没有关系，然而如果仔细一研究，就可以知道两种变化形态的有机联系。量变就是质变的准备，在量变的过程中，事物的质的安定性渐渐发生动摇，到了一定程度，就完全失去这种安定，而突然引起质变。由砖被偷拆到雷峰塔倒塌，由鸡

蛋的孵育到它的破壳，由革命的酝酿到爆发，由八年的抗战到日寇投降，都是由量的变化引导到质的安定性的破坏，这叫做由量到质的变化。质的变化完成以后，事物就有了新的性质，并且又从新安定起来，而开始新的量变。雷峰塔的废墟有废墟的变化，破壳后的小鸡就开始自动觅食生长，社会变革后新的社会就在新的生产力基础上发展起来，日寇投降后中国人民又为中国的独立、和平、民主而进行新的斗争，即人民解放战争。在新的性质出现以后开始新的量变，这叫做由质到量的变化。世界上事物的变化，就是由量变到质变，又由质变到量变。量变是质变的准备，质变是量变的完成，又是进一步的量变的基础，这样交替着发展下去，成为事物变化的无穷的连锁。

由量变转为质变，质变后又转为新的量变，这就是质和量互相转变的规律

无论你把任何一种事物的变化拿来研究一下，你都可以看见这一种变化的连锁。这叫做质和量互相转变的规律，简单点说，也叫做“质量互变律”。这也是事物的辩证法发展的一条顶普遍的规律。

质量的互相转变，并不是循环，而是低级到高级，简单到复杂的向上发展过程

读者诸君，你们会不会怀疑，说我们又把世界的变化，看做一种走马灯式的循环变化了？由量变到质变，又由质变到量变，……这不是循环是什么？这个怀疑，我想你们可以用自己的理解来把它消除。只要把事实的例子看一看，就可以知道由量变到质变，又由质变到量变，决不是简单的循环，因为后一种量变，和前一种量变是不同的，它是以一种新的质做基础，而前一种则是以旧的质做基础。鸡蛋的量变是它的孵化，小鸡的量变却是动物个体的生长。封建社会的量变，是表现为小农业和手工业生产力的发展，封建社会转变为资本主义社会后，它的量变却主要表现为资本主义的机器工业的生产力发展。谁都知道，机器工业的生产力，和小农业、手工业的生产力是大不相同的。两下比较起来，机器工业的生产是又大量、又迅速，小农和手工业的生产则是又微小、又缓慢。这样，我们可以看到，由鸡蛋到小鸡，由封建社会到资本主义社会，这决不是简单的量变和质变的循环，而是由低级到高级，由简单到复杂的向上发展过程。量和质互相转变的规律，作为事物发展的规律，是表示一种较为低级的质经过量的增长，就要转变为更高级的质，同时又以这高级的质为基础，开始高度的数量的增长。

辩证法的方法，就是要用革命的观点来研究事物，要研究事物在发展中必然要经过质的根本改变，才能向前进步

质和量互相转变的规律既是事物变化的普遍规律，因此，如果我们要想能够正确的认识事物，那我们的认识方法就不能违背这条规律。我们不要照形而上学的方法，把事物的数量变化当做是与它的质毫无关系的东西来研究，认为一切变化实质上只是位置和数量的变化，和事物的质丝毫不相干。我们一定要按照辩证法的方法，把事物的量变和它的质变联系起来看，要研究数量的增长如何引起质的提高。要注意到任何事物的量的增长，到了一定的程度，必定要引起一个显著的、根本的质的变化，才能继续提高，否则发展就要受阻。这就是说，我们要以革命的观点、准备彻底改变事物的观点，来看事物的发展。这一个方法，对于社会生活问题的研究，特别有重大的意义。在社会生活问题上，我

们一定要研究：一种社会的生产力发展，怎样要终于引起社会生产关系和社会性质的变革；广大人民对旧社会反动统治者的不满增长到一定程度，怎样要必然引起革命的爆发；中国人民坚持抗战的力量发展，怎样由防御阶段进到相持阶段，由相持阶段又进到反攻阶段，以至于取得胜利；人民解放军力量的日愈壮大，怎样使反对美蒋统治的解放战争由防御转为进攻，由进攻又达到全国的胜利。总之，我们要以革命者的身份来看社会变化的问题，而不要用保守的、改良的方法来看问题，不要幻想在保持着旧社会制度、不加以根本改变的情形之下，就可能使社会迅速向前发展和进步。如果用后面这种方法来看问题，一定要犯大错误，犯改良主义的错误。用这样的错误方法来看问题，就等于主张永远不破蛋壳，而希望小鸡在壳内继续不断的生长，或主张国民党反动派的大买办大地主的专制统治永远不推翻，而希望在这种基础上发展民族工业和民主政治。这样的方法，显然是行不通的，显然是违背事实规律的。所以，辩证法的方法，是一种革命的思想方法，它要求我们研究；如何在一事物的量的增长中，来准备它的质的飞跃；如何达到它的质的飞跃，以便它的量的发展能够继续猛进；如何以这种革命精神和革命规律知识来指导我们的实际行动。

但另一方面，我们又要注意，量变是质变的准备，这就是说，质变必须以一定的量的发展程度做基础。量变还不到一定程度，就要引起质变，是不可能的。如果一定要勉强这样做，结果是会落空的。鸡蛋没有孵到一定日子，就要破壳，一定得不到小鸡，而只是浪费了一个鸡蛋。革命群众的力量没有准备好，就要发动革命，一定会使群众白白遭受损失，而不能获得革命的胜利。这种错误，叫做“左”的冒险主义的错误。我们掌握量和质互相转变的辩证法规律，一方面要确立革命观点，反对改良主义；另一方面又要反对冒险主义，在进行事物的根本改造之前，要注意一定程度的量的准备，不要在准备不成熟的情形下发动改造运动。

质量互相转变的规律，在各种不同的具体事物上有不同的表现

质和量的互相转变规律是普遍的，但在各个具体的事物上，它的表现又各有特点，而不能完全相同。因此我们在方法上也必须根据事物的本身的具体情形来分别研究。由反法西斯战争到战争的胜利，在中国是持久战，在苏德战争中就不是持久战，这是因国家的不同而量变的过程也有长短的不同。过去封建社会经过革命就转变为资本主义社会，中国的半封建社会在今天经过新民主主义革命却能转变为社会主义社会，这是因时代不同而质变的情形也不同。质变的形式，在一种情形下是爆发式的，在另一种情形下则是逐渐过渡式的。这些都必须根据事实条件的不同而加以区别，以便在实际行动上作出正确的指导。

研究事物的质量互变时，也要根据条件、地点、时间作不同的具体分析

总之，不论质变和量变，都因时、因地、因事物的不同而有各种不同的具体表现，这里仍然支配着“一切决定于条件、地点、时间”的规律。因此，我们研究事物的质和量的变化时，也要根据不同的条件、地点、时间而加以不同的分析，具体地来认识每一事物由量变到质变又由质变到量变的特殊情况或具体条件。切不要把一件事物的质量互相转变的情形，当作一个固定的公式去乱用，硬说另一事物的变化情形也一定如此。

要根据各方面的条件，具体研究中国的革命运动怎样发展，

中国社会怎样进步，旧中国怎样变革而成为新中国，新中国怎样由现阶段逐渐过渡到更高的阶段。能够具体认识这些问题，那么，我们学习质和量互相转变的规律，就可以算是有成绩了。

一六　岳飞是怎样死的

——对立统一的规律

岳飞是中国宋朝时候的民族英雄，中国人民都知道他的故事。他本来有能力可以打退当时的侵略者——金人，但是因为政府里当权的是投降派，用计谋杀害了他，使当时的抗金军队失去了主脑，大半个中国就沦陷在侵略者的手里。所以中国人民对于岳飞的死，直到现在一提起来就觉得惋惜。中国人民痛恨陷害岳飞的汉奸秦桧，给他铸了一个铁像，跪在岳飞的墓前，让千万人来唾骂。现在离岳飞的死已一千多年了，到浙江杭州去游玩的人，还可以看见那秦桧夫妇的可耻的跪像。

岳飞是怎样死的？自然是被汉奸害死的。岳飞为什么会被汉奸害死？因为他是民族英雄，他坚持要反抗民族敌人，所以汉奸把他害死。这是一般人对于岳飞的死的看法。我们能够怀疑这种看法吗？当然不能。如果你说岳飞不是民族英雄，说害死他的人不是汉奸，那你的思想就大有问题。但是，倘若我们把问题更深入的研究一下，就可以发现仅仅这样的看法，还是不够圆满，还不算全面认识了岳飞死的原因。我们应该还要有些补充。

据说，岳飞的死，是因为秦桧用了种种阴谋，假借皇帝的命令把他从战场上调回去，然后害死了他的。倘若他坚决不服从卖国政府的调动，他就可以不致陷入奸人的网罗，也就不至于断送自己的性命和那一场轰轰烈烈的民族事业。但岳飞却不能不服从调动，不能不走上那条死路，因为岳飞一方面虽然是民族英雄，另一方面却又是封建社会统治阶级的一分子。他所处的阶级地位，使他不能不服从封建社会的最高统治者皇帝的调动。因此，岳飞的死，直接的原因固然是由于汉奸的出卖，但岳飞自己的阶级所具有的本来的弱点，也是使他致死的一个重大原因。

读者诸君，你们一定想象得到，当岳飞接到调动命令的时候，一定非常痛苦。在他的心里，两种思想在激烈地发生冲突。一方面在他前面摆着民族的任务，要他留下来抵抗敌人。另一方面又要服从皇帝的卖国命令，让几年的抗金功绩变为泡影。要坚持完成抗金的事业呢？还是依照专制独裁君主的命令来办事呢？正相反对的两个念头，同时存在于岳飞的心里，这就是他内心必然要发生激烈冲突和痛苦的原因。但岳飞究竟还是封建专制时代统治阶级内部的一分子，他在当时的情况下不能坚决违抗专制君主的命令，虽然眼看着民族抗敌的事业就要前功尽弃，虽然内心里有着激烈的矛盾，虽然是十分出于无奈，但君主的命令究竟还是占着上风，于是就产生了岳飞的悲剧。

世界上任何事物，都包含着互相反对的许多对立方面，这是对立统一的规律

读者诸君，我们讲了一大篇岳飞的事情，和我们的哲学有什么关系呢？我们的目的，是想用岳飞的这一个事例，来引出一条辩证法的规律。这条规律叫做对立统一的规律，又叫做事物的矛盾规律，它的意思就是说，世界上任何事物，都包含着互相反对的许多方面，这些互相反对的方面经常发生冲突、斗争，这叫做事物自己本身的矛盾。事物的变化、发展，都是这些对立方面斗争的表现，或者说，这些对立方面的斗争情形，决定了事物变化发展的前途。又要做民族英雄，又要服从封建皇帝的命令，这是岳飞自己思想上的两个互相反对的方面，是岳飞自己本身的矛

盾。我们说一般人对岳飞的看法不圆满，就是因为他们只看到岳飞的一个方面，把岳飞只看做一个简单的民族英雄，他们没有看到岳飞的另一方面，没有看到这个民族英雄又是封建统治阶级的一分子，他的阶级地位决定他在当时一定要服从皇帝的命令。他的悲剧的产生，不仅是由于汉奸的陷害，也是由于他自己的阶级地位的弱点。他的民族英雄的事业和他的阶级的弱点，是互相矛盾的，是在他一个人身上的两个互相对立的方面，这两个对立方面互相斗争的结果，他的阶级的弱点占了上风，才使他遭受秦桧的陷害。

辩证法的对立统一的规律，要求我们在研究事物时，要看到它的各个对立方面

对立统一的规律是一个普遍的事物发展规律。任何事物都不是简单的，都包含着自己的矛盾，包含着互相对立的各个方面。如果看不到这些对立的各个方面，而只看到一个方面，而且把这一个方面误认为是事物的全部，以为事物就是单纯地只有这一个方面，而不在自己的内部包含着矛盾，包含着对立的方面，那就是形而上学的看法。形而上学的看法是不合事实的，或者是不完全合乎事实的，一般人对于岳飞的看法，就是不完全合乎事实的形而上学的看法。这种看问题的方法也叫做片面的看法。片面的看法是一般人在思想上最容易犯的毛病。这种方法使我们看不到事物的全部真相，因此也就常常要把我们的认识引向错误。

所谓对立的方面，就是正面和反面、过去和将来、生长的方面和没落的方面

我们要使自己的认识正确，就必须丢掉形而上学的看法，应

用辩证法的方法。这就是对于任何事物，都要看到它的对立方面，要研究它的矛盾。所谓对立的方面，具体说来，就是正面和反面，过去的方面和将来的方面，腐朽没落的方面和生长发展的方面。就岳飞来说，作为民族英雄，是他的积极的方面，是他的正面，而作为封建地主阶级的一分子所具有的弱点，对于他的民族英雄事业却是一个消极的反面。不只岳飞有这样的对立的两个方面，我们现在的许多进步的革命的人，也有两个或者两个以上对立的方面。我们有革命的思想和行动，我们努力为广大人民服务，这是我们的正面和有远大的将来发展前途的一面；但是我们又往往带着许多小资产阶级个人主义思想的残遗，甚至于有其他剥削阶级意识的残遗，我们常常有些自私自利的打算，它妨害我们去全心全意为人民服务，这又是我们的反面，是必须克服的腐朽的方面。不只人的思想意识有这些相反的方面，一切自然界和人类社会的事物，也有这些相反的方面。鸡蛋是正面，鸡蛋内的胚胎发展是反面和将来发展的方面，水是正面，加热的水渐渐转化为蒸气，又是水的反面；在封建社会里，封建地主和封建统治者是代表这个社会的正面，也是要走向腐朽没落的方面，而农民，小资产阶级和资产阶级，对于封建社会来说则是反对的方面和具有将来发展前途的方面。就旧中国的情形来说，就半殖民地半封建的旧中国来说，与帝国主义勾结的买办官僚资本家（目前是美国买办）和大地主的统治是现状的正面，是腐朽没落的方面，工农群众及要求民主的广大人民是反面，是发展的方面。在解放了的中国，情形却相反，工人阶级领导的以工农为主体的广大人民掌握了政权，成为现状的正面，和发展的方面，而封建的残遗势力，却只是走向完全没落的反面。

没有内部对立或自己矛盾的事物，在世界上是不存在的

我们看，无论就什么事物来说，都可以找出它的正面和反面，过去方面和将来方面，发生发展的方面和腐朽没落的方面。我们在以前讲发生发展和没落的规律的时候，曾说过世界上有的东西在生长，有的东西没落和消灭。

对立方面的互相依赖

现在我们更进一步认识到：生长的东西和没落的东西并不是互相隔绝的，两者常常是密切地结合在一起，成为同一事物的两个相反的方面，或者说，它们就是同一事物本身分裂的表现。蛋壳和胚胎，是同一鸡蛋的两个方面，无产阶级和资产阶级，是同一资本主义社会的两个对立阶级；在同一半殖民地半封建的社会里，一方面有帝国主义、官僚买办资产阶级、封建地主的统治，另一方面有广大工人、农民、小资产阶级、民族资产阶级以及一切反帝反封建的民主势力。一定的事物，都由某些互相反对的方面所构成，都有某种内部矛盾。毫无矛盾的事物，在世界上是不可能存在的。没有胚胎，就不可能成为活的鸡蛋；没有无产阶级，就不可能有资产阶级，也不可能有资本主义社会，反过来说，无产阶级革命成功，把资产阶级完全消灭了，那无产阶级也不成其为无产阶级了。有光明的地方，一定也有某些黑暗、阴影，有了某些黑暗，就愈更衬出光明。有流水的地方，一定有某些地方水被堵塞了。有了适当的堵塞，就可以确定水流的方向（中国老话叫“不塞不流”）。一只脚向前走的时候，另一只脚一定要踏稳在地上不动（中国老话叫做“不止不行”）。这样，对立的两方面不仅是互相矛盾的，而且密切地联系在一起，成为统一

在事物内部的不可分的两面，缺了一方，对方也不能成立。这叫对立的互相依赖，也叫做对立的同一性。也就是中国老话所谓的“相反相成”。我们说对立的统一是一个普遍的规律，就因为任何事物都是对立的统一，都具有自己的内部的矛盾。

任何事物的发展，都要通过自己内部对立方面的冲突和斗争

但更重要的是要认识到：既然任何事物都有它对立的各方面，有自己的内部矛盾，因此每一事物经常都会有内部的冲突和斗争。任何事物在发展当中，都不是风平浪静、顺利无阻的，而是要通过不断的对立方面或对立势力之冲突和斗争。只要看中国人民为争取民族的独立和人民的民主自由，是经过了多么长期多么艰苦的斗争，才得到了今天的胜利。我们由此可以知道：新生的势力决不是可以毫不费力的向前发展，腐朽没落的势力也不会毫无抵抗和挣扎的走向消灭，它对于生长的势力一定要给以一切可能的阻碍和破坏，以便延缓自己死亡的时限。生长的势力也必须克服一切阻碍和破坏，必须经过斗争和大叫大喊，才能向前发展。

在事物发展中，其对立的斗争愈更加强，矛盾愈更暴露

在事物的发展过程中，其对立的斗争一般地并不是愈更减弱，而是愈更加强，其矛盾不是愈更隐晦，而是愈更暴露，直到矛盾得到解决为止。解放战争中人民解放军与国民党反动派军队的斗争，比起辛亥革命时革命与反革命的战争来，其规模就大了许多倍，比起一九二六至一九二七年国民革命军讨伐北洋军阀的战争，也大了好多倍，这就说明中国革命愈向前发展，斗争就愈

更尖锐和激烈。

新生势力全胜，腐朽势力死亡，就叫做解决了矛盾

但是，在发展中，新生的势力和腐朽的势力，虽然互相都有增长，而新生的势力是在斗争中愈更受到锻炼，愈更坚强而不可抵抗，腐朽没落的势力虽然也千方百计努力使自己增大增强，比较起来却日愈变得脆弱，日愈接近坟墓，不管它在进坟墓之前如何疯狂挣扎，也不能挽救其没落的命运，不能避免终有一天要为新生势力所打倒。当新生的势力在斗争中获得了全胜，发展中的困难全被克服，腐朽没落的势力归于死亡或者被压倒，这就叫做解决了矛盾。

不能解决矛盾，事物的发展就停滞不进，或者暂时后退

这时事物就要发生根本的变化，就要向前发展，由较低的质进到更高的质。如果新生的势力一时不能克服腐朽势力的阻碍和破坏，甚至于暂被压倒，那就是没有解决矛盾。这时事物的发展就停滞不进，甚至暂时后退，如像岳飞的被杀害，使宋朝人民不能把侵略的金人赶走。但在这时，并不是说矛盾消灭了，或者矛盾不再暴露，相反的，矛盾仍然存在，并且还要继续暴露，对立的斗争仍然要尖锐化起来，不到克服矛盾不止。岳飞虽然死了，中国人民的反抗侵略的斗争，迟早还是要胜利。太平天国、辛亥革命、一九二七年的大革命虽然先后失败，但中国人民反帝反封建反官僚资本主义的斗争还是继续发展，继续前进，不到新民主主义革命完全成功，决不会停止。

发展就是对立的斗争。发展的过程，就是事物内部矛盾的暴露和解决的过程。对立统一律是辩证法的核心

“发展就是互相对立方面的斗争”，这是列宁说过的一句辩证法的名言。由生长到没落，由量变到质变，由低级到高级，由新生的代替腐朽的，这是发展的过程。这些过程中间，自始至终，都包含着对立的斗争。发展的过程，就其根本内容来说，就是事物内部矛盾的暴露和解决的过程。事物内部的矛盾，是事物自己发展的根本的原因。所以，对立统一的规律，是事物发展规律中最根本的规律，是辩证法的核心，不了解对立统一规律，就不可能真正了解事物的发展。中国革命的发展中间，自始至终，都贯串着中国人民与帝国主义、封建势力和买办官僚资本主义的斗争，在中国革命的过程中广大人民与买办官僚地主阶级的分裂一天比一天显著，矛盾一天比一天尖锐，直到完全推翻帝国主义、封建势力和官僚资本主义的统治为止。

正确的思想方法，就是要研究事物的矛盾和解决矛盾

正确的研究方法，必须以对立统一的规律作为最根本的指导方法，这就是要研究事物的矛盾和解决矛盾。因此列宁有这样一句名言：“辩证法按其本义来说，就是要研究对象自身内部的矛盾。”怎样研究矛盾？就是要把我们所要研究的事物加以分析，认清楚它的对立的各方面，揭露它的矛盾，然后根据分析的结果，找出解决矛盾的方法。

形而上学的方法不揭露矛盾，而要掩盖矛盾

要反对形而上学的方法。形而上学的方法就是不去分析事物的各个对立方面，而只注意某一个片面，不去揭露矛盾，而要掩盖矛盾。只看见岳飞是民族英雄，而不注意他同时又是封建统治阶级的一分子，看不见由此所产生的他的本身的弱点，这是在岳

飞问题上的形而上学方法。只看见日本帝国主义者是强国，而不分析它的许多弱点（退步、小国、寡助），这是抗战开始以前亡国论者的形而上学方法。说中国内部只有大贫小贫，而不承认中国内部也有贫富非常悬殊的各种阶级对立，掩盖了中国社会内部矛盾，这是孙中山的思想中的形而上学方法。一个做领导工作的人，对于自己所做的事和自己的干部，只看见优点而不承认缺点，这就是一种宗派主义的片面看法。日本投降后在政治协商会议期间，有些人以为由此一定可以走上和平前途了，忽视了美帝国主义正在帮助蒋介石调兵遣将，开向解放区，就是一种对和平的片面的看法。中国有句老话，叫做“兼听则明，偏听则暗”。所谓兼听，就是说在研究问题的时候，必须设法把正反两方面的意见都打听清楚；所谓偏听，就是说只听一方面的意见。兼听则明，就是说听了对立的意见，才能明白认识事物的真相，所谓偏听则暗，就是说如果只听一方面的意见，就会糊里糊涂，对事情认识不清。这也不外是说，要有正确的思想，必须分析事物的对立方面，揭露矛盾。

在社会生活和革命问题的研究上，最主要的就是要揭露阶级矛盾。在每一问题或每一事件发生时，就要研究与这事件有关的是一些什么阶级，各阶级对这事件的主张和要求有何不同。例如，我们要打垮以蒋介石为首的国民党反动派的统治，彻底消灭帝国主义、封建势力和官僚资本主义在中国的力量，对于这一伟大事件，中国的各阶级所采取的态度是不同的。工人农民是最积极斗争的主力军，其中工人阶级又是领导的力量，地主阶级是站在反对革命的地位上，民族资产阶级是能在一定时期和一定程度上参加革命的，但是不坚决的，其中有人甚至幻想在国民党反动统治下得到和平、民主以及经济的发展。这就是在中国革命问题上各阶级的简单的分析或矛盾各方面的大体上的揭露。

揭露矛盾，就有可能解决矛盾

揭露矛盾，就有可能解决矛盾。揭露了中国社会的主要矛盾。认清楚一方面有垄断政权、卖国专制的大地主大买办官僚资产阶级四大家族，另一方面有要求中国独立、民主、自由的以工农为主的广大人民，就知道要使中国社会发展进步，就必须在工人阶级领导下，发动后者的一切力量，推翻前者的独裁统治。

解决矛盾，就是要站在新生的势力方面，与腐朽的势力斗争到底

这样，所谓解决矛盾，根本上说来，就是要知道怎样发展新生的进步的东西，消灭腐朽的没落的东西。而要达到这个目的，就必须站在新生的进步的势力方面，与腐朽的没落的势力进行斗争。必须把斗争进行到底，不能幻想与腐朽没落的势力和平共居。不坚决清除个人自私的或剥削人民的思想，不可能希望发展进步的为人民服务的思想；不与帝国主义封建势力坚决斗争，不可能希望发展民主势力；不把地主恶霸在政治经济各方面的势力和威风打下去，不可能希望农民群众抬头。

互相对立的势力在一定情形下可有某种统一、某种妥协

互相敌对地斗争着的对立势力，在一定的情形之下，可以有某种形式的联合，某种的统一和妥协。以共产党为领导的中国人民的民主革命势力，与中国的一部分大地主大资产阶级即官僚资产阶级在抗日战争中建立统一战线；半殖民地的中国，与帝国主义的美国在反法西斯战争中建立同盟关系；社会主义的苏联，与

帝国主义的英美为反对法西斯国家也建立过同盟关系。在这种情形下，对立势力相互间作了某些让步，相互间的斗争有某些和缓。

对立的统一、妥协是有条件的，并且只限于一定方面，在其他方面仍继续斗争

但是，这种统一和妥协，是有一定的条件，是由于双方都有一个更大的共同斗争目标，即反对法西斯的侵略战争，是为了要解决更大的矛盾，即法西斯势力与反法西斯势力的矛盾。所以，首先必须有这个条件或其他什么重大原因的存在，才能建立敌对势力之间的统一和妥协，同时正因为是有条件的，所以统一和妥协也只是限于一定的方面，并不是说完全没有斗争。

对立的斗争是绝对的，对立的统一、同一性是相对的

中国人民在抗日的共同目标下，与一部分大地主大资产阶级即官僚资产阶级建立抗日民族统一战线，同时对于后者的专制独裁与抗日的不彻底性，仍不断地加以揭露、批评，并对此进行必要的斗争。这种斗争之所以必要，是因为它不但不会破裂统一战线，而且还阻止了大地主大资产阶级即官僚咨产阶级几次对敌人投降的企图。斗争反而成为巩固和维持统一战线的保障。所以说："对立的斗争是绝对的，对立的统一、同一性则是相对的、有条件的。"就阶级对立和阶级斗争来说，在一定的条件之下，如果不知道与对立势力建立某些必要的联合行动，找出某些方面的妥协点，往往就要犯过左的冒险主义错误；但是，在建立统一战线和实行某些必要的妥协的时候，如果不懂得继续进行必要的斗争，会成为右倾机会主义，就是对腐朽势力采取投降主义的态度。

研究矛盾和解决矛盾，必须注意其具体性，特殊性。不同的矛盾要采取不同的解决方法

在研究矛盾和解决矛盾时，必须注意矛盾的具体性、特殊性。不同的事物，有不同的矛盾，和不同的对立势力之斗争。要正确解决矛盾，就必须依照不同事物的不同对立情形，采取不同的斗争方法。中国的革命与反革命的矛盾，广大人民争取民族独立、民主自由的势力与帝国主义、封建势力，官僚资本的矛盾，是经过各种严重的斗争方法来解决，而主要的是经过军事斗争的方法来解决的。这种矛盾的双方是完全敌对的，它的发展结果不能不引起冲突性的或对抗性的斗争，这种矛盾就叫做对抗性的矛盾。还有的矛盾不是对抗性的。在中国的革命营垒内，也有自己的内部矛盾，例如在共产党员中间，有无产阶级思想和小资产阶级（以及其他剥削阶级）思想残遗的矛盾。这种矛盾也要经过尖锐的斗争来解决，然而解决不是用武装的形式，而是用说服、教育。开会批评以至于某些场合的纪律处分。工作与疲劳，是日常生活中的一种矛盾，要继续工作，必须克服疲劳，要与疲劳斗争，所采取的方式，就决不是思想检讨，更不是武装冲突，而是适当的休息。但对于一种不正常的疲劳情绪，即懒惰的行为，我们又要采取批评、教育等等思想斗争的方式。正确的辩证法的思想方法，必须具体研究每一种矛盾的特殊性质和解决这种矛盾的具体方法，切不可把解决一种矛盾的斗争方式，作成一个死的公式，用到其他一切矛盾中去。

要研究矛盾和解决矛盾，必须注意什么是一定情形下的主要矛盾

在研究矛盾和解决矛盾的时候，又必须注意，什么是一定情形下的主要矛盾——即在许多矛盾之中首先要解决的矛盾。任何事物的联系都是复杂的，都包含着许多对立的方面。中国的革命问题中，就包含着农民与地主的矛盾，帝国主义与中国民族的矛盾，大地主、大买办资产阶级与工、农、小资产阶级、民族资产阶级的矛盾。在这许多矛盾中，不同的时期，有不同的矛盾成为主要的东西。从“九一八”到抗战时期，日本帝国主义和中国民族的对立是主要的矛盾。日寇投降以后，这主要矛盾是解决了，一个新的主要矛盾代替了它，那就是中国广大人民对美帝国主义和四大家族（美帝国主义的走狗、大买办，大地主、大官僚资产阶级）的对立。就世界的范围来说，第一次大战后不久，各资本主义国家与新兴的社会主义国家苏联的对立，曾是主要矛盾；德国希特勒上台以后，这主要矛盾就被另一主要的矛盾所代替：即法西斯国家与世界反法西斯国家（其中包含帝国主义国家如英、美）及其广大人民的对立。德、意、日法西斯倒台以后直到现在，帝国主义反对民主反对世界和平的势力和全世界反对帝国主义要求民主和平的势力的对立又成为主要矛盾。认识事物的主要矛盾，是很重要的。认识主要矛盾，就能够抓着首先要解决的中心问题，就能够提出斗争中的中心任务。要正确的指导斗争，就是要善于抓着一定时期的中心问题、中心任务，并使用最大的力量来解决它、完成它。

解决次要矛盾，必须服从于解决主要矛盾的任务

中国有一句老话，叫做“做事要分轻重缓急”，这就是要用最大的力量来首先解决主要矛盾，而对于其他比较次要的矛盾，则必须在服从于主要矛盾的原则之下来加以解决。在抗日战争中中国共产党与国民党建立统一战线，对后者作了重大的让步，停止了没收土地的政策，采取了减租减息的改良政策，这就和缓了当时国内的矛盾（全国人民与四大家族、农民与地主的对立），而把全国最大的力量推动起来解决主要的矛盾（中国民族与日本帝国主义的矛盾）。日寇投降以后，情形改变了，中国人民就发动了反对美帝国主义和国民党反动统治的人民解放战争，把减租减息政策改为土地改革的政策，这就是因为要解决的当前的主要矛盾改变了，这时的主要矛盾是变为全中国人民与美帝国主义及其走狗蒋介石国民党反动统治的矛盾。为着解决这个主要矛盾，就把其他矛盾的解决方法也加以适当的调整，以服从于主要的目的。

革命斗争必须有正确的战略策略指导，才能得到胜利，而正确的战略策略指导，其中心要点，也就是要能抓着主要矛盾，认清主要斗争的对象。而在解决次要矛盾的时候，必须服从于主要矛盾，必须采取适当的方法，以便有利于配合主要矛盾之解决。不学会这一点，就不能算懂得辩证法的思想方法。

一七　没有了

——否定之否定的规律

这次讲话之先，我们先去请教一位朋友。他是卖水果的。他

告诉我们做水果买卖，都有季节性，不是每种水果在一年四季都可以买到。樱桃只在三四月才有，枇杷不到五月不甜，桔子至多留到六月就要腐坏了。一种水果有一种水果的限定的季节，做买卖的人要趁着时期去赶办，买水果的人也要赶着时季来买吃。倘若你买的人不趁着三四月内去买樱桃，到落潮以后的五月，才想起来去问，那时水果店里的人一定摇摇头对你说：“这东西现在已经卖完了，没有了！”

“没有了！”你听了这句话，就会想：水果市场上有一种商品消灭了。就是水果店里的人，他说这话的意思，也是表示那种商品从市场上消灭了。这是当然的，既然已经卖完，还能说没有消灭么？如果有人对于“消灭”这两个字表示怀疑，你一定要说他是疯子吧？

平常所说的“没有了”或“消灭了”，都包含着“转变”的意思，没有绝对的消灭

但我们应该再仔细想一想。

假如我问你：“樱桃这商品从市场上消灭，是无缘无故的么？”你当然马上要反驳，“何尝是无缘无故的呢？因为过了时季，而且卖完了，这就是消灭的原因。”好了，这里就有了一件重要的事情，樱桃在市场上消灭，原来是在买卖过程中消灭，不是无缘无故的消灭。水果店里的人已经把它推销出去，买的人把它吃了，这就消灭了。但是，卖水果的商人因这种商品的消灭而受到损失没有？当然没有，因为他获得了相当的代价，买樱桃人把钱给了他。就这一点来说。所谓的消灭，也可以叫做“转变”。因为商人手中虽然没有了樱桃，但又有了钱币。樱桃转移成货币了，它并没有绝对的消灭。

这样一来，我们主张对“消灭”二字应该多想一想，并不是

全无理由了。你不能反对我们的这个主张，因为事实上这件事确是一种转变。我们再回想一下以前的讲话，那里我们讲到雷峰塔倒塌、蛋变成鸡、封建社会变为资本主义社会、半封建半殖民地社会变为社会主义社会，这些变化，都表示世界上没有绝对的消灭。一种东西的消灭，就表示另一种新东西的出现，就表示一种转变的过程。

事物之所以能够转变，是由于它自己内部的矛盾

为什么这转变会可能呢？为什么樱桃会转变成货币，而雷峰塔会转变成废墟呢？这就可以用事物本身包藏着的矛盾来说明。一切事物内部都包含着自己的反面，或反对的势力和倾向。雷峰塔一方面有它自身的支持力量，一方面又包含着足以使自己倒塌的重量。在一定条件下，反面的倾向发展增大起来，到了一定的限度，就要破坏原来的东西，而使它变成另外的东西。雷峰塔的支持力减少到某种程度，它必然就要倒塌。樱桃转变为货币，是不是有同样的情形呢？有的！樱桃自然还有樱桃的特殊情形，它变成货币，表面上是和货币对调，看来好像只是位置的变换，并不像雷峰塔一样地由本身变成废墟；但樱桃之所以能和货币对调，同样还是由于樱桃本身的矛盾。樱桃是一种食物，它可以供人食用，我们说它是有一种使用价值，而在市场上，它却不但是食物，同时还是一种商品，它不但可以供人食用，而且还可以供商人交换买卖，因此它又有一种交换价值，这交换价值与一定的货币内包含的交换价值相等，就这样，它本身已包含货币的性质了。因为它本身包含着这种和食用不同的矛盾性质，所以才能够和货币对调，而转变成货币。这种转变，仍然是自己本身的变化，和变戏法的受外力（魔术师）作用的位置转换是不同的，这一点必须首先认清。

事物的反面在一定情形下变为正面，就发生性质的转变，这叫做“向对立方面转化”，也叫做“否定”

不论是蛋变鸡也好，雷峰塔的倒塌也好，封建社会变资本主义社会也好，半殖民地半封建社会变社会主义社会也好，樱桃换货币也好，它们的转变，都是因为它们自己内部包藏着自己的反面，在一定的情形之下，这种反面的东西变成了正面的支配的东西，于是事物就失去了原来的性质、状态，这些性质状态就转移成反面的性质、状态。这种转移过程，在哲学上做“向对立方面转化”的过程。转移后所出现的东西，对于原来的东西来说，叫做“否定”。这是哲学上的名词，未免太有点文绉绉的了。要改成俗话也可以，那就是前面水果店伙计已说过的“没有了”。“没有了”，我们由上面所叙述的一切，就可以明白这句话所代表的真意，并不是指一件东西绝对地完全地消灭了。消灭的只是一方面，一方面没有了，另一方面却又有了一种东西，或者也可以说是新发生了一些东西。

把“否定”认作绝对消灭，是形而上学的看法

看吧！辩证法所交给我们的“否定”（或者“没有了”），和我们平常所想的“没有了”，是有很大的不同。原来我们平常听想的“没有了”，都是按照形而上学的思想方法来解释的。形而上学是非常呆板的思想方法，它看问题是采用一种简单的，也叫做带片面性的看法。它所说的“否定”，就是绝对消灭的意思。它只会从一方面来看事物，而不会同时看出事物的正面和反面。因此，当它说“没有了”的时候，就是表示一件东西绝对消灭了，决不会想到它还会转变成另外的东西。但是，辩证法的思想方法却不是这样呆板，它要我们看出事物的矛盾，看出它的正面和反面，它告诉我们某种东西被否定了的时候，同时就暗示着另外的东西从原来的地盘上出现。

“否定”不只是转变为反对的方面，而且保存着原来事物的某些有生长力量的方面

不！不！还不仅是这样！以前所说的都不够，我们现在还得要补充一点：“否定”，不单只同时暗示着新的东西的出现，不单只是旧的东西转变成自己的反对物。换一句话说，新的东西不仅只是另外的东西，不仅只是和旧东西相反的东西，它和旧东西还有着密切的关系，就是，它还把旧的东西的某些内容保存下来。雷峰塔的废墟里，还保存着雷峰塔的散乱了的砖瓦。鸡把蛋壳破了，抛弃了，但鸡的本身就是蛋白蛋黄的孵化物的保存。商品变成货币了，那些货币里就保存着商品（樱桃）的交换价值。自然，这里所说的保存，并不是把旧的东西原封原样保存下去，而是改变了旧的性质、状态，变成了新的东西的组成部分；同时也不是一切都保存，而是抛弃了和克服了一些部分，单把需要保存的东西保存下来。雷峰塔变成废墟，废墟里保存了砖瓦，砖瓦就是废墟的组成部分，而塔却永远没有了。鸡保存了蛋的内容物，但不是照蛋黄蛋白的原样保存下来，并且把蛋壳也抛弃了。货币保存商品的交换价值，却决不自己变成原来的商品。人民的军队歼灭反动的军队，把缴获的武装和俘虏保存下来，这些武装和俘虏就不能再作为反动的武装和人员而存在，它们的反动性质一定要被克服，而坚决反动的人一定要被消灭。所以，这里所说的保存，决不是原封原样保存原事物和旧势力，而只是要保存其中具有生长力量的或者还具有存在的条件的东西，同时却要克服和消灭那些腐朽死亡的或不再具有存在的条件的东西。旧中国的反动

派，借口要保存中国的民族精神和民族文化，想给青年们灌输腐朽的封建奴隶的文化思想，而压制民主的、科学的、大众的文化思想。这种行为，就不是真正保存中国的民族精神和文化，也不可能达到他们的目的，因为腐朽反动的东西，是一定要被淘汰，而不可能被保存下去。在中国过去遗留下来的民族精神和文化中，只有那些对广大人民的进步民主运动有积极意义的东西，才有可能被保存，才有可能发展。

“否定”也要从两方面来了解：一方面是某些事物的消灭。另一方面是某些事物的保存、发展、进步

所以，按照辩证法的方法来看，“否定”是有两方面的：一方面是指某些事物被消灭了、克服了，或者被抛弃了；同时另一方面却又表示还有些事物被保存下来，在新的性质或新的形态之下获得进一步的发展。这种看法，和形而上学不同的地方，就在于形而上学只能看到一方面，把“否定”单单看作某些事物的消灭，而看不到同时有另外东西的生长。这两种看法，那一种和事实一致呢？当然是辩证法的看法才和事实完全一致，而形而上学则不能完全反映事实，因为在事实上，否定不是一种东西绝对消灭了，而是转变为另一种东西。半殖民地半封建社会变为新民主主义社会，是一种否定，这是不是说，半殖民地半封建社会里的一切都绝对消灭了呢？当然不是，消灭了的只是帝国主义、封建势力和官僚资本主义的政治和经济的统治，而在旧社会中生长起来的广大人民民主势力却向前发展了。

前面讲对立统一的规律时，就已经说过，按照辩证法的方法，我们必须研究一切事物的内部矛盾，也就是要能够看出同一事物的各个对立方面。现在谈到事物的“转变”、变化、否定，也要从相反的两方面来看，才能够得到完全的认识。当我们看到有些新的东西生长起来的时候，我们一定要同时注意到有另外的某些东西正在没落和死亡。反过来说，当我们看见有某些东西在退步、没落、消灭或死亡的时候，我们一定要注意还有另外的东西在前进、发展、新生起来。例如工作之后要休息，一方面看来，是工作停止了，这是表示某些东西的消灭；但从另一方面看，休息是恢复精力，是进一步工作的准备。在抗日战争初期，中国方面是采取防御和许多地方退却的战略，但在防御和退却中却争取了进一步组织人民力量起来抗战的时间。在日本投降后反对美帝国主义走狗国民党反动派进攻的人民解放战争中，中国解放区军民最初放弃了许多城市，但另一方面却歼灭了反动军队大批的有生力量。在革命斗争中，即使遭受失败，也可以从失败中取得经验教训。因此，如果我们会按照辩证法的方法来研究问题，我们就可以在事变当中经常看到发展前进的道路，即使在挫折、失败、严重的困难前面，也不至于退缩、畏惧。灰心丧气，而能够在任何困难情形下找到前进的道路，并因此能够以充分的信心、大无畏的精神积极进行战斗，因为你如果从另一方面看，只要你是真正革命的，只要你的思想行动是和广大人民的利益一致的，是依靠广大人民的，那么，就在挫折、失败和严重的困难当中，还可以找出战胜挫折失败、克服严重困难的条件，只要你依靠这些条件，你就可以最后得到胜利。所谓“失败为成功之母”，就是这种意思。

事物经过再一次的否定，往往恢复原来的某些特点，这就是否定之否定的规律

旧的东西被否定了，转移成另外的东西。但是，事物的变化是永远不停止的，新的东西又有它自己的矛盾，这矛盾的发展，又引导它再转移成另外的东西，再被另外的东西所否定。半殖民

地半封建的中国变为社会主义的中国，社会主义的中国经济发展到一定时期，更要过渡到共产主义的中国。蛋变成鸡，鸡长大了又生蛋；工作后休息，休息后又进一步工作；在抵抗反动派的自卫战争中失去解放区许多城市，歼灭大量反动军队之后就转入反攻，再恢复已失去的城市；雷峰塔变成废墟，终有一天这废墟又被人清除，而在它的原来地盘上盖起另外的建筑物来；等等。在这里，有一种情形值得我们注意。以上的几个例子中，我们可以看出其中有一些这样的例子：事物经过再一次的否定之后，又恢复了某些原来的特点。如原来的蛋经过鸡的否定之后仍然生出蛋来；商品换成货币之后，商人仍然拿它去换成商品；工作之后休息，休息之后又恢复工作；自卫战争中丢掉城市又恢复城市。这一类的例子，我们可以找出无数个来，它表示事物的变化发展中有这样的规律：事物不仅会转变为另外的东西，而且在一定的情形之下，会在再一次的转变中恢复原来的许多特点。这种情形，在辩证法的哲学上称做“否定之否定”的规律。

否定之否定并不是原封原样恢复原来的事物，不是简单的循环，而是走向更高级的阶段

但要注意的是，这种“否定之否定”，并不是说原来的东西原封原样的恢复了。如果照形而上学的思想方法来说，否定是简单的消灭，那么否定之否定就一定是简单的恢复原样。“二”否定成了零，再来一个否定就又恢复成“二”，这只是一个循环。但是事实的发展并不像形而上学的关系那样简单。事实的发展是按照辩证法的规律由简单走向复杂，由低级走向高级。否定之否定的规律不是表示原来事物简单的恢复，而是表示它向更高阶段上发展。它所恢复的特点，也是在更高的发展基础上恢复的，因此它也包含着许多新的更高的特点，而不是仅仅恢复原来的特

点。鸡生出的蛋，不是原来的一个蛋，而是许多的蛋，这些蛋包含着各种各样的新的性质，能孵化成各个不同的小鸡。商人得了货币，再去办货物时，这些货物虽然也有商品的特点，但一定不是原来的樱桃，它一定成了价值更多的其他种类的水果或用品，一部分且将成为商人自己的生活必需品，而不再拿到市场上来卖。把反动派有生力量歼灭后恢复的城市，虽然也是原来的城市，但这城市在解放区人民的手中就更加巩固了，不再那样容易让出来了，或者就永久成为人民的了。马克思、恩格斯由社会科学的研究，指出人类社会组织发展的规律，最初是原始共产主义制度，以后转变为阶级私有的社会制度，最后阶级私有的社会又转变为高级的社会主义和共产主义社会，这是否定之否定规律的最好和最明显的例证，因为高级的共产主义虽然和原始共产主义有一些共同的特点，即两者都没有阶级和私有财产，但除此而外，不论就发展的程度和其他的另外许多特点来说，都有绝大的差别。总之，“否定之否定”是事物发展的一个普遍的辩证法规律，事物的发展常常是经过再次的转变达到更高的发展阶段，并且在一定条件下恢复原来的一些特点。在这种情形下，哲学上就把那原来的事物叫做肯定阶段（例如原始共产主义社会），第一次转变后的事物（例如阶级私有社会），叫做否定的阶段，而再一次转变之后带着最初阶段的特点而出现的事物（例如高级共产主义社会），叫做否定之否定阶段。

不能把否定之否定当做死的公式随便用到一切事物上

“否定之否定”的规律，是辩证法的规律中之一个。从前有人（也许现在也还有这种人）有一种浅薄无知的误解，以为“否定之否定”的规律就是辩证法的主要的或唯一的“公式”，这是非常错误的。“否定之否定”的规律，只是前面讲过的几种辩证法规律的一个具体表现，了解了前面的辩证法规律，也就了解“否定之否定”的规律。如果丢开前面讲过的其他规律不管，把这个规律当做唯一的公式去看一切事物，而不看看事物的具体情形，那就完全不是辩证法的方法。我们不能把“否定之否定”的规律当做死的模型公式，对任何事物都拿去乱用，因为这规律虽然也是一个普遍的规律，但在客观事物中表现这种规律，是需要有一定的条件，需要具备适当的具体情况，决不是任何两次连续的变化都一定表现为“否定之否定”的过程。例如由封建社会变为资本主义社会，再变为社会主义和共产主义社会，这些变化，如果硬把“否定之否定”的三段关系当做公式套在上面，那就不仅套不上去，而且会成为笑话。如果你硬要说社会主义恢复了封建社会的特点，那岂不是荒谬到了极点？社会主义社会和封建社会是毫无共同之点，事实上就没有任何特点恢复，你一定要说恢复了什么，那你就违背了唯物论，成了唯心论空谈，你所谈的就完全不是真理，而是违背事实的谬论。我们早说过，思想是事物的反映。辩证法的认识方法，也必须与事实的规律一致。

事物的否定之否定规律，只在一定的情形和一定的条件下才能实现

因此，我们如果要在事物中间去找“否定之否定”的发展过程，必须首先要把事物本身的具体条件研究清楚，以便了解它在什么情形之下发展到否定阶段，又在什么情形之下达到否定之否定的阶段。我们要再说一遍，“否定之否定”虽然是普遍的规律，但在不同的事物发展中，这种规律的表现就有不同的具体情形，并且要有不同的条件。没有这种条件，这规律也不能表现出来。例如蛋孵成鸡以后，你必须把鸡正常地喂养下去，才能再下更多的蛋，如果你在它未生蛋以前就把它杀了吃了，那么，蛋的“否

定之否定”规律就不能表现出来了。

把否定之否定律作为思想方法，就是在研究问题时要注意事物发展的曲折性

把否定之否定的规律作为认识方法来看，最重要的，就是要我们在研究一切问题的时候，注意到事物发展的曲折性，不要把事物的发展，看做像一条直线一样上升，而没有任何迂回、后退、停滞的形式。也不要把事物的发展看做简单的循环，而不注意它是由低级到高级的上升。一切事物都是矛盾的，在发展中必须经常克服矛盾，因此一条直线上升的发展是不可能的，而各种各样的曲折、迂回、后退、停滞形式，总之，经过否定阶段的形式，就成为发展中不可免的过程。不破壳变鸡，不可能生更多的蛋；不经过休息，不能恢复精力，继续工作；走路时一脚不停，不能让另一脚前进；不缩回拳头来积蓄力量，不能再伸出拳去打人，不主动放弃一些城市地区，不能歼灭敌人有生力量；不经过阶级私有制度的阶段，不能促进社会的生产力以达到高级的共产主义社会。事物的发展是曲折的，是螺旋式的。我们研究事物的时候，也必须注意到它的曲折变化。在我们实际革命斗争中，这种认识方法的应用尤其有重要的意义。

正确的革命指导就在善于引导人民航行在曲折的道路上迂回前进，不要总是盲目直撞

为着克服革命斗争中的矛盾和困难，推翻强大的帝国主义、封建主义和官僚资本主义的统治，中国人民的革命走了许多迂回曲折的道路。正确的革命指导就在善于引导人民航行在曲折的道路上，看清楚各种暗礁和避开这些暗礁，当暂退则暂退，当转弯

则转弯，不致盲目直冲，以致遭受挫折失败。例如在敌人强大武装进攻前面，就暂时放弃一些城市和土地，以避免锋芒，争取在有利条件下的运动战中歼灭其有生力量，然后才可以再恢复失去的城市和土地。如果不肯走这迂回的道路，想用一股直劲打退敌人，结果不但得不到胜利，反而要吃很大的亏。又例如为着打败敌人，共产党必须加强自己的团结，为了团结，必须取得思想一致，必须清除各个党员中的思想分歧，清除各种反无产阶级的思想，因此就必须走这样一种迂回的道路，就是要经过党内思想斗争。只有经过思想斗争的否定阶段，才能够达到思想一致，才能够达到更进一步的原则上的团结。如果害怕思想斗争，害怕走曲折的道路，想用无原则的妥协方法保持团结，结果一定得不到团结。

世界是进步的，中国的前途是无限的，中国革命一定会得到完全的胜利。单就打倒帝国主义、封建主义、官僚资本主义在国内的统治这一个目标来说，是已经胜利了，但中国革命的道路是十分曲折的，中国人民今后还要经过种种困难并经过斗争战胜这些困难。要有高度的信心，但又要时刻注意到事物发展的曲折性，要有充分的精神的和物质的准备来克服一切困难，以便通过曲折的道路使我们的工作不断前进，使中国社会一步步经过社会主义时期过渡到共产主义社会。这就是我们研究“否定之否定”的规律时必须学会的一些方法上和工作态度上的原则。

第五章　唯物辩证法的几个范畴

一八　七十二变

——现象和本质

读过《西游记》的人，看见“七十二变”四个字，就会想起孙悟空来。不错，我们现在就要从孙悟空讲起。孙悟空是《西游记》这部神话小说的作者用虚构的方法描写出来的一个有反抗性的猴形人物，这个人物靠着他的七十二般变化的本领，曾经把一切的天神都愚弄过，把天宫、地狱、水殿都打闹得个一塌糊涂，后来天上的统治者派了全部兵将，施用了一切法术来对付他，才勉强把他制服了。

这一切的故事，《西游记》上写得很详细，用不着我们重说。我们现在要讲的只是那七十二般变化的厉害处。他忽然变作水中的鱼，忽然变作天上的鸟，忽然又成为一块石头，忽然又变成一座庙宇，但是不论变来变去，始终只是为着一个目的；就是要反抗天上神仙的统治秩序。他依靠着变化，使别人看不清他的原形，能隐蔽起他的反抗行为和计谋，使那些神仙迷惑起来，所以就让他偷吃了天上的蟠桃，骗走了赴会的大仙，天上兵将来讨伐他的时候，又吃了他不少的亏。……

“鬼话！鬼话！”性急的读者一定有点忍耐不住了。你们一定要叫起来，说：“谁要你给我们讲这些《西游记》上的鬼话呢？这只是小说作者的幻想罢了。请你讲一点现实生活里的哲学罢，不要把我们带到幻想的云雾里去！”不错，我们现在得要马上把幻想停住了。不过我得要声明：我讲了上面这些，也并不是仅仅为了要说许多毫无意思的鬼话。请你们仔细想一想，你们生活中难道就不会遇见过类似七十二变的孙悟空的情形吗？自然，世界上决不会真有孙悟空这么一个怪物，你们永远也不会遇见他。但是你们生活中所遭遇的事情、人物以及一切的现象，不也常常是变幻离奇，几乎和孙悟空有些相像吗？说小一点，用个人的事情做例子吧。例如你交了一个朋友，在你未和他做朋友以前，他不是和你全不相识吗？由陌生不相识成了你的朋友，不是一个变化吗？这个朋友一个时期和你的关系显得很亲密，他的意见和你的意见很一致，但在另一个时候忽然又和你有了争执，甚至为了某些问题和你大吵大闹起来，这不又是一种变化吗？如果你是一个没有交朋友的经验的人，这种变化，往往就会使你吃惊，觉得这朋友前后仿佛是两个人。你如果只从这一点去想，不去了解这朋友的根本的性情，以及他对你的根本态度，你就会觉得这人面貌态度简直有点变幻莫测，你就弄不清楚这是一个好人还是坏人，是能帮助你的还是对你有敌意的。因此你就迷惑起来，不知道怎么对待他才好，是把他作朋友看待呢？还是和他作对呢？

看吧，一个朋友的面貌和态度的变化，是决不会像孙悟空的七十二变那样变得厉害的，但是如果你不加以研究，你也就会为这种变化的现象所迷惑，不知道怎样对付他才好。天上的神仙为孙悟空的变化所迷惑，不知怎样对付他，那情形也就和这差不多。

再举大的例子来说，美国是帝国主义国家，但就它对中国的关系来说，在抗日战争的前半期，它好像是一个中立者，珍珠港事变以后成了我们共同作战的同盟国家，日本投降后几次宣布尊重中国的独立，希望中国成为和平民主统一的国家，并且派来了马歇尔，一时之间俨然成了中国国内战争的公正调解人，不久以后又暴露出它是在积极帮助国民党反动派，压迫中国人民和民主运动。这就是美帝国主义对中国关系的变化，而这种变化，也曾一时迷惑了一部分中国人民和民主人士，分不清美帝国主义者究竟是朋友还是侵略者。这种变化虽然好像没有孙悟空的七十二变那样厉害，但它迷惑人的作用还不是一样吗？

再举中国的反动派作例子：反动派要实行独裁，捣乱中国，为着达到捣乱的目的，它何尝不是也变来变去？忽然又对解放区人民进行军事进攻，忽然又说要“政治解决”，开了旧的政治协商会议，忽然又压迫人民的民主运动，暗杀民主人士，忽然又召开“国民大会”，制定一套御用宪法。这一套套的把戏，对于没有政治经验的人，不是也能引起迷惑的吗？

事物都有两方面：外表变化不定的形状，这是现象方面；内部的一定的关系，这是本质方面

现在我们要回到哲学问题上来了。我们从这次起，就要根据辩证法的对立统一法则，来研究世界上一切事物中间某些带有普遍性的矛盾，某些带有普遍性的对立方面。这些客观存在的带有普遍性的对立方面，是互相对立而又互相联系的，它们反映在我们的思想里，就成为一些互相对立而又互相联系的普遍的概念，或者叫做互相对立的范畴。我们讲了上面一大套，只为着要说明两个哲学上的范畴：现象和本质。我们从上面所举的例子，可以看出世界上的事物普遍地都有这样的两方面：一方面是它外表上变化不定的形状，好像孙悟空的七十二变，朋友的亲密和争吵，美帝国主义对中国的种种不同态度，反动派的许多坏把戏等等；另一方面是事物内部的一定的关系、作用，如像孙悟空变来变去总是要破坏天上的统治秩序，朋友终归是朋友，美帝国主义一定要侵略中国，反动派一定要压迫人民等等。我们思想中的两个范畴，现象和本质，就是反映事物的这两个方面。事物的外表上变化不定的形状，就是它的现象方面；事物内部的相当固定不变的相互关系、相互作用等等，就是事物的本质方面。任何一件事物都有这两个方面，都有它的现象的方面和本质的方面。这两个方面在每一件事物中密切地结合着。现象和本质这两个范畴，就是反映这种结合的普遍范畴。

现象和本质常不一致，而且有时好像相反，这是现象和本质的矛盾

我们从以上的例子，又可以看出，现象和本质是常常不一致的，而且往往好像是相反的。美国的国家本质是帝国主义，但在马歇尔来中国的初期，你从他的一切表面行动上看，似乎就有点不像是一个帝国主义的代表者，相反的却俨然是一个和平使者。独裁政府口头上也常常讲民主，也开“国民大会”，制订宪法，如果只从这些现象上看，就往往不容易了解它的本质。

在现象中表现得和本质完全相反的，哲学上叫做假象

事物表面上的现象是五花八门、变幻不定，往往使人捉摸不到它究竟是什么东西，但本质上的关系、作用，却是相当固定的。关于这一点，有一个有名的比喻。例如河水的流动，从表面上看，往往觉得它的方向好像没有一定，部分的水有向河岸流的，有打漩涡转圆圈的，有飞溅到空中的，甚至于有倒流的，但如果从河流的根本关系上看，那么河水的总方向始终是往下流，这却是一定不变的。这个比喻，是很巧妙地说明了现象和本质的矛盾或对立的情形。一切事物的现象和本质，都是处在这样一种矛盾或对立的情形之中。在现象中往往有和本质表现得完全相反的，在哲学上就叫做假象。

现象和本质的矛盾不是绝对的。现象就是本质的表现，与本质有不可分的关系

但是，如果你再作进一步的研究，你又可以发现，现象和本质的这种对立和矛盾，并不是绝对的。许多现象虽和本质不同，甚至于似乎是完全相反，但它并不是和本质没有关系，更不会打消了本质，相反的，现象和本质分不开，它就是本质的表现，对于本质的发展，它还是必不可少的东西。孙悟空变成鱼，并不会使那人物的反抗性消灭，相反的却是他的反抗本质的表现，是为着达到他的目的所必须的变化。马歇尔的公正面貌，不是帝国主义侵略本质的打消，这种虚伪的表现乃是为了欺骗世界，而更便利于侵略的目的。如果我们按照形而上学的思想方法，把现象和本质的对立看做绝对的对立，而不把它看做统一的事物内部的两方面，以为侵略的国家决不能有和平公正的虚伪面貌，或者以为和平公正的表面手段决不能出自侵略国的代表，那么我们就不可能认识中国人民与美帝国主义的真正关系，就要大大的上当。

不单只要认识现象和本质的矛盾，而且要看出它们的同一性

我们要不上当，就要按照辩证法来运用我们的思想，不单只要认识本质和现象的矛盾和对立，而且要看出它们的同一性。要能够看穿一切五花八门的现象，甚至于与本质似乎完全相反的“假象”，都是本质的表现，或者说都是在本质发展中各种不同情形下的表现，而这些表现，都不是偶然的，都和本质有一定的不可分的关系，就好像河流中的逆流、横流、飞沫、漩涡等等现

象，都不是在河流根本动向之外产生的，而正是河流激荡过程中必然要有的各方面的现象。

事物的本质，常常不是直接就能认识到的

我们由以上的例子，又可以看出。事物的本质，常常不是直接能够认识到的。本质是事物的内部关系和作用，它平常都不暴露在事物的表面上。我们直接认识世界，是依靠感觉器官，而我们的感觉器官所能接触的都是事物的表面现象。

只从表面现象认识事物，就常常会受到迷惑

如果我们只凭直接的感性认识或局部的经验知识来认识世界，我们就不可能了解事物的本质，我们就要为变幻不定的现象或假象所迷惑，就不能了解事物的真实的关系。我们已经说过天上的神仙怎样为孙悟空的变化所迷，一部分中国人怎样曾经一时为马歇尔的公正面貌所迷，我们还可以指出无数的事例，表明现象是如何经常的迷惑人的认识，以致看不清楚自己应走的道路，摸错了奋斗的方向。中国是封建社会残余势力很强大的国家，我们不妨举封建的土地关系做例子。所谓封建的土地关系，就是地主把土地出租给农民耕种，地主一年到头，不必做任何劳动，就可以用地租的形式，把农民劳动的大部分果实收归自己享用。所以，按照事情的本质来说，本来是地主依靠农民的劳动生活，如果农民不劳动，不交租，地主就无法维持生活。但是，从表面的现象来看，情形却好像恰恰相反，好像是农民依靠了地主，没有地主租给土地，农民就不可能生活的样子。

指导群众进行革命运动需要揭露事物的本质

几千年来，地主都是用这种表面现象的看法做理由，来证明剥削农民是应该的，而农民自己也常常为这种现象所迷，相信了地主阶级的这种欺骗，以为自己真是靠地主生活的。甚至直到今天，中国革命人民为了要消灭封建制度而进行土地改革的时候，还有些农民，以为反对地主的剥削似乎是违背道德良心的事。这种颠倒的思想，妨害了农民群众的觉悟。因此，最近几年来在土地改革中动员农民，就不能不首先提出“谁依靠谁”的问题，来启发他们的觉悟，让他们了解从来以为农民依靠地主是错的，而地主依靠农民才是真的。这样打破了他们的迷惑，使他们了解事情的真实本质，然后他们才感觉到理直气壮，知道反对地主的剥削和为自己争取土地是应该的，完全合理的，才知道自己以前是无理的被压在地上，现在应该积极起来为自己翻身而斗争。这一个例子，证明我们进行革命运动的时候，是如何需要揭露社会阶级剥削的本质，并且需要使群众了解这本质，如果广大群众为现象所迷，不认识社会阶级剥削的本质，对于革命运动是有很大阻碍的。

要认识事物的本质，必须做科学的研究

认识事物的本质是这样重要，但本质又不是直接能够认识到的。怎样才能不为现象所迷，而达到认识本质的目的呢？这就需要对事物加以科学的研究。怎样叫科学的研究呢？为要回答这个问题，我首先要请读者们回想一下以前我们讲过的关于感性认识和理性认识的问题。我们的认识之所以要由感性的阶段提高到理性的阶段，其目的就是为着要撇开现象的迷惑，找出事物的本质。

由感性认识提高到理性认识，由经验提高到理论，这就能使认识深入到本质

感性的认识或经验的知识，把事物的现象反映到我们头脑里，我们再进一步运用我们的理性能力来理解这些现象中间的内部关系，找出它们中间的一定的关系和作用，认识它们的规律，这样就得到了本质方面的认识。这样，由感性认识提高到理性队识，由经验提高到理论，就是使我们的认识由事物的现象方面深入到本质方面去的过程。

要认识本质，必须以现象的认识做基础，加以分析研究

我们以前讲过，理性的认识，并不是在感性认识之外，而是要以感性的认识作基础，运用我们的理解能力去加以分析研究，就可以发现事物的内部关系和规律知识，就可以提高到理性认识。因此，要认识事物的本质，也不是离开事物的现象知识凭空可以达到目的的，而是要把各种现象作基础，运用我们的理解力，加以研究分析，把各种现象之间的内部关系和规律寻找出来，这就是本质方面的认识。

比如我们要认识河流的本质方面，是不是闭着眼睛，不去观察任何河流的现象，凭着脑子里的空想就可以达到目的呢？当然不能。我们首先必须睁开眼睛，去察看河道、河床、水流，漩涡、逆流等等现象，然后从这些现象中加以分析，研究，弄消楚哪些现象是决定河流方向的主要条件（如河道、河床的方向），以及在此条件之下，哪一部分的水流只是一时激荡成的逆流和漩涡，哪一部分的水流才代表坚定正确的方向，经过了这样一些分

析研究，最后你才能确定河水是流向什么地方。你要了解美国的帝国主义性质，是不是闭着眼睛不首先观察一下美国的经济上、政治上。文化上的具体现象，仅凭着脑子的空想就能做到呢？当然不是。我们今天所以能深刻认识美帝国主义的本质，正是因为对美国的经济、政治，文化等等的现象首先作了许多观察，然后加以分析研究，认清楚了决定美国政治的根本条件仍是帝国主义的独占资本势力，认清楚了马歇尔等人在政治上所表现的一时的公正和平面貌只是表面手段，然后才深刻地认识到，美帝国主义者是想要独霸世界，侵略中国，把中国变为它的殖民地，是一定要帮助中国反动派，压迫中国人民和中国的民主运动。这才完全认识了美国的帝国主义本质。

要认识本质，必须以大量的现象认识作基础

要由现象进一步认识到事物的本质，有一个重要的要点，就是要以大量的各方面的现象作为研究的基础，切不可以少量的部分的现象的观察为满足。只认识少量的部分的现象，这叫做“眼光狭窄”，叫做“一知半解”。人为什么会被现象或假象所迷惑？其最主要的原因，正是由于眼光狭窄和一知半解。如果有人竟会深信马歇尔是真正的“和平使者”，那没有别的原因，只是因为他仅仅看见马歇尔来华最初一个短时期的行为，那时马歇尔在外表上装得公正无私，好像真是一个不偏不倚的调解人，你如果不把他的前后行动表现以及美国政府的各方面的行动表现联系起来研究，而只孤立地去看这一段现象，那你无论如何也看不出他的帝国主义的本质。又如日趋没落的中国反动势力，在一定地方或一定时间内，当他以疯狂挣扎的姿态向民主势力进攻的时候，尤其是在美国帝国主义帮助之下，它会显得好像也很强大，就如患

肺病的人将死时的“回光返照”一样。如果你只看见这一时的或这一个局部的现象，你就为现象所迷，以为它是一个向上生长的强大势力，而看不见它在本质上已是走向死亡。我们说美帝国主义是“纸老虎”，如果你只看见纸老虎的凶恶的形象而不联带看见那是纸做的，你就也许要给它吓倒。所以，我们要认识事物的本质，必须首先观察大量的全面的现象。从前我们说过要达到理性认识，必须搜集大量的材料，积累多量的经验，这也不外乎就是要使我们有机会观察大量的各方面的现象，把许多现象联系起来，加以比较分析，才可以得到理性的认识。“狭隘经验主义”，就是拘泥于少量的或局部的现象知识，因此也就容易为局部的现象所迷而发生错误。

大量现象中起支配作用的关系才是本质的、巩固的关系，才不是暂时的现象

为什么一定要研究大量的各方面的现象呢？因为在大量的现象中起支配作用的事物关系，才是本质的关系，才是巩固的关系而不是暂时的现象。因为要研究现象的各方面，才能分析比较，以便确定哪一些方面是相当巩固的关系，哪一些是暂时的现象。

河流的水，大量都向下流，只有局部是逆流和漩涡。而逆流和漩涡归根结底也是还要汇合到向下流的方向去，向下流的方向是全部河流的起支配作用的方向。所以本质的关系就是这向下流的方向，而逆流和漩涡则是附属的暂时现象。马歇尔的公正面貌只是暂时的，而美国政府的代表人物的言行，以及美国军队、美国商品对旧中国的侵略关系，却是经常不断地破坏着中国人民的生活。马歇尔的虚伪的公正面貌，归根结底也是为着达到侵略中国的目的。所以侵略的关系才是它的本质关系。

广大群众要求解决的问题，才是革命运动中的根本问题

又如旧中国的农民，他们的绝大多数在封建地主阶级、官僚、军阀的压迫剥削之下几乎不能生活，他们渴望着得到土地，因此他们需要推翻封建地主阶级以及官僚、军阀的统治，废除地主阶级的封建的土地占有制度。这是在大量的农民群众中起支配作用的关系，是旧中国农民生活要求的本质。但如果我们只从部分的表面现象来看，情形似乎就不如此。在反对地主阶级的斗争中，有的农民往往有各种各样的顾虑，最落后的个别农民，甚至于认为反对地主是似乎违背了道德良心。如果你只看到这些片面的或个别的现象，你就很难认识到农民要求的本质，很难认识到农民群众中所包含着的反封建的伟大革命力量。这样，要认识事物的本质，就要观察大量的现象，找出大量现象中普遍存在的起支配作用的关系，就要对现象的内部关系作全面的分析，分清楚哪些是相当巩固的和哪些是比较暂时的，哪些是根本的，哪些是次要的，这才能认识什么是事物的本质关系。由此也可以知道，为什么在研究社会革命问题时，一定要有群众观点，一定要以最大多数人民的最大利益的立场为自己的立场，因为只有最大多数人民的最大利益的问题，才是支配社会革命动向的最本质的问题。只有抓着广大群众所迫切要求解决的问题，才能正确解决社会的根本问题。

科学研究的任务，就是要打破现象的迷惑，认识事物的本质

科学研究的任务，就是要打破现象的迷惑，认识事物的本

质。我们获得了本质的认识，就更容易了解为什么会发生各种现象，为什么会发生假象。假如我们认识了美国帝国主义的本质，我们就容易了解为什么马歇尔要假装公正的面貌；认识了河流向下的根本趋势，也就容易了解为什么在一定的地方要荡起漩涡和逆流；认识了旧中国的农民迫切需要从地主阶级的压迫之下解放出来，并获得自己的土地，也就了解为什么在“谁依靠谁”的问题上地主阶级要对农民进行欺骗，并使部分落后农民受到这种欺骗。这样，我们的认识，是要由现象深入到事物的本质，认识了事物的本质，我们就不会为现象所迷，相反地却能够更清楚地了解每一现象以至于“假象”的原因和意义。这样，我们在实际行动中就不会为“假象”所迷而走错路，就能正确地应付一切现象的或局部的临时的事变，就能够顺利地达到我们斗争的目的。

我们在日常生活中的思想，本来就有深入事物本质的能力。科学的研究使我们能够更提高这种能力

我们的思想，本来就有从现象深入到事物的本质的能力。例如我们在市场上看到樱桃的买卖，就想到这是货币和商品的交换，而不只是樱桃和货币调换位置。后者就是感性的现象的认识，而前者就是向着事物的本质深入了一步，就是向着支配现象内部的普遍关系深入了一步。这种普遍关系的认识，是我们日常经过千百次的买卖经验积累而成，也就是观察了大量的买卖现象而得到的认识。这就是说，这种认识事物本质的能力，在我们日常生活中也有的。但是，科学的研究，可以帮助我们把这种能力提高，使我们能够更深刻更有系统地认识事物的本质，也就是认识事物内部的更深刻的关系和更多的规律。例如我们由经济学的科学研究，我们就不但能认识樱桃的买卖是商品和货币的交换，我们还可以更进一步地认识到为什么它们中间能进行交换，我们发现商品和货币的交换是由于它们都有一定的价值。我们不但认识它们有一定的价值，我们还可以一层比一层更深入地，研究它们的价值从何而来。我们从人类生产商品和货币的大量材料来研究，就发现它们的价值是由于人类生产出这些商品所要花费的社会必要劳动，花费社会必要劳动多的商品，价值就大，花费社会必要劳动少的商品，价值就小。栽种樱桃要花费劳动，铸造钱币要花费劳动，所以它们都有价值。但要取得空气，就不必花费劳动，所以空气就没有价值。总之，我们从商品的交换里，还可以一层比一层深入地研究出它们的许多内部关系。

科学的研究使我们能由一系列的本质，深入到更深的本质，以至于许多再深的层次

我们可以从一系列的本质，研究到更深的再一系列的本质，以至于许许多多的层次。我们由马歇尔的前后行动，认识了他的侵略本质，更认识到这是美国国内反动派的一贯的政策，再进一步还可以认识到这种政策是由于经济的原因，是由于美国独占资本在第二次世界大战中大大扩张了，在第二次世界大战后就要向全世界扩张它的侵略势力，就要妄想独霸世界。我们还可以认识到美帝国主义经济的危机将要到来，美帝国主义之急于要向世界扩张它的侵略是要延缓危机的到来。我们更可以由此认识到美帝国主义的这种侵略行为不是表示它的向上生长，而是表现它走向死亡，不是表示它的力量无敌，而是表示它自己的困难重重。这样一层比一层深入地认识了美帝国主义的本质，我们就能看出世界与中国人民的光明前途，就不会为它的一时的强大现象所迷惑、所吓倒。这样，我们在为中国的独立民主自由而斗争的时候，就能够有非常明确的方向和坚强的胜利信心。

一九　“谈虎色变”

——形式和内容

老虎是可怕的猛兽，普通人一谈起老虎，精神就要有几分紧张，所以有一句成语，叫做“谈虎色变”。老虎，单单它的样子也是很可怕的，把它画在纸上，胆小的人看了，就会觉得毛骨悚然。所以又有一句“纸老虎吓人”的俗语。我们现在把美帝国主义比做“纸老虎”，因为他和世界上其他的一切帝国主义一样，是已经一天天走向崩溃，它在经济上有不可克服的困难，在政治上遭到了世界各国广大人民的痛恨和反对，所处的地位非常孤立、脆弱，就好像纸上的老虎，看起来似乎很凶猛，实际上却是可以戳破的。它可以吓唬一下胆小的人，但对于胆大勇敢、敢于和它斗争的人，它就没有什么可怕的地方了。

认真说起来，不要说“纸老虎”吃不了人，就是真正的活老虎，也不过是一个普通的动物，没有什么特别了不起。你说它凶猛，甚至于称之为兽王，但它在实际上也没有能够独霸了动物世界，即使它想独霸世界，也只是妄想，没有办法达到目的。它不能到空中去征服飞鸟，也不能到水中去捕捉鱼类，连土中的蚂蚁，看起来好像非常弱小，但他们生存繁殖的情况，不但不比老虎差，而且种族茂盛，老虎的生活和它们比起来，反而显得凋零冷落了。

弱小的蚂蚁，为什么竟能够与强大的老虎并存在世界上，而且甚至于比老虎生活得更繁盛呢？这有种种原因，我们现在不是在讲动物学，所以不想详细解释这个问题。我们现在只想讲下面的一点道理：老虎和蚂蚁，不但有强弱大小的不同，而且它们的生存形式也有根本的不同，这是它们能并存在世界上的原因之一。老虎的生存形式是孤单的。它强大凶猛，在兽类中很为特出，甚至于有时被称为兽中之王。但这个兽王却是那么孤立，连它的同类也不能很好团结，因此就有“一山不能容二虎”的成语。蚂蚁的生活是集团的形式，它们经常是一大群在一起共同生活，相互间有帮助、有分工，蚂蚁虽然弱小，但靠着这集团的力量，能够维持繁盛的生活。

任何事物，都有它的内容，也有一定的形式

老虎和蚂蚁的谈话到此要停止了。我们谈了这些，目的是要引到哲学问题上来。现在已经引到了我们的目的地了，它已经使我们接触到这一次要谈的哲学范畴——形式和内容。这又是两个互相对立而又互相联系的普遍的范畴，它反映了一切事物的两个方面。任何事物，都有它的内容，也有它的一定的形式。我们前面说到了两种动物生活的形式，一种是老虎的孤单生活的形式，一种是蚂蚁的集体生活的形式。我们还可以说没有一种东西没有它自己的形式。鸡蛋是椭圆的形式，桌子有方或圆的形式，水有流动的形式，泥土焦炭不成一定的形状，而不成一定的形状，也就是泥土焦炭的形式，这叫做无定形的形式。以上讲的只是自然界的某些事物的外表形式，若就人类社会的情形来说，那就有封建社会的形式，有资本主义社会的形式，以及社会主义社会、共产主义社会的形式。社会内部的革命斗争，有政治的形式，有文化的形式，有军事的形式。政治斗争中又有公开的斗争与秘密的斗争。

事物在一定形式中变化发展，变化发展的全部过程就是它的内容

合法的斗争与非法的斗争等不同的形式；军事斗争中又有游击战、运动战、阵地战等不同的形式。思想上有新旧思想的不同形式，文学上有古旧的文言形式和现代的白话文学等等的形式。总之，任何事物，都在一定的形式之中发展变化。它的发展变化的全部过程，就是它的内容。蚂蚁在集团的形式中生活，它的生活的全部过程，由产卵、孵化、成长、工作、养育后代，以至于死，就是蚂蚁这种动物的生活内容。八路军在抗日战争中以游击战争的形式和敌人斗争，这些游击队伍的产生、训练、发展、战斗过程、游击队与人民及解放区政府的关系、战争的结果和影响等等，都是敌后游击战争的内容。

形式使各种事物在外表形状上有所区别

事物的形式，使它具有一定的外表形状。不同的形式，使事物在外表现象上有所区别。同是军事斗争，分散零星的游击战和集中的较大规模的运动战，在外表上一看就可以分辨出它们的不同。一篇白话文和一篇文言文，拿来一读就立刻感到不同的味道。但这种区别既然是外表的，因此形式的不同，不一定就是全部内容的区别。

形式与内容常不一致。形式不同的事物往往内容相同，反之亦然

往往有形式不同而内容却基本上相同的事物，也有形式上好像一样，而内容却完全不同的事物。中国人民军队在抗日战争中主要打游击战，有时也打运动战；但不论形式是游击战或运动战，就其内容来说，都是中国人民对日本侵略者的民族战争。日寇投降后解放区人民军队主要用运动战歼灭进攻的反动军队，在很多地方也坚持游击战争，以后形势改变，转为对敌人进攻时，又采取了大规模的阵地战、攻坚战的形式，但不论形式如何不同，其内容都是人民为独立民主而战，都是反对反动专制的独裁政府和反对美帝国主义者使中国殖民地化的阴谋的爱国自卫战争。白话文可以写一篇革命的宣言，用文言文也可以写出基本相同的内容。这就是形式不同而内容上却基本相同的例子。希特勒曾经举行所谓“国民投票”来选举他做“大总统”，罗斯福做美国总统也是经过人民投票选举的形式，两种投票选举的外表是相同的，但内容却不一样，希特勒的选举是法西斯独裁政府欺骗人民的手段，罗斯福的选举，却是一个帝国主义国家普通的民主制程序，虽然这种“民主”对无产阶级来说，也是表面的。汪精卫开过“国民大会”，反动独裁政府也开“国民大会”，孙中山曾主张要开真正民主的国民会议，这都是形式上似乎一样，而内容却不一样的例子。所以，我们辨别事物，不可单从形式上着眼，而要同时从内容上着眼。事物的形式，往往造成一种外表的“假象”，模糊了内容，这就是现象与本质矛盾的因素之一。

认识事物。不可单从形式上着眼，而要从内容上着眼。因为形式往往会造成假象，模糊了内容

如果我们只看见形式，不注意它的内容，就往往发生迷惑，看不清它究竟是什么东西，或者认错了它的真正性质。反动派欺骗人民，就是常常在形式上耍花样，例如开“国民大会”之类。

以蒋介石为代表的国民党反动政府把中国的一切主权出卖给美帝国主义者，把中国人民的生活拖到穷困的绝境，做了无数卖国残民的非法罪行，但这个政府因为曾是在外交形式上得到“国际承认”的政府，这个形式就把它的一切非法罪行伪装成合法的样子。一切反动统治者都善于把自己的非法行为伪装上合法的假象，如果有人竟会被它们欺骗，当真以为那些罪行是合法的，那就是由于只看事物的表面形式而不看它们的真实内容的缘故。

形式与内容不可分。形式就是内容本身的结构状态

因为形式与内容有以上的矛盾，因此往往有人把它们误认为可以随便分开的东西，并且用瓶子和酒的关系来作比喻，把形式比做瓶子，把内容比做酒。有些事物是旧内容新形式，如封建独裁者开“国民大会”，这叫做“新瓶装旧酒”；有些事物是新内容旧形式，如用文言文写革命思想的文章，这就叫做“旧瓶装新酒”。这个比喻，在谈文艺的问题时用的特别多，但是在实际上并不完全恰当，因为它把形式和内容比做两件可以随便分开的东西，而没有看见两者深刻的内部联系。没有酒，瓶子还是瓶子；没有瓶子，酒还是酒；把酒装进瓶子去，仅仅是装满了瓶子，对于瓶子本身，也没有什么影响。用哲学的术语来说，酒和瓶子的关系只是外在的关系。内容和形式的关系，却不是这样隔膜的。一切事物的形式，就是它的内容本身所具备的形式，就是内容发展中所表现的结构状态，决不是像瓶子那样从外面装上去的东西。方形的桌子，是在制造桌子的时候就同时形成，决不是先制成了没有一定形状的桌子，然后再把方形装上去。蚂蚁生活的集团形式，决不能和蚂蚁的生活分开，它就是蚂蚁生活过程的组织构造状态。

形式与内容的内在的关系

独裁者伪装民主，这伪装民主的内容本身就一定要具备“国民大会”伪造宪法一类的假民主形式。形式和内容是不能随便分开的，这种关系在哲学上叫做内在的关系，与瓶子和酒的外在关系是不同的。

内容的优越地位或决定作用

形式和内容的内在关系，首先表现在内容的优越地位，或内容的决定作用上。形式既然是内容的结构，因此一定的内容，要求一定的形式，并且在它的发展中，必然要形成它所要求的形式。在抗日战争中，八路军与新四军坚持敌后战争，由于敌我力量对比的悬殊，这种战争要求我们采取游击战为主的形式。在战争发展的过程中，在正确的领导下，必然地形成了普遍广泛的游击战形式。日寇投降以后，人民解放军的力量日渐壮大起来了，在反对反动派的战争中，力量对比比以前不同了，人民解放军由防御转入进攻，战争内容就要求形式也跟着转变，由游击战为主的形式转为以运动战为主的形式，又由运动战为主的形式发展到在某些条件下进行阵地战、攻坚战的形式。

不适合内容要求的形式，在发展过程中会被淘汰、消灭

形式一定要适合内容的性质，不适合内容要求的形式，在发展过程中迟早总要被另外的形式所代替。例如，在抗日战争中，如果采取大规模运动战甚至于阵地战的形式，就要遭受严重的损失，甚至于遭受失败。在反动势力统治较巩固的地区，革命工作

要求采取合法斗争与非法斗争相结合和秘密斗争与公开斗争相结合的形式，如果不采取这样的形式，也要遭受严重损失和挫败。内容对形式的这种决定作用，与瓶子和酒的关系显然是不同的。酒决不会要求一定的瓶子，更不会形成它所要求的瓶子，只要是瓶子，不论新的、旧的、方的、圆的、玻璃的、瓷制的，以至于葫芦之类，都可以把酒装进去，而不发生什么问题。

内容所要求的形式，是依其本身发展情况及周围条件来决定

内容既然要求一定的形式，为什么有时新内容竟可以采取旧形式，有时旧内容又会采取新形式呢？这是因为内容所要求的形式，是依照它本身的发展情况，和它所处的条件来决定。在一定的情况和条件之下它要求这样的形式，在另外的情况和条件之下它又要求别一种的形式，决不是固定不变的，这正是辩证法的关系。在中国几千年的封建社会里，专制统治都是在“真命天子”的名义下采取公开独裁的形式；但在人民的民主要求一天天高涨的条件之下，反动派要想实行专制独裁，决不敢像清朝以前一样，一旦掌握了政府的大权，就立即把专制皇帝的形式公开摆布出来。它不能不采取一些伪装的民主形式，如像袁世凯一样，要经过一联串伪造民意的办法，才敢宣布帝制，或者连皇帝的招牌也根本拿不出来，就在“执政”“主席”“总统”的名义之下实行专制独裁。新的事物在发展的初期，常常要采取旧的形式出现。中国的太平天国运动，在内容上说是近代中国人民反帝反封建战争的先驱，但采取了旧农民战争的形式，其结果也好像和过去的农民战争一样，只以一个皇朝的争夺的胜败为结局。欧洲的资产阶级革命初期，是采取了宗教改革的形式。不论旧形式新内容，或新形式旧内容，都是在一定发展情况和一定条件之下，由内容决定它所需要的形式，而且在这种情形之下，内容对于形式也并不是毫无影响。旧酒装进新瓶，瓶的“新”不受影响；旧内容取新形式出现，这新形式就要受到影响。就像孙悟空变成庙宇时，因为他自己有一根尾巴，就使他变成的庙宇后面也不能不留一根特异的旗杆一样，旧内容藏在“新形式”里，也免不了要终归露出它的伪装的尾巴。蒋介石的“国民大会”伪装民主，假扮了顽固派和“民主”派的激烈斗争，吵闹得个天翻地覆，最后是“领袖”出来大喝几声，全场就此“鸦雀无声”，这就是独裁的尾巴在伪装民主的形式中暴露的一例。再说新内容采取旧形式而出现时，那旧形式也不会完全保持旧的原样。新内容的秧歌剧或京剧，在形式上也不会完全保持旧秧歌剧或旧京剧的原样，这是一切观众都瞭然的事。旧瓶装了新酒，瓶仍然是旧瓶；旧形式有了新内容，那旧形式就会开始蜕化，并由此成为新形式形成的起点。这也正是内容的决定作用的一个重要方面。

形式对内容也有它的反作用，并不是完全被动的东西

但是，内容的决定作用，只是形式和内容的内在关系之一个方面，还有另一个方面，那就是形式对内容的反作用。形式并不是单纯被动的东西，它之所以为一定内容所需要，它之作为一定内容的发展形式，就是因为它对内容有一定的作用和意义。简单的说来，是在两种情形之下，表现为两种相反的作用。第一种情形：如果形式是适合内容的发展情况的，换一句话说，如果它是内容所需要的恰当的形式，那么，它就有促进内容发展的作用；第二种相反的情形；如果形式是不适合内容的发展情况的，换一句话说，如果它是内容所不需要的形式，那么这种形式对于内容

的发展就会发生阻碍的作用。

形式如果适合内容的发展要求，它就有促进内容发展的作用

专制独裁政治为广大人民所反对，因此反动派需要采取各种伪装的形式，而这种形式就对于他们的欺骗阴谋的施展能起某些帮助的作用。在这种情形下，对反动派的斗争，首先就要揭露他们的伪装形式，使它的反动内容暴露出来，这样反动派的欺骗就会破产，专制独裁的阴谋就有可能在广大人民的反对前面被粉碎。

形式如果不适合内容发展的要求，它就有阻碍内容发展的作用

在抗日战争中采取游击战为主的军事斗争形式，就能有力地打击敌人，增长抗日人民的力量，这是由于形式适合内容发展条件；如果采取运动战为主以至阵地战的形式，就会使抗日人民受到损失，这就是由于形式不适合于内容发展情况。日寇投降后人民军队的力量壮大了，这时如果对反动派仍采取游击战为主的形式，那就反而束缚了自己的力量，不能有力地粉碎敌人。对老百姓宣传革命思想，要用老百姓自己的语言形式，才能发挥宣传力量，因为这样的形式才适合于内容的需要；用文言文写新内容的文艺作品无论如何没有白话文好，就因为形式不适合内容的需要。

内容是变化不停的，形式则是比较固定的

形式和内容比较起来，内容是变化不停的，而形式则是一种

比较固定的东西。譬如中国的旧戏，戏的内容可以有千万种，但曲调却是翻来复去只用有限的几十个。旧的京戏和改良的京剧以至于编入革命内容的京剧，所用的调门基本上总是一样的。中国人民中间民主思想的传播很早，但传播这种新思想所用的文字形式，在“五四”以前很长久的时期都是旧的文言文。鸡蛋在孵化的过程中，蛋的内容时时刻刻都在变化，而蛋的形式，则一直到小鸡破壳以前，始终保持原状。抗日游击战发展的过程中，人民武装力量一天天在壮大，但在转变为运动战以前，游击战为主的形式不变。这些例子，证明形式对于内容，也有它相对的独立性，它并不一定时时刻刻随着内容的变化而不断变化。内容发展了，而形式却在一定的时期始终保持原状。这是形式和内容的矛盾。由于这个矛盾，就产生这样的规律：即形式落后于内容。

适合内容的形式，当内容发展到一定程度时，也会变为不适合的

某种形式在一定的情形下，本来是与它的内容适合的，是能促进或帮助内容发展的，但这内容发展到一定的程度，同一形式就变成不适合的了，就成为内容发展的阻碍物了。椭圆的蛋壳，本来是保护蛋黄蛋白孵化的，但等小鸡孵化完成时，它就成为内容继续成长的障碍了，就成为内容所不需要的了。

形式和内容的关系，由互相依赖变为互相排斥，内在的变为外在的，就发生内容和形式的冲突和斗争

内容和形式的这种关系的变化，用哲学的专门术语来说，叫做由内在的关系变为外在的关系，也就是由互相依赖为主的关系变为互相排斥为主的关系。到了这种时候，形式和内容的矛盾就尖锐化起来，就要发生冲突、破裂。这种冲突和破裂的原因，是由于内容必须要冲破原来的形式，取得另外的新形式，才能够继续向前发展。因此其结果就是：或者是原来的形式被冲破，或者是内容的发展被停止，被窒息。以鸡蛋为例，或者是小鸡破蛋而出，取得独立活动的形式以继续繁殖，或者是蛋壳坚固不破，蛋的内容终于腐坏、死亡而壳也自然同归于尽。又如，用文言文宣传民主思想，到一定的时候就要引起文学革命，抛弃文言形式，采取白话形式。旧戏的改造工作发展到一定程度，必须逐渐打破旧的调门限制以及其他凝固形式的限制。内容和形式的关系由内在的转变为外在的之时，就必须依照内容的发展要求，向旧形式作斗争，以取得新形式。经济破产、民不聊生的根本原因，中国的新民主主义革命运动，就是要打破半殖民地半封建的社会形式，建立新的、能使生产力不断发展的，但不是走资本主义道路的那种社会形式，即过渡到社会主义去。

一种社会形式只在一定时期适合社会生产力的发展，在另外的时期就变为不适合，就要发生革命，打破旧社会形式

人类社会的变化，也同样表现着这种内容与形式的辩证法的关系。一种社会形式或社会的生产关系，在一定的情形之下，能促进社会生产力的发展，等生产力发展到一定程度，它就成为后者的阻碍物了。封建社会形式比较奴隶社会，是更能促进生产力的发展的，但在封建社会中间渐渐产生了资本主义的生产力，这种生产力发展到一定程度，就必须冲破封建社会，才能继续发展，这就是资产阶级民主革命的经济原因。资本主义在它的初期，是能刺激生产力迅速向前发展的形式，但在末期变成了垄断

资本主义，就成为生产力的严重的阻碍力量。为着冲破这一个阻碍，就有社会主义的革命。旧中国是半殖民地半封建社会形式，在那里，帝国主义、封建主义、官僚资本主义势力的统治是生产力发展的致命的障碍，是经济破产、民不聊生的根本原因，中国的新民主主义革命运动，就是要打破半殖民地半封建的社会形式，建立新的、能使生产力不断发展的，但不是走资本主义道路的那种社会形式，即过渡到社会主义去。

革命工作者首先要看有没有具体内容，而不要看形式上像不像革命工作

按照形式与内容的这种辩证法关系，在我们进行革命工作的时候，首先就要使工作有具体的内容。所谓革命工作的具体内容，就是说我们所做的工作必须能够解决实际斗争中的一定的具体的问题，例如说要对于反动派的某一方面的具体行动给以打击：或者是粉碎它的一个进攻的队伍，或者是揭露它在宣传上的某种欺骗，或者是打击它在政治上的某一个阴谋，或者是发动农民解决土地问题，或者是替老百姓解决一个其他困难问题（如生产问题）。

形式主义、洋八股、党八股的错误都是由于没有内容或不看重内容

由于内容的优越地位，所以对于工作首先要看有没有内容，而不要看形式上像不像革命工作。我们反对形式主义（其中包括党八股、洋八股），就是因为它只有形式，而没有内容。下笔万言，满纸革命名词，而对于当前的革命问题毫无关系，这是写文

章的党八股、洋八股。在房子里做报告、填表格、开会，空喊激烈的口号，而不去接触群众、了解和解决群众中真正存在着的问题，这是工作上的形式主义。此外还有种种的形式主义，都是要不得的。

革命工作首先要有内容，其次就要按照具体情况和条件，采取适当的斗争形式

我们首先要使工作有切实的内容，其次就要善于按照工作的具体情况和条件，采取适当的斗争形式或工作形式。革命斗争有文化斗争、军事斗争、政治斗争、经济斗争等等形式，有利用旧的形式的斗争，有采取新的形式的斗争，有和平斗争、有武装斗争。革命工作者应该依据情况，善于选择和掌握最能发挥工作力量的形式，而不应拘泥于某一种形式。特别在情况变化的时候，要善于抛弃不适合的形式，随时调换另外适合情况的形式。

在多种多样的斗争形式中掌握主要的形式

在复杂的斗争环境中，可以同时采取多种多样的形式，但又要能掌握主要的形式。中国的革命，有“五四”以来城市学生运动的形式，有新文化运动的形式，也有经济斗争的形式（农民抗租、抗捐、分土地、清算诉苦，工人罢工、请愿、反对苛捐杂税等等），但就中国革命的全部历史来说，其中最主要的革命斗争形式，则是武装斗争，是人民军队对反革命军队（包括帝国主义侵略军队）的战争形式。自然，这并不是说，任何地方、任何时期都要采取以武装为主的斗争形式。相反的，如果不是就中国革命的全部历史过程来说，而是就某些时期和某些地方来说，仍然

可以以军事以外的其他形式为主，例如“五四”时期中国人民主要的是进行了文化斗争，在一定的时期又主要地是和反动派在城市里进行政治斗争等等。在适当时期斗争形式的变化，以及主要斗争形式的掌握，是为了推进革命工作不可忽视的重要艺术。

二〇　规规矩矩

——期律与因果

社会上一般人都很重视规矩，对人说，“你不懂规矩”，他就会觉得是一个侮辱。要说服别人听自己的话，叫一声“规规矩矩的！”也可以成为一个很好的理由。上海的三轮车夫要价钱，总说：“规规矩矩要多少。”这表示他所要的数目是很正当的，你应该照给。乘客还价，也说：“规规矩矩只能给多少。”表示少给一点才合道理。反动的统治者利用人们重视规矩的习惯，就强调政府要实行“法治”，强调人民要守法，这意思就是说要遵守专制政府所定下来的种种规矩，这样他们就有理由来反对人民的各种民主要求，反对实行人民的民主政治。当然，人民并不是要反对规矩，并不是不要守法。问题是要先问“法”的内容是什么？是人民自己的民主的法，还是反动专制的法？如果是人民自己的民主的法，当然就要遵守；如果是反动专制的法，那就一定要反对，一定不遵守。总之，不能只从形式看问题，不能一看见凡是有“法”的外表的东西就一定非遵守不可。而要看内容，要看那法的内容是否符合人民的民主要求。

在封建社会里，封建的规矩礼法，被统治者看做神圣不可侵犯的东西，并且认为不但人要遵守规矩和法，就是宇宙万物，也为一定的神秘的法和规矩所管制。月到阴历十五必圆，天气在夏季必热，冬季必冷，其他事物的存在变化，都有一定的秩序，而这些秩序，封建社会不是把它当做一种自然规律来看，而是把它当做一种神定的法和规矩来看。如果世界上的事物忽然不按照一定的秩序出现，例如说十五日发生月蚀，或者冬季忽然转暖了，那就叫做反常，就以为有什么触犯神灵的事情发生，而世界上的人就要受到什么可怕的惩罚了。

世界上各种事物的变化，都有一定的秩序

这种思想，当然是属于迷信之列，凡是有一点自然科学常识的人，都不会有这种神怪思想，都不会相信世界上事物的秩序，是由于一种什么神灵预先给它们定下了规矩。但是，世界上各种事物的变化，也的确是有它的一定的秩序，一定的过程。从表面的现象上看来，这世界的事物真是万花缭乱，错杂不堪，但只要细细加以研究，就可以从每一种事物中找出它一定的变化秩序。战争现象，可以说也是够错杂缭乱的了，第二次世界大战现在才完结不久，如果从“九一八”算起，这就是打了十五年，世界各个角落都受到波及，打来打去，表面上看好像混乱不堪，但是我们还是能够找出它的根本的秩序，例如说这战争始终是全世界人民反对法西斯主义的战争，在战争的初期是法西斯进攻，战争的过程中反法西斯的国家和人民愈更团结、愈更觉悟、愈更强大，终于把法西斯侵略者打败。这些变化的秩序和过程，是一定不移的，这就决定法西斯必败，民主势力必胜，世界一定要照这样的秩序发展，而不会有相反的过程。这样，在表面上看起来不论怎样混乱而没有秩序的事物，在实际的变化发展中却有一定的秩序和道路。

事物的发展都按一定秩序，这叫做规律性或合法则性

我们这次所讲的问题，以前早已重复地讲过几次了。我们这里所谓事物发展的一定秩序和过程，就是以前讲过的事物的规律(也叫做法则)。任何事物都按一定的秩序或过程而变化，这种性质，叫做事物的规律性（或叫合法则性)。世界上并没有神灵，事物的变化也不是依照神灵在冥冥中定下的规矩而变化，而是依照它自己本身的规律性而变化。我们用科学的方法来研究事物，目的就是在于认识事物自己本身的规律。认识了某一事物的规律，我们就可以知道这一事物是如何变化发展，就可以预测事物变化的将来前途，并利用这些知识来指导我们的工作。

规律决定于事物的发展情况和条件

怎样认识事物的规律？其方法的要点，以前也讲过了。现在再概括的说明一下。规律决定于事物本身的矛盾发展情况，和它所联系的条件。要认识事物的规律，就必须首先了解这些情况和条件。毛泽东同志之所以能指出抗日战争是持久战，以及持久战大体要经过三阶段的规律，是由于研究了种种敌我矛盾的情况和条件，即敌强我弱，敌小我大。敌退步我进步以及敌在国际上寡助而我多助。敌强我弱，敌退步我进步，是敌我两国本身的矛盾发展情况；敌小我大，敌寡助我多助，是敌我所联系的环境条件。把这些情况和条件加以综合研究，就得出持久战的各种规律。所以，事物的规律，就决定于该事物的矛盾发展情况和一些重要条件相互间的关系。

自然科学的实验，是用人工造成标准条件，来确定事物的规律

上面讲的是社会变化的规律。自然界的规律，也是一样的。例如河流的方向，是决定于水的本身的流动性质，加上地形的条件；植物的生长，是决定于种子内部的矛盾情况，加上土质、水分、空气、阳光等等条件。相同的种子，加上相同的条件，就会表现相同的发展规律。同一种谷物，春天同时下种，用相同的方法耕耘，它的生长和成熟状况也一定是相同的。自然科学上的实验，就是用人工造成一种标准的环境条件，使一定的实验物品和这些条件结合，然后观察它的变化情形，这样来确定该事物的规律。例如把一种植物放在人工制成的温室里，让它的周围经常保持一定的温度，加上一定的肥料和水分，来观察它在这种标准条件之下的生长过程。

在现实世界里事物所处的条件复杂，因此变化的情形也非常复杂

规律决定于事物本身的矛盾情况和它周围的一定条件。在现实的世界里，每一事物周围的条件都是很复杂的，绝对不容易找到一种完全合乎标准的条件，如像自然科学的实验那样。因此，即使是同一事物，它们的变化规律的表现决不会完全一致。例如人的一生，在一般正常条件下，都是由幼年、青年的时代，经过壮年达到老年，然后死亡，这是一定的过程，一定的规律。但在实际上千万个人的生活过程，就有千万个不同。有的可以正常的达到老死，所谓“终其天年”；有的在壮年、青年，甚至于幼年

婴孩时代就死了，这叫做短命夭折，有的高年还像青年一样健康；有的未老先衰。照现在科学上的研究，如果一个人能得到最圆满的生长条件，不论饮食、运动、精神各方面都很合理，那么最长应该可以活到一百四五十岁，但在实际上是“人生七十古来稀”。

规律知识只是标准条件下的一般知识，对现实事物的预测只能指出一般的方向

因此，我们对于事物的一般规律知识，都只是依照某些最重要的条件，来了解它的一个标准的发展秩序，我们的一般的规律知识只是一定标准条件下的规律知识。在现实世界上，由于事物关系万分复杂，除了最重要的条件之外，还有其他的条件能够给事物的变化以影响，因此它就不可能完全按照标准条件下的规律的道路变化，就一定会发生各种各样的具体的偏差，与标准条件下的一般规律有许多具体的不同。因此，当我们按照自己的规律知识来预测现实事物变化的前途时，我们就只能指出一个大体上的一般方向，而不能像算命先生一样，把每年每月每日的具体细节都算清楚（事实上算命是骗人的，它也不能真正这样地把事情算得清楚）。例如说抗日是持久战，在抗战初期我们只能规定它时间是长久的，不是一两次战役可以胜利，并且规定它大体上要经过三个阶段，至于究竟长到多少年，三个阶段又各占多少年，这些具体情形，就不能妄自武断，而要看战争将来发展中其他条件来决定了。如苏联在抗日战争的第八年参战，这就是没有预先知道的条件。这个条件使战争过程迅速结束，使中国的反攻阶段缩得很短。如果苏联不参战，显然战争还要延长相当的时期。

我们能撇开复杂的影响，了解一般的规律知识，这是思想上的抽象能力

因此，我们的规律知识，都是只就标准的条件之下来了解事物的一般变化过程，而把现实世界上一定会出现的其他复杂影响撇开了（或抽去了）。我们能够撇开具体的复杂现象，而理解到这种纯粹的规律知识，这种能力叫做思想上的抽象能力。规律知识反映了事物的根本发展过程，反映了事物的一般的变化方向，比较起表面的似乎很零乱复杂的现象的认识来，它是一种更深刻的更正确的认识。但是，它又是抽象的、内容较单纯的。具有相当凝固性的知识，它只能反映事物的一方面（虽然是深刻的、本质的方面），而不能反映现象中的全部复杂生动的东西。列宁说："规律只能抓着静止的东西，因此一切规律都是狭隘、不完全、近似的"；"现象比规律更丰富"。这些话是很重要的，它的意思也就是要我们在应用一般的规律知识的时候，不要把它当做算命先生的骗人的死公式来看待，而只能用它指示事物发展的一般方向，以及指出我们实际行动的一般方针。而对于详细的具体发展过程，以及为实现一般方针而应采取的实际行动的办法计划等，则要在事物的发展经过中以及实际工作过程中去具体地加以认识和了解。

事物发展中如果条件改变，则规律性也要改变

事物的发展条件是常常要改变的。在发展的过程中，如果出现了新的重要条件，事物的规律就要有新的改变。例如日寇投降，抗日战争结束了，日本帝国主义侵略者与中国人民的矛盾基本上解决了，这时中国却出现了新的条件，即美帝国主义支持中国的反动派，进行反人民的内战。这时中国人民虽仍然要为独立民主而战，但它的规律已不再是持久的游击战争，也再不是三阶段的过程，这个战争是循着新的规律发展：例如由于人民军队力量的壮大，以及全国人民反对内战的高涨情绪，因此敌人虽然有一个美帝国主义者的支持，仍然很快的就被人民解放军打垮，战争的过程在敌人方面只经过了进攻和崩溃两个阶段，在人民解放军方面就是主动撤退和转入反攻的两个阶段。

应用规律知识必须注意条件变化及规律变化，不要把一种规律当做死的公式应用

辩证法的方法，要求我们在认识事物的规律的时候，要注意到事物条件的变化和规律的变化。不要把一种规律知识看做永远不变的公式，不管条件变化与否，到处一样地拿去乱用，作为预测事变指导工作的依据；如果这样做。一定要犯错误、碰钉子。资产阶级革命在没有无产阶级政党存在的时候，是必然要由资产阶级领导，在有了共产党的时候，条件就变化了。在这新的条件下，如果有人还以为资产阶级革命仍然只能让资产阶级领导，而无产阶级不应该去争取领导，如像中国陈独秀主义者所主张的一样，那就犯错误了。

普遍的规律和特殊的规律

有比较普遍的规律知识，这种规律是与比较长时期和广泛地存在的条件相联系的；有比较特殊的规律知识（或普遍规律的特殊表现），这是决定于一定的时期和一定的地方所存在的某些特殊条件（与普遍的条件同时存在的）。一切资产阶级革命都是要

推翻封建制度和扫清资本主义发展的道路，这是比较普遍的规律知识，这一条规律知识不论在有没有共产党存在的条件之下都是适用的。资产阶级民主革命由无产阶级领导，并且在它领导之下使资产阶级革命在得到胜利后就有可能过渡到社会主义社会，这是在有共产党存在的条件下才有的特殊规律。我们需要普遍的规律知识，它能指示事物发展的一个大的方向，因此也使我们在研究事物和实际行动中能看出一个大的方向；同时我们又必须掌握当前事物发展的规律的特殊性，必须认识普遍规律在一定地方和一定时间的特殊条件之下的特殊表现，这样我们才能看清眼前应该走的具体道路。一方面把较普遍的规律知识作为研究引导，一方面按照具体条件找出这些规律知识的特殊表现，以便解决当前实践行动中所提出的具体问题。辩证法的方法，就要求我们从这两方面来掌握规律知识。

要用特殊的规律补充普遍的规律知识，才能掌握活的理论

如果只知道普遍规律，而不能认识或不注意它的特殊表现，就要犯教条主义、公式主义的错误；如果没有普遍规律知识作为研究的引导。那就只能把自己的眼光局限在当前事物的狭隘范围，不可能在认识上把事物发展的眼前的情况和它在较大范围里的发展趋势全面地结合起来。狭隘经验主义者就是不注意或不善于应用普遍的规律知识作为研究的引导，因此虽然有实际经验，却不能明了这些经验在事物的总的发展过程中所处的地位和所具有的意义，不能把这些经验加以总结，使之成为有综合性的有条理的规律知识。只有一方面能以比较普遍的规律知识作为引导，一方面又能依据当前实际条件来掌握发展规律的特点，这样才能掌握事物的活的规律知识，也就是掌握活的理论。马克思主义的

理论，就是这种活的理论。它任何时候也决不能停止在某些已知的一般的原理、一般的规律知识上，它要求我们不断的把普遍原理和具体实际条件结合起来，它要求我们生动地掌握一般规律知识在具体条件下的特殊表现，它要求我们能独立地依据新的条件找出新的规律知识，来补充和发展已经获得的普遍规律知识。

中国共产党发展了马克恩主义理论

中国共产党，就是能够把“马克思主义的普遍真理和中国革命的具体实际结合”，就是能够在马克思列宁主义的普遍真理指导之下来研究中国革命的规律和特点，并发现某些中国革命所特有的新的规律，来补充和发展马克思主义的各方面的理论（例如用新民主主义革命的理论来发展马克思列宁主义关于资产阶级革命的一般理论）。因此，中国共产党就掌握了活的马克思主义理论（以毛泽东思想为代表），就能够领导中国人民进行革命，获得伟大的胜利。

一般人的因果观念常是歪曲，错误，甚至属于迷信性质的

谈到规律，必须附带讲一讲因果规律。因果观念，是在一般人头脑中很普遍的思想。“凡事必有其原因”；“一定的原因，必定产生一定的结果”。这是一般人头脑中的因果观念。但是这种因果观念，常常是歪曲的、错误的，甚至于是属于迷信性质的。例如旧社会的“因果报应”的思想，认为人遭受苦难，是由于前生做了坏事，遭受神的惩罚；反之，生活幸福的人，是由于前生做了好事，因此得神灵好的报应。这种思想把一切事情的原因归之于神的力量，而使人不了解真正的原因。它不但是错误的、迷

信的，而且是帮剥削阶级说好话，把剥削阶级压迫人民的罪恶事实掩盖起来，把他们的腐化的奢侈的生活享受，看做是好人应得的好报，把被压迫人民的穷困生活，看作是活该受罪。

因果规律是事物本身的规律

这种思想里，当然没有丝毫因果规律的成分。我们说的因果规律的思想，是要承认事物发生的原因都可以在客观世界里去找，可以在事物本身和事物之间的关系中去找，用不着什么神灵的力量。有一定原因就产生一定的结果，这是事物本身的规律，而不是什么神定的法律和规矩。这是谈到因果规律时首先要承认的基本思想。

普通人所指的事物发生的原因，往往不是重要的或真正的原因

虽然如此，但是一般人在应用因果规律知识的时候，常常还是会发生错误。当他们指出某一事物是另一事物的原因时，在实际上所指出的往往不是重要的原因，甚至于不是真正的原因。例如日本帝国主义的投降，有许多美国报纸把它归之于原子弹的力量，旧中国有许多受美国影响的言论机关，也是这样看。其实原子弹虽然对日本的战争力量包起了相当的影响，但并不是摧毁日本的战争力量并使它很快投降的真正原因。真正的原因乃是苏联参加远东战争。因为苏联的大军迅速进入东北并粉碎了日本关东军，把日本帝国主义最主要的侵略据点和最重要的军事后备力量都摧毁了，这才使日本不能不立即投降。美国报纸的言论不过是替美帝国主义宣传而已，并不是真正说出了事物的原因。又例如

美军强奸北大女生，引起了全国学生的反美大示威。表面上看起来，前者好像就是后者的原因。其实最根本的原因，还是在于日寇投降以后，美帝国主义者对中国一贯的侵略行为以及中国反动独裁政府一贯的卖国行为。强奸的事件，只是一个刺激的原因，也叫做“机因”。这种“机因”，本来只是一件较小的事情，单单它的本身，决不可能引起那么大的群众怒潮。小事情之能成为大风暴的原因，乃是由于另外有了更深刻的其他原因。在这种情形下，如果以为小事情就是重要的原因，那就反而把重要的原因掩蔽起来，便利了帝国主义者和反动派的欺骗宣传，那是错误的。

事物的发展是由于许多条件，不会只有“唯一的原因”

有的人喜欢讲“唯一的原因”，以为一事物的发生，就只是由一个原因所决定，而用不着其他的原因，这也是一种错误，也是不合乎事实。例如苏联的参战，是促使日本立即投降的极重要的原因，但我们仍然不能说这是唯一的原因，因为中国人民八年抗战的作用，和全世界各同盟国反法西斯统一战线的作用，对日本的投降都是很大的促进的力量。我们早已讲过，事物的发生，决定于许多条件，因此，如果以为所谓因果规律，就是指一种原因只能产生某一个结果，而不会产生另外的结果，那就不合事实，就一定错误。

要研究事物发生的全部原因，也即是各方面的条件

事实是同一的原因，在不同的条件之下，可以产生不同的结果。相反的，不同的原因，如果有各种适当条件的配合，却往往产生相同的结果。希特勒的侵略行为，在法国得到了胜利的结

果，在苏联却完全失败，这就是因为法国处在反动资产阶级统治的条件之下，而苏联则有社会主义制度这个优越的条件。美军强奸女生引起了全国学生的反帝国主义运动，其直接的原因与“一二九”学生运动不同，但结果却有同类的性质。因此，要正确地了解一件事物发生的意义，必须研究它的全部原因，也就是要研究它的各方面的条件，切不可把一两种条件，或不重要的事情看做唯一的原因。辩证法关于联系的规律，在事实上就包括了因果规律，而且是使旧的因果规律思想得到了更充实更完备的内容。

内因和外因。外因必须通过内因才发生作用。事物发展最后的决定作用在内因

事物的存在，有它自己本身所具备的内部条件（即内部矛盾），也有外部的条件，因此就有内因和外因的分别。中国从鸦片战争以来，长期沦为半殖民地，这种结果的外因，是世界上许多帝国主义竞争中国的市场，而内因则是中国的反动统治者出卖国家利益，压制人民的民族斗争。如果中国没有反动统治者的卖国专制行为，让广大人民都能动员起来反对帝国主义，那么帝国主义就不可能使中国沦为半殖民地。所以，外因是通过内因才发生作用。事情的结果，最后决定于内因，而不是最后决定于外因。法国之被希特勒打败和苏联之能打垮法西斯国家，也可以由内因的最后决定作用来给以说明。当我们和一个敌人进行斗争时，第一件重要的事情就是要把自己的阵线巩固和壮大起来，才有可能获得胜利。这就是研究事物的外因和内因的关系时，我们所应得到的有实际意义的结论。

二一 “在劫者难逃”

——偶然、必然与自由

这次想先讲一个故事。

从前有一个地方发生战争，老百姓都纷纷逃难。那时消息很不灵通，只听见传说兵灾要来了，究竟从哪里来，到哪里去，老百姓都不清楚，因此逃难的人也不知道要逃到哪里才好。城里人只管逃到乡下去，乡下人只管向城里逃上来。逃来逃去，谁也不知道哪一块是真正安全的地方。结果是乡下固然遭到了军队的蹂躏，城也终于被攻破，全城人大多数都遭屠杀。事情过了以后，就听见一种传说，说在事变当时，有许多人跑到一个大寺庙里去祈求菩萨保佑，并且问寺庙的住持应该逃到哪里去才好？乡里还是城里？而那个住持的答复却很玄妙，他说：“城里也好逃，乡里也好逃，在劫者难逃”。

这种答复很滑头，它并没有给逃难的人指出任何一条生路，而是采取一种不负责任的态度，那意思就是说：“不管你逃到哪里都好，如果你逃在虎口里送了命，那是你命中注定要死的，你是在劫者，谁也没有办法救你!”

但正因为是那样滑头，反而发挥了欺骗作用。如果负责地指出某条路是生路，而结果却死了人，那么，那怕是偶然死了一个人，也会影响人们的信仰。现在这样不着边际的说一套，迷信的群众反而以为这真是神圣的大道理，平常的人莫测高深，除了服服帖帖的信仰“佛法”以外，是没有办法了。

这个故事，表示以传播宗教迷信为生的人，都有一套迷惑人的办法，他们能利用各种机会，把一种特别的思想打进老百姓的头脑里。

宿命论主张人的命运为神灵琶操纵，这种命运有一种不可避免的性质

这种思想，就是我们以前说过的“宿命论”的思想。它叫人相信一切都是神灵在暗中算定了，人的生死是命中注定的。所谓“在劫者”，就是指命定要遭受灾难的人，这种人要想避免或反抗灾难，都是不可能的。你只有听天由命，得过且过的活下去就行了。

我们现在不想专门讨论“宿命论”的问题，但宿命论的思想中包含着的见解，与我们这次讲的题目有些关系，所以先把它提一下。宿命论的思想，认为任何一种事物的发生，都是为命运所决定，这种为命运所决定了的一定要发生的事物，它的发生是无论如何不能避免的。宿命论者把这种不可避免的性质，归之于神灵在冥冥中的操纵力量。它是一种宗教迷信的思想，而宗教迷信的思想都是骗人的，与事实的真理并不符合。这是我们以前屡次讲到过的了。

事物按规律变化，也有一种不可避免的性质，这种性质就叫做必然性

但我们反对宗教迷信，并不是要把事物发展过程中某一方面的不可避免的性质也完全否认。我们反对的，只是那种迷信神灵，并且认为神灵支配一切的思想，至于事物本身发展过程中所有着的某一方面的不可避免的性质，却是我们不能加以否认的事实。前次我们讲过，事物在一定的条件之下，就会按照一定的规律发展变化，而且是一定不移的要依循着这种规律发展变化，决

不依赖人的主观意志为转移。这种“一定不移”的性质，也就是事物发展过程中所表现的一种不可避免的性质，在哲学上又称做必然性。我们说法西斯主义必然要消灭，就是说它一定不移地要：走向没落的过程；我们说全世界人民的民主运动必然要胜利，也就是说胜利的前途，是民主运动发展的一定不移的规律。任何事物的发展变化，都有它一定不移的规律，都有按照这些规律发展的必然性。而这种必然性，是从哪里来的呢？是不是从神灵的意志来的呢？当然不是。希特勒演讲的时候，常常说要得到上帝的帮助，但是谁也没有看见什么上帝来帮助他成功。成功的恰恰是苏联，是反对上帝和不相信宗教的共产主义者，而不是法西斯主义者的希特勒。

事物的必然性，是事物本身的性质，决不是出于什么神灵的意志

事物的必然性，是事物自己本身的性质。它不决定于什么神灵的意志，也不依赖任何人的意志为转移，而决定于它自己本身发展的情况和周围的条件。我们只要知道了这些悄况和条件，就可以断定它必然地会按照什么规律发展。

夏天空气里水蒸气多，在一定条件下必然要下雨；北方冬天很冷，在一定时候必然要下雪。风调雨顺，又加上农人的勤于耕作，那庄稼必然长得好；久不下雨或下雨太多，人们又没有任何防范的准备，那就必然要成为旱灾或水灾。这些自然界的必然性，和社会现象的必然性一样，都是事物本身具备的性质，都决定于事物发展的情况和周围的一定条件，这是唯物论的必然性思想，这是客观事实的真理，与宿命论的荒谬神话是根本不同的。

偶然性是与必然性对立的范畴、有许多事情在事物发展中不是不可避免的，这就是带偶然性的事物

与必然性对立的范畴，就是偶然性的范畴。我们把许多一定不移的事件，叫做必然的事情，相反的，有许多事情，按照事物的发展规律看起来并不是在过程中一定要发生或不可避免的，但在事实上却出现了，这种事件，我们就说它是偶然的事件。一个中国的女大学生，在某夜偶然被两个美国兵强奸，居然就引起了全国规模的反美示威运动。中国妇女被美兵强奸的事不少，唯独这一次引起了反美运动，而其他许多次都无声无息地过去了，这岂不是偶然？学生的爱国运动也有好多次，每次引起来的直接原因，都不一定是由于妇女被污辱，而这一次却恰恰是这样一件事成了引火的原因，这也是偶然。希特勒在第一次世界大战时是士兵，没有被打死，后来居然成了德国法西斯的头子，如果希特勒早被打死了，德国的法西斯反动组织是不是就可以不产生了呢？当然不会。如果没有希特勒，一定会在另外的头子之下产生法西斯组织。德国法西斯蒂的头子恰恰是希特勒，这并不是一定非如此不可的事，所以这也是偶然。今年冬天下雪，恰恰是在某日某时，而去年冬天下雪，却又在另外的时间；夏天的冰雹，恰恰打坏了某家农人的庄稼，而别家的庄稼却丝毫也没有受灾，这些自然现象，也是偶然性的。如果我们注意一下自然界以及社会的现象，我们可以找出无数偶然性的例子。

思想中的偶然性的范畴，就是反映发展中不是一定非出现不可的偶然事件

我们思想中的偶然性这个范畴，就是反映这类不是一定非出

现不可的偶然事件，它与那一定不移的必然事件，是有着一种恰恰相反的意义。

有一些人，主张世界上没有偶然的事物，认为一切都是必然的。照他们的意见，过去德国反动派中产生了法西斯主义以及法西斯主义者的反苏战争之失败，固然是必然的，法西斯主义的头子恰恰是希特勒而不是别人，也是必然的；美帝国主义者侵略中国要引起广大人民反抗，固然是必然的，某一女生被强奸成为人民的反美大示威的机因，也是必然的；我们每天要吃饭睡觉，固然是必然的，我昨天夜晚几点钟几分钟时候被跳蚤咬了一口，在我的一生中也是必然的。我们平常以为是偶然的事物，在这些人看来，都有它必然要发生的道理。为什么他们要这样主张呢？他们的理由是：无论什么事物，它的发生总有一定的原因，不但我们平常认为是必然的事物，有它发生的一定原因，就是我们认为偶然的事物，也有它的发生的原因。希特勒如果不与德国最反动的势力有相当的勾结，为什么能成为德国法西斯头子？某女生如果不是夜晚出去看戏，为什么会碰上美国兵而遭受污辱？我昨晚如果不是睡在床上，而是在街上走路，怎么会被跳蚤咬那一口？谁能说这些事情没有原因呢？既然要承认这些事件的发生都是有原因的，那也就必须承认这是必然的，因此也就不能说世界上有任何偶然的事物。

机械论者主张世界上没有偶然性，认为一切事物的发生都是有原因的，因此都是必然的

有这种主张的人，在哲学上叫做机械论者。他们认为客观世界的一切事物发生，都只有必然性，而没有偶然性。我们所说的偶然性，在他们看来，只是一种主观上的错误思想。他们认为我

们之所以把许多事物称做偶然的，那并不是因为它真的有偶然性，而只是因为我们对于它的发生原因弄不清楚。所以，他们就说，偶然性的范畴，乃是由我们自己主观上的无知所产生，也就是说，它仅仅是一个主观的范畴，而并没有反映着任何客观的事实，倘若我们能知道一切事物的原因，那么世界上就没有任何偶然性可说了。

有原因的事物，并不就等于必然性的事物

机械论者的思想，粗粗一看好像也很有道理。一切事物都是有原因的，因此都是必然的，这不是很对吗？但你仔细研究一下，就可以发现这里很有毛病。一切事物的发生，都有它所以会发生的原因，这是不错的。如果不承认这一点，就会离开了唯物论的观点，因为这样一来，就等于说世界上有许多事物是找不到来由，是神妙奇迹。如果你真的这样相信的话，那你就和宗教迷信靠拢起来了。我们早已证明宗教迷信的荒谬，也证明了唯物论是真理，我们不能否认任何事物都有它产生的原因。但是承认一切事物都有原因，并不等于说应该断定一切事物的出现都有必然性。这是因为：在事变发展的过程中，有些事件是不可避免地要贯彻和实现而另外有些事件，却是可有可无，它的出现与否都不能够改变事变的根本过程，它可以多少影响事变的进程，或者给与多少的促进，或者给与多少的阻碍，或者使事变过程发生多少曲折，但它不能使事变根本转移方向。它本身的作用有时还会被其他许多复杂细微的相反的事件和倾向所抵销，而对于发展过程全然表现不出什么影响。女生被污辱的事件如果不在某夜发生，全国学生的反美爱国运动就不会在那些日子爆发，所以这一件事是对爱国反美运动起了某些促进的作用，但是即使没有这一次事

件，爱国运动迟早仍要爆发，是不可避免的，而女生被污辱事件，则是在爱国运动中可有可无的。在爱国运动中，这种不幸的“机因”是可以避免的，例如“五四”“九一八”以及“一二九”的学生运动，就完全是由于另外的事件所触发。

在发展中成为支配倾向的、一定要贯彻实现的事件，就是有必然性的事件

所以，事实很明白，有些事件在事变的过程中不可避免地要实现，它成为发展中的支配倾向，这种事件我们就叫做必然性的事件；有些事件不是不可避免地一定要如此发生，它的出现也不能改变事变的根本过程，在过程中没有支配作用，我们就叫做偶然性的事件。不但必然的事物在客观世界里存在着，偶然的事物也同样存在于客观世界里；不只必然性的范畴是客观事物的一种性质的反映，偶然性的范畴也同样是客观事物性质的反映。

在发展过程中没有支配倾向的事件，就是偶然性事件

偶然性并不是我们主观上错误的认识，并不是由于我们对原因无知。我们即使完全知道了某些偶然事件的原因，仍然不能改变它在事变中的偶然的、不成为支配倾向的性质。机械论者是把必然性和偶然性混淆起来，或更正确些说，是把必然性降低到偶然性同等的地位，那是不合乎客观事实的错误思想。

有的人要说，偶然的事件，既然是有原因的，就某一方面来说，还是有它的必然性，因为有因必有果，也就是一种必然性。跳蚤饿了，恰恰跳到睡觉的人身上，一定要咬一口，这有它的必然性。这自然也有它的道理。但是我被跳蚤咬一口，对我睡眠的

过程不会起根本的改变，即使咬醒了，我仍然可以继续睡在床上，就我睡眠的过程来说，它总是不起支配作用的偶然事件。所以，偶然性就它所影响的必然过程来说，总归是偶然的，只就它自己产生的原因来说，才可以算是有着某种的必然性。因此，在哲学上，有时就把偶然性叫做“外在的必然性”。

经常起决定作用的条件，是产生必然性的原因；细微的、影响作用很小的条件，是产生偶然性的原因

同是由一定原因产生的事件，为什么有必然性和偶然性的两种对立性质呢？这是由于原因本身有它们的区别。一般的来说，凡是对于事物发展的全过程经常地起着决定作用的条件，就是引起发展中的一种支配倾向的原因，就是形成事物发展的必然性的原因。美帝国主义者在第二次大战后对于中国的侵略行为，中国反动政府的卖国媚外政策，全国人民在这种侵略行为和卖国政策下所遭受的苦难和所引起的忿恨，解放区军民的坚决有力的斗争，都是日本帝国主义投降后一个时期在中国社会生活过程中经常起决定作用的条件，以这些条件作为原因，引起广大人民的强烈的爱国运动，就是必然的，任何人也不能加以阻止，并且不到胜利不会停息。一个女生一时高兴要在夜晚看戏，两个美国兵在同一时间喝醉了走到街头来，这些都只是一个地方一个时间和在个别人身上存在的细微的条件，而不是在整个中国社会生活中经常起决定作用的条件，以这些细微的条件作为原因所产生的事件，就是偶然的。美帝国主义的侵略中国不一定要表现在这一件事上，广大中国人民的爱国运动也不一定要由此事爆发出来。这里有量和质互相转变的规律，即原因本身的量的大小区别，就使它所产生的结果有必然或偶然的对立性质。

必然性一定要通过无数的偶然性

客观事物的联系是非常复杂的，在任何一事物的发展过程中，经常都要遇到各种各样细微复杂的条件，对于发展过程形成无数的偶然影响。所以，事物发展的必然过程，随时随地都和无数偶然的事件结合着，并且要通过这无数的偶然性而贯彻下去。爱国运动不但由女生事件偶然触发，爆发以后，又偶然由某一些学生首先带头领导，某些学生首先热烈响应，某校学生恰恰在某时开会或某时走出街头，某些市民偶然出门遇上队伍，偶然又由某个学生递给他一张传单，等等，示威运动就通过这无数的偶然事件而必然地发展下去。

必然性转化为偶然性，偶然性转化为必然性

总之，在必然性的开展过程中，由于各种复杂条件的结合，随时随地都会产生许许多多的偶然性；这许许多多的偶然性，虽然不能成为发展中的支配的倾向，虽然它们互相抵销，但最后又都转化为必然性。就像无数的小溪汇合成长江大河一样，无数的偶然事件的总汇，就成为必然事变的洪流。必然性向偶然性转化，偶然性又向必然性转化，两者密切地联系着，这就是事物发展中必然性和偶然性的辩证法的统一。

不但只要认识事物的规律性，而且要把发展中的必然性从偶然性分别开来

我们认识事物，不单只要认识它的发展规律，不单只要认识

正确的因果关系，我们还要把发展中的必然的东西和偶然的东西分别开来。所谓认识必然性，就是要从无数纷乱复杂的偶然的摇摆倾向中，找出一定不移的发展方向。必然性的认识，对于我们的实际行动有很大的意义，因为它使我们有可能预测事变的前途，以便决定载们行动的方针，使我们有可能依赖着一个坚定的方向前进，而不致被偶然事件所迷乱、所动摇，或者甚至把暂时的偶然的事件误认为长久的方向，因此走了错路。

认识必然，就不至于为偶然事件所迷惑。

在第二次大战后，美帝国主义者对世界实行扩张政策，对中国积极侵略，中国人民对这种侵略行动要起来进行强烈的反抗，这是一个必然的规律，而女生被美兵污辱，乃是为这必然发展过程所贯串着的偶然事件。我们认识了必然规律，就知道应该通过污辱女生事件来看穿美帝国主义的侵略行为，来看穿反动政府的卖国政策，而不应该孤立地单单只注意到这一件偶然事实的本身。因此我们应该承认，广大学生为此事而发动抗美运动，是完全合乎当时中国社会生活发展条件的具有必然性的正确的行动。如果我们把女生被辱事件看做单纯的道德风化问题，以为可以简单用法律了结，那我们就是被偶然事件所迷惑、所蒙蔽，就不能得到真正解决问题的方法，而美帝国主义者和中国的反动派，就正是要想引我们这样做，因为如果广大人民都只注意法律问题，只关心法庭上的审判，而忘记了这是帝国主义者的侵略行为，那结果甚至于可以把爱国运动阻延下去，使它不会因这一事件而爆发起来。

在政治斗争中，有些党派采用暗杀手段，马克思主义者则反对把这种手段作为进行革命斗争的方法，因为暗杀个人，只能在政治斗争中消灭一个偶然的因素，不能根本解决问题。在苏德战争以前，如果有人杀死了希特勒，是不是德国法西斯运动就会停止、反苏战争也不会爆发了呢？决不会的！死了希特勒，定然还会有另外的人出来做头子，德国法西斯运动依然要发展下去。所以反对法西斯的正确道路不是暗杀法西斯头子而是建立广大人民的反法西斯统一战线，以便造成阻止法西斯运动生长的强有力的条件，只有这样的统一战线才能打败法西斯主义。再例如一九三六年十二月十二日的“西安事变”，在中国抗日民族统一战线的发展过程中，是一件偶然事变，中国共产党努力使这件事和平解决，饶了蒋介石的性命，是因为看清楚民族统一战线的形成是一种必然性，所以要它和平解决，以便民族统一战线能较快形成，而事实上也是如此。如果看不清楚这必然性，以为杀了蒋介石就可以解决一切问题，这样做去，就会使西安事变得不到和平解决，那么，民族统一战线形成的时期将要推迟一些，中国人民将要多遭受一些内战与日寇侵略的双重痛苦。

因此，认识必然性，把发展中的必然倾向和偶然事件加以清楚的分别，对于我们的实际行动，是非常重要的。第一，认清楚了什么是发展中坚定不移的必然的倾向，我们对于自己在实际行动中所应走的道路才能有明确的认识，才不至于走上违反必然性的道路，或者用普通的话来说，就是不走违反潮流的、一定要碰钉子的、灭亡的道路。用今天中国的例子来说，就是要走社会主义和共产主义的道路，而不是其他的道路。同时也才会按照这应走的道路方向，来正确决定我们行动的政策、办法、方针、计划，以便比较正确地顺利地走上这条道路。第二，认清楚什么是发展中偶然的摇摆、偏差、曲折，甚至暂时的逆转，我们就不会因为碰到意外的困难、挫折或其他的变故，而在行动中发生动摇退缩的心情，甚至变节转向。第三，认清楚了一切偶然性与必然性的联系，认清楚必然性要通过无数的偶然性来贯彻它的方向，我们在行动中，就要不但不为偶然事变所迷惑，而且要学会正确对付一切偶然事变，利用各种“机因”，以促进必然性的发展（如像经过西安事变的和平解决，以促进抗日民族统一战线的建立），要善于引导偶然性的各种小溪，使它转移和汇合到必然性的洪流里去，使它加强而不是抵销必然性洪流的力量。

认识必然，就有了“自由”，就能够在行动上有自觉性，避免盲目乱撞

认识必然性，能够坚定地迅速地走正确的方向，不为偶然的变故所迷惑、动摇，并且能驾驭偶然事变，这就叫做在行动上有了“自觉性”，这就叫做有了“自由”。哲学上有一句名言：“自由是对于必然性的认识”。这就是说，“自由”就是能够在认识上行动上不为偶然性所左右，不至于盲目地随波逐流、摇摆不定，而能够主动地走上正确的道路，也就是能够把必然性和偶然性分开，能够把偶然的事变引向必然的道路。如果不认识必然，看不清正确的方向和没有能力抗拒偶然性的迷惑和影响，这就叫做行动上的“盲目性”，这就要走错路、碰钉子，甚至于灭亡。无产阶级的斗争由不自觉到自觉（或者称做由“自在”的阶段到“自为”的阶段），其主要的标帜，就是在这阶级斗争的基础上产生了马克思主义的科学思想，能够认清楚社会之由资本主义向共产主义发展的必然性，并且产生自己阶级的先锋队伍——共产党，这个先锋队伍就是善于把马克思主义的科学思想和这种必然性的认识作为指导行动的方针，并坚决、勇敢、有步骤、有计划地领导着工人阶级及一切劳动人民为实现此方针而斗争；在中国则是领导着以工人、农民为主体的广大人民群众首先为新民主主义革

命的胜利，然后进一步为实现社会主义共产主义而斗争。革命领导者的任务之一，就是要善于启发群众，使之在斗争中由盲目性进到自觉性，由不认识社会周围的必然规律到认识这些规律，并依循着这些规律的方向自觉地起来斗争。机械论者把偶然性和必然性混淆不分，就有引导我们走到盲目性和不自由的危险。因此，我们要反对机械论，不只因为它不合事实，并且也因为它在实际行动中是有危害性的。

二二　“猫是为吃老鼠而生的”

——目的性、可能性与现实性

我们对于世界上的事物，平常多半不注意去想，马马虎虎过去，便也不觉得什么。若注意去想，又往往会觉得，即使最简单的事物，也有令人惊奇的地方。譬如我们渴了要喝水，世界上也恰恰就有水给我们喝。为什么恰恰就有水喝呢？这不是很奇妙的事吗？老鼠伤害人的器物，恰恰就有猫生在世界上，可以替我们捉老鼠。为什么恰恰有猫呢？这不是太凑巧吗？老虎、豹子生来只会吃荤，没有活的动物的肉，就过不了活，恰恰就在它们身上生着锐利的爪牙，使它们便于捉到别的动物。鹿、马之类走兽，身上没有爪牙，容易受虎、豹的伤害，但恰恰又生了四只善于跳跑的腿，便于逃脱虎、豹追捕。虎、豹的爪牙和鹿、马的腿，用处虽然不同，然而恰恰能够适合它们生活的需要，不是也很凑巧的吗？为什么能生得这样巧呢？这不是很令人惊奇的现象吗？

惊奇尽管你惊奇，事实确是很普遍很平常的事实。如果仔细注意一下，就觉得世界上的事物似乎差不多都是这么凑巧的。于是我们就进一步要求加以解释：为什么会有这么多凑巧的事物呢？有一种人就会答复我们说：“事物之所以这样凑巧，并不是偶然，乃是预先有了安排的。水本来就是安排好要给人喝的，猫是生来就为了要它来吃老鼠的，虎、豹的爪牙是安排好了来捉小动物的，……换一句话说，天生万物，原先本来就有一定的目的，一定事物产生出来，都是为了要达到一定的目的。水是为给人喝而存在的，猫是为吃老鼠而生的。”

事物的存在适合一定的目的，就叫做目的性

这个答复，是想叫我们相信。世界上存在的一切事物，都有一定的目的，并且它的一切构造，也都适合一定目的。事物适合一定目的，这种性质在哲学上叫做“目的性”。所谓“目的性”，是不是真的有这一回事呢？自然是有的。目的性这一个范畴，的确反映了某些事实。

目的论的世界观，认为一切事物都是为着实现预先安排的目的

水适合于解渴的目的，猫适合于捕鼠的目的，这些情形，我们都不能否认，因此我们也不能否认客观事物里有目的性这一回事。但我们要反对的是有一种人把这目的性的作用太夸大了。上面那一个答复者，就是这样的人。他以为在世界上，目的性是支配一切的，一切事物，都是为着实现预先安排好了的目的才产生的。这种见解，叫做目的论的世界观。如果我们相信了这种目的论的世界观，相信世界上的一切事物都先有一个目的，那我们就不能不问：这样的目的，是谁来安排的呢？答案不外是：“要能够管辖世界万物的全能全智者，才能够替世界的一切规定它们的目的”。这样的全能全智者，除了神灵以外，还有谁呢？于是我们就不能不向唯心论和宗教迷信投降，相信起神灵，相信起宿命论来了。这就是目的论的世界观里所包含的阴谋把戏。

目的论的世界观否认事物本身的规律性，是一种接近宗教迷信的思想

目的论的世界观既然以为世界上一切都是为一定的目的而安排了的，于是我们以前说什么“规律”呀，“因果”呀，都在排斥之列了。因为谈到“规律”和“因果”时，我们的意思是说，事物是按照自己本身的规律而发生发展，事物是一定原因所产生的一定结果，事物除了它本身的规律和因果关系之外，决不受外来的任何目的所规定。而目的论的世界观，却和这种思想恰恰相反，就是认为事物的存在和变化，都是被一种外面安排好了的目的所规定，而不一定要依照它自己本身的规律和因果关系。神灵的主宰高高在上，万物的存在和变化，都是为了实现神灵的目的，只要能实现这目的，即使违反规律，出现神异的奇迹，也是完全可能的了。所以，目的论的世界观，和主张事物都有自己的规律性的唯物论，是不能相容的。

客观事物的目的性，归根结底都是规律性的产物

我们主张唯物论，认为事物有自己的规律，认为这才是真理；而目的论的世界观，则是违背了事实真理。因为从我们人类长久的经验以及科学的研究，都可以证明，除了荒诞的神话之外，世界上决没有什么神异的奇迹，而任何事物都有它自己的规律，都有它一定的产生的客观原因。不错，前面也说过，我们应

该承认世界上某些事物的确有一种目的性。但是这些现象，归根结底，还是一种规律性的产物，还是有它的因果基础。例如水适合给人解渴的目的，这固然是事实，但这事实的存在。乃是由于人的身体的生长和维持，需要不断地补充水分，而因为人的身体有这样的规律，所以水才适合人喝的需要。这种目的性，完全可以用规律性来解释清楚的。所以，如果现在有人用目的论的世界观来加以解释，说水是造物主或神灵特别安排来给人喝的，那么，只要稍微有一点合理的常识的人，就都会立即起来反驳，指出这是荒谬的神话。

当然，喝水的例子是太简单了，目的论者要用这样的例子来证明他们的主张，是很容易被我们驳倒的。但是，如果目的论者用更复杂的例子来进行宣传，那要驳倒他们，就比较要费一些力了。例如就虎、豹的爪牙来说吧，目的论者在这里就可以振振有词了。他们说："虎、豹的爪牙，恰恰适合捕捉小动物的目的，这种目的性，难道也能用'因果'和'规律'来解释吗？如果说爪牙不是虎、豹生前就安排好了的，而是在生后依一定规律或由于什么原因产生的，那么，为什么一切虎、豹的身上恰恰都长起爪牙来，而绝不长出牛角或马蹄来呢？为什么周围的复杂原因对于这样凑巧的现象竟不能加以动摇呢？对于这样凑巧的现象，你如果说不出一个道理来，你就驳不倒目的论的世界观，你就不能不承认爪牙之类，都是在虎、豹生前神灵为它们安排好了的，都是为实现一定目的而产生的东西。"

这一个难题，在一两百年以前，本来是比较难解答的。但是，幸而后来科学发展了，在英国出了一个生物科学家，名字叫做达尔文。他发现了世界上生物发展的规律，按照这个规律，不但可以说明为什么虎、豹身上恰恰生出爪牙，并且可以说明为什么一切生物的生活现象，都有某种目的性，为什么它们的身体构造，恰恰适合于生存需要的目的。这个规律，就是关于生物进化的规律。它的内容，简单说来，就是：现在的一切生物，都是过去多少万年进化的结果。生物的本身，和它的环境分不开，它从周围环境取得自己维持生存的资料。周围环境的情况，又影响它的本身，使它不断发生变化。在过去长久年月中，生物的环境不断变化着，生物本身也与周围环境相互联系着而不断地变化，并由此产生了数不清的各式各样的生物种类，其中有些种类，由于自己的机体构造变化得比较适合环境条件，容易取得维持生存所需要的物质资料，有的种类，因为本身机体的变化不适合于变化了的环境条件，不能维持自己的生存和发展，或先或后都灭亡了，只有那些机体构造能够适应变化的环境条件，能够维持自己的生存和发展的种族，才继续发展到现在。不能适应环境条件的生物就被消灭，这叫做“自然淘汰”，能够适应环境条件的就能保持存在，这叫做“适者生存”，这就是达尔文发现的进化规律，也叫做达尔文的进化论学说。

生物构造的目的性，是生物进化规律的产物

有了这个进化论的学说，我们就能够完全明白，为什么虎、豹恰恰生着爪牙，为什么现在的一切生物的构造，都恰恰能适合它自己生存需要的目的？原来这并不是什么神灵预先安排下的，原来这是过去长久时期生物进化规律的产物，是因为机体构造不适合生存的生物，都在生物进化过程中被淘汰了的结果。所以，照进化论的学说，一切生物构造的目的性，都不是神灵预先的安排，都可以用客观事物的规律性和因果关系来说明，这是毫无疑义的了。

不论无生物（如水），或有生物（如虎、豹），它们的目的性

都是由一定的规律所产生，都是一定原因所产生的结果，所以，客观世界并不是依预定的目的而存在，目的论的世界观是不能成立的。然而，目的论者似乎还有一个最后的退路。他们会说："无生物界和生物界，都依从你们的意见罢。但我们的目的性，还有一个独立自主的大本营，不受一切因果关系和规律性的支配。这个大本营就是人类。人类的一切行为，都是先有目的的。一个人，不论一举一动，总预先会想到一个或大或小的目的，毫无目的的举动，在人类是不会有的。如果有，那除非是疯子，或者是在梦游状态中。例如解放区的人民参加反对国民党反动派的解放战争，参加生产运动，土地改革运动等，不是每一个人，都看清了自己的目的，才会来参加的吗？国民党统治区的人民参加爱国民主运动，反对专制独裁，不是每一个人都看清了目的么？反动派的宣传者常常污蔑爱国民主运动，说这是受'别有用心者'的挑拨，说这是'盲从'的'无意识'的举动，也即是说这是没有目的的举动。试问每一个参加爱国民主运动的同胞，你们听到了这种话，能够不认为是污蔑，能够不愤怒地起来反对吗？当然，你们一定要起来反对，因为你们对于自己的行动，是能够负责的，你们是知道自己的行动的目的的。由这一个例子，就可以看出，人类的生活行为，是决定于一定的预定目的。我心中的目的是怎样，我就怎样做。我是自由自在，不受什么因果规律的支配或束缚的?!"

人类行为的目的性，是社会发展规律的产物

这一套理由，自然说得有几分道理。但社会科学又告诉我们，这一套理由是不充分的。正如自然科学的进化论，帮助我们反驳了生物中的目的论一样，社会科学的理论、历史唯物论帮助

我们反对人类社会的目的论。按照社会科学的理论，我们反驳上面的说法。我们说，人类的行为是有目的性的，这一点我们也不否认。但是，我们要问，人类的目的又是哪儿来的呢？是神灵帮助决定的吗？是无缘无故产生的吗？抑或是仍然有其他物质原因决定的呢？为什么有的人有这种目的，而有的人又只能有那一种目的？为什么广大人民都以争取中国的独立民主为奋斗的目的，而决不会以拥护卖国独裁政府为目的？为什么反动派却相反，一定要以维持卖国独裁政府为目的，而决不以争取中国的独立民主为目的？这些目的是从哪里来的呢？当然不是无缘无故凭空来的，更不是神灵在冥冥中决定的。

人的目的决定于他的社会地位，在阶级社会就决定于他的阶级利益

社会科学告诉我们，人类的目的，是决定于人所处的社会关系，决定于人的社会物质生活条件。在有阶级的社会里，人的目的决定于他们的阶级地位。不同的阶级，处于不同的地位，因此就有不同的行动目的。反动派是属于帝国主义走狗的封建地主官僚资产阶级的少数一群人，他们是靠着残酷的压迫人民和剥削人民，来维持穷奢极欲的生活。他们的阶级利益，他们的少数者的孤立的地位，使他们害怕民主，而要求专制统治，使他们要依靠帝国主义者，来压迫中国人民。以工农为主的广大的人民的地位却相反，他们身受着帝国主义封建势力和官僚资产阶级的残酷压迫和剥削，需要推翻帝国主义及其走狗封建地主官僚资产阶级的压迫剥削，因此他们奋斗追求的目的就不能不是中国的独立和民主。这是大的例子，如果缩小一点，就个人的普通生活目的来说，也是一样。人在吃饭之先，先在心目中有一个要吃饭的目

的，这目的一方面决定于生理的原因，就是肚子饿的刺激。另一方面，同是吃饭的目的，穷人和富人又有不同，穷人只要求清汤淡饭，乞丐则只要求残汤剩饭，富人却要求珍馐美味。这种目的性的不同，表面上似乎是各人自由自在地想起来的，实际上则是不同阶级的物质生活条件规定的。

我们说人类的目的决定于一定的阶级利益，这并不是说人绝对没有选择目的的能力。有些人出身是封建地主官僚资产阶级的社会或家庭，但他们走向了民主的道路。这种事实，是不是推翻了我们前面所说的一套道理了呢？当然不是。因为，第一，这种情形，在封建地主官僚资产阶级中的人说来，是个别的、极少数的，整个封建地主官僚资产阶级，一般的都不会超越自己阶级的利益，而选择真正民主的道路，他们只能坚持自己的阶级利益，采取坚决反民主的道路。第二，这种少数人乃是脱离了他们本阶级立场的分子，他们之所以能够那样选择，也有它的原因。首先这是表示他们阶级内部的分裂，这些少数分子，或者是与他的阶级中最得势的集团有了利害的冲突以至于受到排斥压迫，或者是由于他们受到了广大人民斗争的影响，认识到了走专制主义的道路必然要失败，而民主的势力必然要得到胜利，所以他就选择了民主的道路。

人类有选择自己的目的的能力，但这种选择，仍有一定的规律和原因

人类能选择自己的目的，这并不是说他们的目的性是无缘无故“心血来潮”任意决定的。一个人为什么要选择这一种正确的目的而不选择另一种不正确的目的，乃是因为他的思想反映了真实的客观必然规律，归根结底，仍可以找出一定的规律和原因来。

唯物论反对目的论，但决不是宿命论

我们驳倒了目的论的世界观，说明人类生活的目的本身也有一定的原因，它在最后也还是表现着某种因果性和规律性，这样说是不是又变成宿命论，认为人的主观努力没有丝毫作用了呢？喜欢追究问题的读者们是一定要发生这样的疑问的。但是细心的读者，看了上面所说的一切，就自己可以得到解答：即我们反对目的论，并不就等于主张宿命论。宿命论是说人类本身没有丝毫的自由，一切都是生前决定了，但我们却已经说过，人类对于自己的目的，不是完全没有选择的自由。怎样能够有选择的自由呢？这里就用得着前面说过的“自由是必然性的认识”的道理。如果我们对于社会发展的规律没有丝毫认识，那么我们的行动就完全被自己的阶级利益所决定，我们就只能盲目地跟着一个决定了的目的走。反之，如果我们能认识社会发展的规律，例如说我们能深深了解民主的道路必然要胜利，专制独裁的道路必然要失败，社会主义共产主义的前途一定要实现，那么我们就有可能在专制和民主两个目的之中进行选择，我们就能够避免盲目性，自觉地走上必然胜利的道路，而离开必然失败的道路，就能够坚决地为实现社会主义共产主义而奋斗。

因此，我们的目的是否正确，决定于我们是否能正确认识事变发展规律。被压迫阶级是否觉悟，也与他们对周围事变规律的认识是否正确有关，与他们所选择的目的是否正确有关。农民如果不认识地主是依靠剥削农民为生，反而以为自己是依靠地主生活，就不可能选择消灭地主阶级、彻底反封建的目的，这就是不觉悟的农民的基本思想情况。无产阶级在没有马克思主义的理论指导的时候，虽然也对资产阶级斗争，然而斗争的目的是很模糊的，或者采取破坏机器的方法，或者只为某些眼前的经济利益而斗争，决不会明白知道还有一个消灭资本主义、建设社会主义及共产主义的远大目的。有些贵族工人甚至受了资产阶级的影响，跟着右派社会民主党的反动领袖去破坏工人阶级的团结，维持资产阶级的统治。共产党是觉悟的无产阶级的先锋队，它有马克思主义的科学理论之指导，能够认清楚社会发展和革命发展的规律，因此也就能领导无产阶级为着历史所赋予自己阶级的任务和目的——经过各种斗争的道路，最后消灭一切阶级剥削制度，建立社会主义和共产主义社会——而努力奋斗。无产阶级有了马克思主义和共产党的指导，就由不自觉的阶级变为自觉的阶级，或者说由“自在”的阶级变为“自为”的阶级。所以，即使是被压迫被剥削阶级，如果不认识社会发展规律，也就是不自觉或不觉悟的阶级，他就不可能有正确的目的，甚至于他的目的会违反本阶级的利益。另一方面，即使不是被压迫被剥削阶级出身的人，当他认识了社会发展规律，认识到必须和工人阶级以及其他被压迫被剥削的人民站在一道来反对反革命的势力，并以这些认识来正确决定自己的目的，坚决英勇的为实现这目的而斗争，那么，他的行为就能够和被剥削被压迫的革命阶级的利益一致，就成为革命阶级的一员。因此，在领导群众进行革命斗争的各种重大行动中，思想教育、理论教育是一件不可少的事情。这样的教育，是为了要以社会发展和革命发展的规律知识提高干部和群众的认识，提高革命队伍的觉悟，使得人人在行动中都能掌握正确的目的。

人的目的能否实现，要看这目的是否合乎社会发展规律

我们的目的，只是我们主观的希望，只是我们努力的目标，

并不就是事实。有了目的，不一定就能实现。目的能否实现，首先要看你的目的是否合乎社会发展和周围事变发展的规律。如果你的目的是违背了社会发展和周围事变发展的规律，例如说你要想学袁世凯做皇帝，要想像蒋介石那样把专制独裁制度永久维持下去，那么，你这种目的就只能永远是主观的妄想。当然，专制独裁主义者们决不肯承认自己的目的是妄想，他们总以为它是有实现之可能的。但在事实上，这种目的决没有变为事实的可能性，因为今天的中国和世界，已不是一百年前封建的中国和世界，今天的中国和世界里，已没有从新建立一个专制帝国的条件了。

事物的出现，只在一定的条件下才会成为事实，这就是可能性

现在我们已讲到另一个哲学范畴——可能性的问题上来了。什么是可能性呢？一种事物的出现，在客观世界里已具备一定的物质因素，但还需要一定条件，它的出现才会实现，才会成为必然的事实，而在另外的情形下就不会成为事实，或被另外的事实所代替，这就是可能性。简单点说，可能性就是指事物在一定条件下能够实现出来，能够成为事实的这种性质。中国的新民主主义革命一定要得到完全胜利，而且要过渡到社会主义社会和共产主义社会，这种趋向在中国社会的物质生活条件里已具备着它的必要的因素，但要使这种趋向成为必然的事实，需要创设一些条件，例如政治上的无产阶级专政这个条件，如果没有这样的条件，社会主义和共产主义是不可能实现的。又如经过革命达到这胜利的道路，有种种可能的情况，或者会很快胜利，或者会要拖延得很迟，或者比较顺利比较很少痛苦的得到胜利，或者在中途

要遭受一定时期的严重挫折，付出很大的牺牲代价。这种种情况的实现的因素，在革命运动中都是包含着的。其中无论哪一种都可以在一定条件之下出现，而且种种情况之中必有一种出现。所谓一定的条件是指什么呢？最主要的就是广大人民民主势力对反动势力的斗争情形。如果广大人民民主势力在斗争中掌握正确的策略，不失去一切有利的时机，那么胜利就会比较快，比较少些痛苦；如果在斗争中犯了错误，那么胜利就会拖迟，就会遭受损失或一时的失败。总之，在斗争的过程中，这种种可能必有一种成为事实，但无论哪一种都要有一定的条件，才能够成为现实，成为必然的事实。

在一定条件下的确可以成为事实的可能性，叫做“实在的可能性”

但是，我们这里所说的可能性，是指那能够成为事实的东西，它们虽不是立即要成为必然的事实，但只要实际上有一定的条件出现，就可以成为必然的事实，这样的可能性，叫做“实在的可能性”。

根本不能成为事实，只在人的主观上以为可能的。叫做“抽象的可能性”

还有一种人们所谓的可能性，是根本不能成为事实，而只是在人的主观上觉得可能。例如前面说过，反动派妄想专制独裁制度可能永久维持下去，这种所谓可能，根本没有任何客观事实的根据，而只是反动派的主观妄想。这是把实际上不可能的东西当做可能，这就不是“实在的可能性”，而可以叫做“抽象的可能性”。如果有人设想可以不经过任何斗争和挫折，太平无事的得到革命的胜利，这种想法，也是抽象的可能性。抽象的可能性，是脱离事实的无益的空想。这种无益的空想，是从事革命运动的人必须要避免的，万万不可使它成为我们指导行动的思想。

可能性转向事实，并在发展中成为必然的东西时，就叫做由可能性转变为现实性

可能性并不是必然存在的事实，抽象的可能性根本不能成为事实，但实在的可能性，在适当的情况之下就会转变为必然存在的事实。当一种可能性已转化为事实，并且在发展中成为巩固的、必然的东西时，我们就说这种可能性是实现了，或者说可能性转变为现实性了。在广大人民努力斗争的情形下，革命任务完成的时间的确在事实上加速了，反动派要想动摇这种事实以延迟革命胜利的一切企图都被粉碎了，那么，革命胜利的时间之缩短就成为现实性了。

事实上虽然存在，但不是发展中巩固的，必然的东西，这就不能算是现实性

现实性这一个范畴，是指那个不仅仅在事实上存在，而且在事变发展中成为巩固的必然的东西。如果在事实上虽然存在，而在发展中并不巩固，例如袁世凯宣布做皇帝，国民党反动派开了“国大”、伪造了“宪法”，这些虽然也是事实，但并不是现实性，因为它经不起一点风吹草动，就像水中的泡沫一样容易消散。

事物发展中的对立势力之斗争，使它有种种的可能性

事物发展中为什么会有种种可能性？这是由于发展过程是矛盾的，是在对立势力的斗争中开展的，而对立势力的斗争，又联系着各种复杂的条件。斗争的结果是必然的，即新生的东西一定最后胜利，而腐朽的东西一定最后失败，这一点是一定不移的，必然的。但由于条件的复杂，斗争的情况和发展的情况就有种种变化的可能性。对新生的东西有利的条件愈多，它的胜利就愈快，如果这种条件愈少，而困难条件增多，它的胜利就要拖延。

一种可能性能否实现，决定于各种条件，而人的主观努力就是一个重要条件

而各种条件中间，人的主观努力也可以创没出最重要的条件。更多的主观努力，更正确地认识周围事变发展的规律和更正确的政策掌握，更广大的群众觉悟和团结起来参加斗争，更适当的斗争形式的选择，都可以成为加速胜利的可能性的实现条件。如果有了有利的客观条件，我们又能紧紧地抓着这些条件，加强人的主观努力，把广大人民群众的力量发动起来积极参加斗争，那么我们就能够把加速革命胜利的可能性变为现实性。如果有了有利条件，而我们却不能抓紧时机，进行正确的革命指导，那么有利条件就不能发挥作用，结果成为现实性的，就不是革命的加速胜利，而是革命胜利时间的拖延和苦痛的加重。

由此可见，辩证法唯物论并不是宿命论，虽然我们认为新民主主义革命的胜利和向社会主义的过渡是历史的必然，但并不是说人的努力毫无作用，一切都是命定。相反的，人的努力可以在

革命发展过程中起很大的作用。人的正确的努力，可以争取一切有利的可能性成为现实性，而避免严重挫折的可能性之成为事实。革命指导者的任务，就是要能够认识事变发展的规律，估计发展中的各种可能性，对最坏的可能性作出充分的估计，以便准备好足够的条件来克服这最坏的可能性，而使有利的可能性成为现实性，以便避免革命过程中可以避免的损失，减少斗争中的痛苦和时间上的不必要的拖延。总之，以充分的准备来对付最坏的可能性，以便有余力来随时克服一切意想不到的困难，这是促成有利的可能性变为现实的一个极重要的条件。

我们要重复说一遍以前说过的话：哲学的重要任务是在于改变世界。辩证法唯物论是无产阶级的哲学，是无产阶级先锋队——共产党用来研究问题和解决问题的思想武器。依据着这个思想武器指导下所获得的正确的知识，无产阶级先锋队就能胜利地领导工人、农民及广大人民群众进行改变世界、改造中国的斗争。我们学习辩证法唯物论，就是要用它来引导我们正确认识世界，认识中国社会的客观事实发展规律，确定中国革命应该走的道路，和各种工作中的方针，政策、计划、办法，发动广大人民群众积极起来进行斗争，以实现新民主主义革命的完全胜利和过渡到社会主义共产主义社会。只要我们正确地为此目的而努力，那么这些可能性是一定可以变为现实性的！

第六章　哲学与生活

二三　相对和绝对

——答半呆君

我们现在把半呆君的这一个问题提出来讨论，不单只是因为它有哲学上的兴趣，而且也想从它里面找出实践上的意义。“这是为什么呢?”有人一定要问说：“相对和绝对，不是两个抽象的哲学名词吗？相对和绝对，绝对和相对，任你说来说去，怕仍只是在空名词里打弯子，实践的意义在哪里，和中国目前所急切要解决的民族解放问题又有什么关系?”

“慢慢地听我们讲罢!”我们要回答他说：“我们所用的一切名词（或概念、范畴），原来都是现实事物的反映，世界上有现实的马，才有马的名词，有资本主义制度，才有资本主义的名词，相对和绝对两个名词，也不是和现实事物离开的，甚至于在民族解放的实践运动中都有联系。是怎样离不开和怎样联系的呢？这篇文章下面会慢慢谈到。现在只先总说一句：人们所以会觉得一讨论到这样的问题就是在抽象词句里打圈子，是因为他们上了旧哲学者的当，因为那些学者忘记了名词和事实的关联，常常把事实抛开，单独地玩名词的把戏。如果我们能够把它从抽象的半空中曳下来，使它立足在现实的土地上，那么，就是实践的人们也需要注意他了。

“名词是在人用，用法不同，也就有不同的意义。学究的哲学者是把名词拼拼凑凑，说些‘相对的绝对’‘绝对的相对’‘绝对的绝对’等等的呓语。但是我们呢？我们却要处理这些实际问题：战争的不可避免是绝对的么？现阶段的和平运动只有相对的意义么？中国人必须联合抗敌才有出路，这是相对的真理，还是绝对的真理？如果相对真理和绝对真理不能分开，那么两者中间有什么关系？我们要解答这些问题，还要把这些解答应用到更实际的日常生活中去。”

在我们的生活中，常常有绝对主义的鬼魂在作祟，这是我们首先要注意的。思想进步的青年们，谁都相信世界是不断地在变化，社会是不断地在发展，现社会的不良制度，只在现在的阶段才会存在，将来终有一天要消灭的。但这只是一部分进步的人的思想。我们现在还可以遇到许多另外的人，他们还在相信天命，以为世界上的一切，都是有一个最高的主宰在那里安排好了，永远不能改动的，生活的痛苦，也只能怪命运。这就是绝对主义的一种，因为它把世界看做绝对的主宰所玩的绝对不变的把戏，一切事物都是绝对的，依着绝对的秩序安排在那里。这只是就很大的世界观方面来说，如果我们从一些比较小的事情来说起，就更明白绝对主义是怎样有时会支配着我们。

即使是进步的、觉悟的青年，我们也常常看见这样的毛病：他们常常写信来说：“我的环境太恶劣了，这样的环境和我不能相容，我必须离开它，到较好的地方去生活，或者请你们把救国团体的关系介绍给我，让我好到里面去痛痛快快地工作。”这样的见解，也正是无意中被一种绝对主义的思想所支配了。虽然这种见解的主人翁是进步的青年，接受了新思想，懂得世界是变动的，懂得中国人现阶段的任务是救亡抗敌。然而他们没有把自己的进步的思想，无遗憾地应用到个人的生活态度上去，他们对于自己的生活，仍是用固定的、非变动的、绝对的观点去观察，不错，他们的环境实在黑暗，然而他们忘记了黑暗也可以打破，前进青年的努力，可以使环境变动。他们周围的人是不觉悟的，然而他们忘记了不觉悟的人也会变动，在一定的情形之下，也有走到觉悟的路上去的一天。他们把黑暗固定化了，把不觉悟绝对化了，以为这全没有变好的可能。于是就绝望地叫道："我没有办法了，我的生活环境已经不能容纳我，让我到另外的更光明的天地里去吧！"

我们接到这样的青年们的来信，就不能不回答他们说："你的想法是错了，你以为自己的环境坏，要逃出这黑暗圈，是错误的。逃避不是生活的正当方法。因为在目前的社会里，就根本没有一块完全光明的地方，你逃出了自己的环境，仍然要走进一个新的黑暗圈里，逃避也是无用。但你用不着悲观，因为光明是从黑暗中打出来的，不打破黑暗，不会有光明，所以你应该留在自己的环境里，尽可能地实行你进步者的任务——打破黑暗。你不要把黑暗看得太绝对了！"

由这一个实例里，我们可以知道，绝对主义是要反对的，它使我们不肯从眼前现实里去工作、去奋斗，只梦想着另外的光明地方，或者想逃避现实。绝对主义是和事物的真实情形不符合的，因为事物都会变动，黑暗的社会也会发展成光明，不是绝对的黑暗。光明的东西也是从黑暗中孵化出来的，不是天上掉下来的绝对的光明。

要把握新哲学和新社会科学的真确意义，也要反对这绝对主义，否则口里虽然谈新哲学，实际上仍成了观念论者。这个哲学和社会科学的出现，是要我们在现实的黑暗社会中，用种种的方法去促进将来的社会和目的的实现。有些误解这种科学的人，他们把将来的社会看成一个理想，很性急地想马上就在世界上建立起来，而不知道从实现社会里促进它。虽然他们所悬的理想好像和新哲学新科学一致，但实际上他们是太看重理想，而忘记了现实，所以还是一种观念论（一切的观念论大部分都是绝对主义）。我们常听到所谓“左倾幼稚病”的名词就是这一种绝对主义的作祟，因为它们把新社会科学的理想看得太绝对了（即忘记了它是从旧社会中孵化成的）。

事物不是绝对不变，绝对主义是不可信的。那么，我们是不是可以反过来，相信相对主义，主张一切都只是完全相对的么？

我们先要说：我们不能不承认事物都有相对性。因为事物都在变动。我们既然承认自己的黑暗的生活环境终有变好的一天，那我们同时也就不能不承认，黑暗只是在今天存在，只要我们看清楚了社会发展的道路，依着这道路奋斗下去，那么，明天或后天总有发现光明的时候。这就是说，黑暗是有相对性的，是和今天的时间相对的，或者是和我们的不努力相对的，我们不努力一天，黑暗势力就可以延长一天。同时光明也有相对性的，社会的发展虽然有光明的前途，但这前途不会突然自己掉下来，而需要我们去促进，也不是凭空地轻易地就可以由我们建立起来，而是需要我们在现实社会中为它奋斗、努力，它的出现和我们的努力是相对的。

但我们这样说，并不是就要相信相对主义。事物的相对性是必须承认的，因为事物是不断地变动，没有绝对的永久的存在。但承认了事物的相对性，并不就是要相信相对主义。相对主义为什么不可信？因为它把事物的相对性太夸大了。它使我们这样想：“什么都还不是一样，黑暗也好，光明也好，都是相对的，都没有一定的标准，世界上也没有什么真理，因为真理都是相对的，我说是真，别人也会以为是假。生活也是一样，何必努力奋斗呢？将来的光明，也许只是我心里的空想，何必为它白白吃苦？混得一天算一天，这就是过日子的方法。”

相对主义把相对性太夸大了。夸大到使我们不能相信一切，使我们怀疑一切，相对主义就是一种怀疑主义。人们观察事物，怀疑是要的，但弄到怀疑一切，在生活上思想上没有一点东西可把握，只图目前混日子，那就糟了。

这一种相对主义或怀疑主义是有毒的，但在青年人中间，受这种毒的人比较少，青年人因为热情很高，容易被绝对主义作祟，但很少中相对主义的毒。这种毒多半在老年人的身上作用着，或者染着暮气的青年人，也会有这种倾向。他们大抵是受着打击而经不起打击的人，没有向前斗争的勇气，容易和眼前的恶劣势力妥协。因此，右倾的毛病，一部分也就是来自相对主义的。如果说绝对主义是青年病，那么相对主义就是一种老年病或成人病。（当然我们也不能否认有老当益壮，愈老而愈更有锐气的人，所谓老人病不过是一个比喻罢了。）

相对主义把相对性过分夸大，夸大成一种病态的歪曲思想，这是我们要反对的，在前面已经讲明白了。但我们并不是要完全反对事物的相对性。我们既承认事物的变动性，就不能不承认它的相对性。不过，这种相对性和怀疑一切的相对性不同，这种相对性只指出了事物的变动，却不否认这变动中有一定的规律、法则，有一定的来由和前途，所以，虽然并没有把现在的东西看做绝对永久，但也并没有否认了世界发展的一定秩序和旋律。这就是说，它并不像相对主义那样怀疑一切，不相信任何规律。它虽然承认相对性和变动性，同时也没有忘了变动中的一定的东西，有规律的东西，这也就是说，它在相对性中，仍然看出了一种绝对的东西。绝对的东西包含在相对之中，相对主义就看不到这一点，这就是它和相对主义的不同。

譬如说，中国的民众现在都要求全国一致起来抗敌，这样的事，自然是相对的，因为这是在近几年来才最感迫切的需要。在七八年以前，我们自然也要反对帝国主义的侵略的，但那时还没有把全国的怒火集中到一个东亚帝国主义者的身上。在将来呢？这样的事情也会有消灭的一天，因为全国解放的要求，是来源于敌人的加紧的压迫，是和这压迫相对的。如果有一天，帝国主义的敌人失败了，或者因为他们本国的变化，停止了对我们的进攻，我们也自然不会再无缘无故地要把反抗的火焰燃烧在他们身上。抗敌救亡的要求，是会变化的，因此也是有相对性的。

但如果我们把这相对性夸大，说：好了，这样的要求只是暂时的东西，也许明天又不同了，也许后天又再有一个变化。我们即使不必为这样的要求而努力，也没有什么要紧，因为今天的事明天会变得怎样，我们是全不知道，何必白费气力呢？——这就成为怀疑主义了。

这样的夸大，当然是很不对。我们虽然承认，全国一致抗敌只是民族解放运动的现阶段的要求，在“现阶段”这一点上有它的相对性，但同时我们又不能不说，在现阶段上，用全国一致抗敌来实行民族解放运动是绝对必要的事，除了这一条路以外，在现阶段上，绝对没有第二条路可走。总之，在发展观点上，每一件事物都是有相对性的，但在发展的每一阶段，必有一定的规律，一定的事物的出现，这又是绝对的。相对的东西，总包含着一定的绝对的东西，绝对的东西，是作为相对的东西的每一个必然阶段而表现出来。这就是两者的关系。

说到相对真理和绝对真理的关系，也是一样。真理是不断地发展的，我们绝不能一次就把握到世界上一切的真理，我们的真理是一步步地深化，每一个时代，我们所能够把握到的真理，都有一定的限度，在这一点上，它是相对的。但同时，我们每一个时代所把握到的真理，都是以一定的程度把握到了事物的真实性，都能把真理推进了一步，这又是绝对不移的。我们今天所知道的真理，一定比昨天所把握到的更深刻、更进步，这一点是不容我们怀疑的。因此，凡是我们所把握到的真理，都是有着相对的基础（因为它不断地发展），而同时又有着绝对的内容的。

谈得太多了，问题也大致已经解释明白，真理的问题，请读者另外去参考别的哲学书，此地不多讲了。

二四 世界观的确立

——答青年平君

世界观的苦闷，在青年学生和知识分子中间是常常有的。在最苦痛的境地里生活的民众，就不会有世界观的苦闷。因为他们的全副力量都要用来为生活挣扎，“要活”就是他们唯一的思想，唯一的世界观。生活地位较好的知识分子或青年学生就不然，他们除生活之外，还有一点余暇来研究、思索，他们在书本子上，以及从教师的口里，听得了各种各样的世界观，这些世界观都给他们有相当的印象、影响。于是他们就不能不比较、选择，究竟什么才是正确的世界观呢？他们一定要确定，要把握到一种正确的世界观，才能够坚定地向前去生活、奋斗，否则就苦闷、彷徨，不知道走哪一条路好。

最近有一位青年平君的来信，就诉说这一种苦闷。他的苦闷是对于唯物论和唯生论两种世界观不知选择哪一种好。这是目前一般学校里的学生所常感到的。他们一方面从自己的研究中接受了唯物论，知道了唯物论是目前世界上最进步的思想，然而一方面又在学校一部分教师的口中听来了唯生论，也说唯生论是目前最纯粹的世界观。当他们在两者中间不能作一个决定的时候，他们就彷徨了。平君说："近来唯物论和唯生论在脑中打架，弄得不可开交，痛苦极了——什么事情都不高兴去干！唯物论大家都知道，唯生论据主张的人说就是中山先生思想的哲学基础，说是取唯物论和观念论而成，使我们莫明其妙！先生如能公开地答复我们，彼此才算是尽了本分——民族复兴。对于这样的事情弄不清，恐怕就是立足点不稳的缘故吧?"

这确是立足点没有弄稳的缘故。立足点不容易稳定，是知识分子的坏处，然而，如果他们一旦坚定地把握到正确的世界观时，他们所了解的也会变成更深刻更明白，这是他们的优点。他们应该发挥自己的优点，除去自己的弱点，因此，世界观的确立，在他们是很必要的事。

现在我们就给平君做一个答复，希望他能走上坚定的道路：

先说唯物论吧。唯物论常常被人误解，以为这就等于"唯利是图"主义，以为唯物论者所要的只是吃饭，精神上的安慰，一点也不需要。如果唯物论真是如这样误解的东西，那么，中国目前卖国的汉奸，通通都可以称做唯物论者了。因为他们做汉奸的唯一目的，也不外是做官、拿钱，做走狗的精神痛苦，是满不在乎的。然而这并不是真的唯物论，就是汉奸自己，也不一定肯承认他们是唯物论者。譬如郑孝胥之流，不是还满口讲仁义道德、孔孟王道、精神文明的么?

唯物论（尤其是新唯物论）的主张，并不是要完全抹杀了精神，而只是认为：物质先于精神，物质是精神的基础。譬如说劳苦大众，因为他们的物质生活是等于在死亡线上挣扎，他们的物质生活逼着他们拼命地为生活而挣扎，于是他们精神上、思想上所有着的唯一中心观念，也只是“要活”“要和压迫自己生活的一切势力苦斗”。在北平一带的学生，物质上受民族敌人的压迫太切近了，所以他们精神上的抗敌救亡意识也特别迫切，虽然各地学生也同样知道要抗敌，然而比较起来，情绪的热烈，团结的坚强，行动的不屈不挠，仍是要首推北方。

论到民族复兴或民族解放，唯物论也是把物质的复兴或解放放在第一位。譬如要我们的广大民众讲清洁卫生讲节俭的美德，首先就要有清洁和节俭的物质条件存在才行。穷到四季只有一套衣服，连换洗的也找不到，那哪里还可以谈清洁？穷到连肚子也吃不饱，活命还恐怕来不及，那哪里还用得谈节俭？民族复兴必须在文化上，也就是精神上有复兴的表现，这是当然的，然而必须先使民众在物质生活上有了复兴的希望，至少要在物质基础上有保障，然后才说得上精神上的复兴。抗敌救亡，收复失地的要求，正是为要获得物质的保障，不然，物质上已被敌人奴役了，精神上还有自由么？

唯物论不是要抹杀精神，不过是要把物质当做第一位，精神当做第二位。但也并不是轻视精神的作用，精神对于物质的反作用，唯物论也是非常重视的。民众在精神上或思想上对于救亡抗敌的觉悟愈更坚决、愈更广泛，那么物质上的实际的救亡运动就会愈更坚强、愈更宏大。不过，精神上的觉悟，是必须以物质的要求为基础的。当民众的生活已经在敌人的威胁之下的时候，如果还有人想要讲精神文明和忍让的王道，那就不会被民众所接受，这样，精神的要求不能不以物质的要求为根据，而唯物论的真理也就在这里了。

这样说时，对于唯生论的问题也就容易解决了，当生活受到威胁的时候，人们自然要努力求得生存，当民族的生存受到敌人的危害时，民族就要以抗敌救亡的手段来争取民族的生存。如果是站在这样的观点上来看，那么唯生论也未尝没有一部分的真理，甚至也有一部分近于唯物论的真理。因为生的要求，正是一种生物或一个民族的物质要求。如果唯生论能把它的这一方面发展出来，使它成为一种抗敌救亡的理论基础，那对于今日的民族救亡运动，就有很大的利益。

但我们要注意的是，不论民族的生存或个人的生存，也首先要以物质的生存为基础。生活没有保障，就要叫民众讲精神道德，是做不到的。讲精神文明的人常推崇孔孟的道德，然而孔孟说出来的话，有时也会使精神文明家失望。譬如孟子说："无恒产而有恒心者，唯士为能。"没有恒产（物质保障）而要想有恒心，不是一般民众做得到的，只有士（做官阶级）才可能做到，因为称为士的人，即使没有恒产，也可以摇唇鼓舌，以干政治活动来维持生活。在这些地方，可以看出物质的力量，就是大体上主张观念论的孟子也无意中不能不说出唯物论的真理来了。

唯生论如果要贯彻它的真理性，就不能不把物质放在第一位，把精神放在第二位，如果抛开民众物质生活和民族物质生存的保障（如国土的保障），空谈精神生活、礼义廉耻、清洁卫生，那就会看重了精神，骨子里走进了观念论的圈子里。如果又要谈物质的建设，又要谈精神的道德，两者没有正确的关联，不依着物质生活条件的要求来谈精神文化，这就是使物质和精神平行而不相关联，那就是等于物心并重二元论。如果能把"生"的基础放在物质基础上，那就是和唯物论有了共通点。目前的唯生论，实在有着这三种倾向、三种前途。为民族的生存计，为民众的生活计，为真理的胜利计，我们是希望它加强最后的一种倾向，而走向最后的一种前途的，因为前两方面是它的缺点，最后一方面才是它的优点。

这样，平君的头脑里打架的问题，是不难解决的。在目前，我们确定自己的世界观，是要以民族的物质利益为前提，因为我们最受威胁的就是民族的物质生存。对于任何一派的哲学，我们所抱的态度并不是要绝对打倒或绝对拥护，而是要采取它的有用的一面，而是要发展它对民族物质生存有利的一面，清除它的有毒的一面。对我们自己，能够确立唯物的世界观是正确的，因为这样我们才可以彻底地来拥护民族的物质利益，然而对于别人，我们不必勉强他一定来相信唯物论，只要找出他们的好的一面，督促它，提携它。譬如有人说："我们唯一的需要是生活，是生存"，那我们就可以回答他说："是的，但我们尤其要先确立物质的生存，和物质的生活！"这样，我们是不但确立着自己的世界观，而且是在实践上把它活用了。

二五　关于"形式逻辑与辩证逻辑"

——答张友仁、瞿鸣皋君等

一

思奇先生：我是《读书生活》的长期读者，对于先生的哲学讲话，尤其爱读。哲学讲话编成单行本出版后，我又买了一本来再读过一遍。我能够懂一点哲学知识不能不感谢先生，因为平素我对于别的哲学书，总是会感到头痛的。自然，我读了哲学讲话以后，并不会就感到充分的满足，正如《读书与出版》的倩之先生所说，这本书的分量很少，又要用通俗的笔调反复详明地解说一切复杂的哲学问题，自然是不容易透彻发挥的。好在这本书已把基础知识给予了我，我可以从此作进一步的研究了。

前两天听朋友说，《研究与批判》第二卷二期上有好几篇文章，对于《哲学讲话》攻击得很厉害。我平素是不看《研究与批判》的，听见了这消息，我就去买了一本来看，因为《哲学讲话》出版以来，我从各方面所听到的大抵都是同情的声音，有时也见过一点批评，那也是善意的指摘，对于全书的意义都是抱着同情态度的，现在却有人来加以攻击，不是值得注意的事吗？

我把《研究与批判》买来一看，才知道它的编者就是叶青，我才恍然明白为什么他们要攻击《哲学讲话》了，因为《读书生活》曾屡次地批判过叶青的错误啊。

但我终于开始读他们的文章了。攻击《哲学讲话》的文章，在那一本书里竟有了三篇，差不多占去了五分之一的篇幅。他们对于大众所爱读的这部《哲学讲话》，竟是用这样大的火力来进攻，好像一定要把它形容成毫无意义和价值的东西才肯甘心似的。这引起了我一种奇怪的感觉，仿佛闻见了墨索里尼的毒瓦斯的气味一样，我总觉得似乎有点什么恶毒的用意在里面似的。

三篇文章里，态度最坏的是《读哲学讲话以后》一篇，东挑一句，西剔一段，说是艾思奇不懂这样，不懂那样。其余两篇，还比较带一点学术的态度，我不知道先生看见了没有。我觉得先生应该细细地把它看一看，给它一个很好的反攻。

依我的意思，我们应该特别注意叶青的《形式逻辑与辩证逻辑》那一篇。因为这一个问题，是唯物论里的最根本的一个问题。解决了这一个问题时，另外一篇文章里所提出的“内因论与外因论”的问题也就容易解决了。

我自己曾努力地思考了一下，发现叶青在这问题上有几点错误，特为写在下面，请先生来一个详细的指教。

第一，叶青口口声声说他自己没有把形式逻辑和辩证逻辑同等看待，也承认“后者吸收前者，代替前者”。也就是说后者把前者扬弃了、否定了，然而他所理解的扬弃和否定是什么呢？他说扬弃不是简单的抛弃，否定不是简单的否定。这一点似乎是对的，因为扬弃是一方面把消极的东西抛弃了、否定了。一方面又得把积极的东西加以批判和改作，而保留下来，这当然不是简单的抛弃。然而我们要注意的是，叶青说出这句话来，并不表示他有这种正确的理解。他是要把我们引到另一个极端：他把扬弃里的保留，当做了简单的保留，当做无批判的保留。他以为辩证法的扬弃形式论理学，不过是划定一个小范围把它简单地保留起来，并不是批判地包摄在自己的内部。他说："从前以形式逻辑支配一切研究领域，现在则把它局限在相对的静态中"。这样，我们否定形式逻辑，只能在它的应用范围上否定，而不能否定它的质了。这不是简单的保留是什么？这不是在本质上承认形式逻辑和辩证法有同等意义了吗？

第二，叶青虽然在口头上承认运动是绝对的，静止是相对的，好像已经没有把静止和运动同等看待了，然而这只是口头上的，实际上他已经把两者同等看待了。他说："运动是静止的积累，静止是运动的停留，两者相生相成，互为规定。"这就是叶青对于运动和静止的关系的理解：运动不过是静止的积累！世界上的运动也会停留，两者是互为规定的！据我所知，静止只是运动的特殊形态，决不是运动的停留，运动也绝不是静止的积累，如果简单地只是静止的积累，那才是根本"不成其为运动"，根本把运动解消在静止里了。他说"运动在其时间的经过中不能没有空间的停留"，这表明他根本不懂得用辩证法来理解运动。运动的东西，在空间的任何一点上，都是同时停留而同时又不停留的，这是运动的矛盾的统一，没有这矛盾的统一，单只有停留，是怎样积累也不会成为运动的。叶青在这里明明忘记了用矛盾统一律来理解运动，这可以看出他的真面目是什么？

第三，他说："认识中国经济，显然是静态的研究。因而问题底提出，无疑地是站在形式逻辑底观点上的……"这一点，他明明是对形式论理学让步，好像中国的经济性质问题，定可以用形式逻辑来解决了，这是不会有的事吧。但叶青也说出了很多的理由，粗心的读者总不容易看出他的错误，请你也详细批评一下……

——张友仁君来信

二

关于《哲学讲话》的批评，有很多读者来信问到。因为批评是从各方面来的，意见也各式各样，也有同情的，也有不同情的，也有善意的指摘，也有恶意的攻讦。我想另外做一篇文章，做一个总的答复，顺便也来一个自我批评，作为该书第四版的自序。在这里，单单对于张、瞿两君所要求解答的形式逻辑与辩证逻辑的问题来讨论一下。这一方面是因为，正如张君所说，这问题是最根本的问题，另一方面也因为叶青在这问题上是用专文来和我论难，所以我也用专文回答他。

我们也同样从形式逻辑和辩证逻辑的根本定律说起。在形式逻辑的三个定律（同一律、矛盾律和拒中律）里最根本的是同一律，其余两个可以说是从同一律引申出来的，所以，为要节省篇幅，我们不妨单举出同一律来说。它的公式是，A 是 A。意思就是说："一件东西是和它的本身同一的。"

辩证法的公式，据叶青说是"在 A 是 A 之外，同时又主张 A 不是 A"。我们可以说简单点，即：A 是 A，同时又不是 A。这是和形式逻辑的同一律相反的，它的意思就是说："一件东西是同时和它本身同一，而同时又不同一。"

就在这两个公式里，我们已经可以看出形式逻辑和辩证法的关系来了。即在辩证法，是要同时看出一件东西本身里的同一和不同一。而在形式逻辑，却只看见了"同一"这一面。辩证法不仅只看见这一面，因此它能够把形式逻辑包摄、“吸收”、扬弃；形式逻辑所看不到的，辩证法能够看到，形式逻辑已看见的东西，辩证法不但看见，而且加以改造、加以深化。

以上所说的一切，似乎和叶青并没有什么不同，似乎也是叶青说过的。但是，让我们更具体地来研究一下，就可以知道口口声声说别人“根本不懂辩证法”的叶青，他自己究竟懂得多少？

首先，我们要注意辩证法是怎样“吸收”形式逻辑。辩证法吸收形式逻辑，是要经过消化，经过改作，溶化成自己的血肉的，不是简单地把它请进自己的房子里来，划给它一个地盘，就以为这是把它高扬了。曲解辩证法的人，常常把“A是A，同时又不是A”机械地拆散成两个形式逻辑的命题，以为只要一方面承认A是A，另一方面又承认A不是A，就算是辩证法了，他们不知道，这两个命题的关系，并不是“一方面”和“另一方面”，而是“同时”，是互相渗透，两个命题是整个的统一，不是机械的结合，所以也不能那样机械地拆散。然而他们把它拆散了，结果就把辩证法理解成折衷主义，在表面上，他们也会播弄辩证法的言词，承认要“以辩证法为向导来行理论的思维”，而在实质上，他们的辩证法，只是许多形式逻辑命题的折衷的结合。表面上好像是运用辩证法来扬弃形式逻辑，实质上却把辩证法解消在形式逻辑里。

辩证法的扬弃形式逻辑，固然不是单单的抛弃，它是同时把形式逻辑里的积极的东西吸收了的。但这吸收正如张君所说，也并不是单单的保留。而折衷主义却全把我们引到这一个极端。它说形式逻辑在辩证法里仍有着地盘的，不过范围缩小了一点，在全体上看，是辩证法领导着，“统摄”着，而就一部分看来，仍十足地支配着形式论理学。叶青的辩证法，就是这种折衷主义的曲解的一例。

例如就归纳法和演绎法来说，叶青也承认这两种方法是建立在形式论理学上，并且要给辩证法扬弃了的。“辩证法统摄了演绎法和归纳法”，他说，然而他所谓的统摄，是怎样统摄的呢？“我们也可以在应用中范畴地看待演绎法、归纳法、辩证法，而为它研究过程中之适当的场合”。这意思自然是说，整个的研究虽然是辩证法的，然而在过程中的各个场合，有时就要用归纳法，有时就要用演绎法，这些方法结合起来，就成为整个的辩证法研究过程。我们知道，归纳法是要从许多复杂的个别事物中找出它们一般的单纯的共通点，它采取的路径是分析。演绎法是用一般的原理来说明特殊的事物，它的路径和归纳法相反，是综合。归纳法是从特殊到一般，从具体到抽象；演绎法却相反，是从一般到特殊，从抽象到具体。如果照叶青所说：我们“用辩证法于研究，斯演绎法和归纳法就在其中”，而归纳法和演绎法在辩证法的整个研究过程里又是各有适当的场合的，那么，整个的辩证法，就不过是这里一个演绎法，加上那里一个归纳法，这样机械地折衷地结合起来的罢了。

叶青也许会说，就是用辩证法研究事物，也仍是要从许多具体的个别事物开始，走向一般法则的发见，再从一般法则，应用到个别的具体事物上去。在前一段过程，就是归纳法适当的场合，后一段过程则是属于演绎法。其实这是错误的。在辩证法里，从个别到一般的这段过程上，虽然也用到普通归纳法里的观察、比较、分析等方法，然而只是作为一个要素应用它。除非不要辩证法，不然，就在这从个别到一般的上升阶段里，也得要贯彻着辩证法的方法，而不能把归纳法囫囵不化地摆在这里。归纳法在这里只走着分析的路径，只从复杂多样的事物里抽出简单的一面的规定。辩证法在这里却不单只分析，同时也在综合，不单抽出简单的一面的规定，并且要找出全面的矛盾统一的规定。再就从一般到个别的研究过程来说，依照叶青的话，那么，这过程应该是属于演绎法的适当的场合，只走着综合的路径，只把一般的法则应用到个别的事物上，综合到个别事物上就行了。其实在这里也得要贯彻辩证法，辩证法在这里不单只是应用法则，不单只要综合，在应用和综合的同时，还要就那个别事物所具有的具体条件加以分析，发见出新的特殊的矛盾动向。这样，不论从个别到一般，或从一般到个别，我们的方法根本都是辩证法的。归纳法和演绎法只各自作为研究过程中的要素而被应用，它不能离开另一要素而独立存在，它虽然并不是简单地被抛弃，但也不是简单地被保留，而是被吸收、被消化、被改作。因为辩证法本身是整个的辩证法，而并不是归纳法和演绎法拼凑成的。

叶青的这种辩证法的曲解在他解释动态和静态的关系上，也可以看出。他虽然在口头上承认运动的绝对性和静止的相对性，而在实质上他已经把运动和静止同等看待：“两者相生相成，互为规定。”他全然不懂得绝对是什么意义，相对又是什么意义。正如张君所说，静止只是运动的特殊形态，静止的东西，本质上仍是运动的。譬如事物在量变的过程中，它的性质不变，这时，在性质方面，我们可以说它是相对静止的，然而在量的方面，它始终是在运动。石头在表面上不变不动，然而他的内部仍不断地进行着量变（虽然很缓慢）的过程。封建社会的变化常常很迟滞，但你不能说它没有变化。因为相对的静态根本上仍是动态的一种表现，所以对于相对的静态，我们也仍然要用辩证法去研究，才能够看得很深刻。我们并不是说用形式逻辑研究会全无所得，但形式逻辑只能看见静止的一面，并且会夸大了这一面，而忘记了根本的动态。既然有了辩证法，能够为我们抓着全面（形式逻辑的一面也包摄在内），那我们就不必仍然要用形式论理学来把握它了。像叶青那样，以为相对的静态可以单靠着形式逻辑来完全把握着，以为在这里还应该永远保留形式逻辑的地盘，这不是一个极其庸俗的曲解吗?

我并没有说过扬弃就是简单的抛弃，我对于这问题并没有写过一个“是”字，而叶青却用这一个字来向我栽诬。我不过是说，辩证法吸收形式论理学，并不是简单的保留，而要加以改作、消化，经过改作和消化而吸收以后，它已成了最高的方法，自然就不能再另外给形式逻辑辟独占的地盘了。如果再给它辟了独立的地盘，不论你口上怎样说，不论你怎样声明自己并没有把形式逻辑和辩证法同等看待，但两下的地盘既是不能互相侵犯的，这在实际上已经是对等的关系，已经是同等看待了，言词是不能长久掩饰铁的事实啊。你说人是浅尝者和曲解者，且先问你对于别人的话深尝了没有，且先问你对于辩证法和折衷主义的分别懂得了没有?

这折衷主义的曲解，在他论到中国经济性质研究的问题时，更是一个很好的暴露。他以为“认识中国经济底性质，显然是静态的研究。因而问题的提出，无疑地是站在形式论理学上的”。叶青的意思，是认为中国社会发展的研究，才是动态的研究，才是辩证法的问题。而“形态、性质、关系等”的研究，却是静态的研究。这是多么明显的折衷！其实，性质、关系等的问题，是发展的问题的起点，没有这起点，也就没有发展，叶青自己也说：“要把经济认识了，才知道中国这个社会在什么进化阶段，需要什么革命。”对于这起点，我们虽然不能把它看做发展的本身，但如果是忠于辩证法的话，我们至少要在里面看出发展的原动力，看出种种具体的矛盾。这也就不是形式逻辑能够把握得到的了。自然，如果你一定要站在形式逻辑上来提起这问题，那当然随你的便，不过这样一来，你就只能看见一面，或者成为公式主义。这就是说，你得要用演绎法，先抱定了一个一般的公式，然后看中国经济是什么性质，然后依着这公式去决定中国的需要，譬如说，封建社会需要资本主义革命，这是一般的公式，你的研究答复说中国的经济是封建经济，于是你就说中国是要资本主义的革命，建立资本主义社会。这样的演绎，在形式逻辑上自然是很通的，然而中国社会的具体条件，是不是能够依从这公式呢？这你的演绎就管不到了，然而中国社会并不能完全依从你的公式的推演，中国虽然是封建社会，然而它的具体条件并不允许它依然走上西欧式的资本主义革命，也不容许建立起资本主义社会。这一切，都不是形式逻辑的推演法可以看出的，而必得要辩证法来研究才行。忠于辩证法的人，在中国经济的认识上也得要贯彻辩证法，不能在这里又替它划一块地盘，给空洞的公式主义有插足的余地。（叶青所推崇的普列哈诺夫，也正是因为这样而犯了公式主义的错误。）

我根本不认识严灵峰，也没有看过他的东西，但如果他认为中国经济性质的问题仅仅能在形式逻辑上提出，那我根本反对他。这问题其实也可以站在辩证法上来提出，只要你忠于辩证法。叶青还在那里批评严灵峰，其实在否定中国经济问题可以用辩证法提出这一点上，他是和严灵峰一致的，他受了严灵峰的影响还不自知，严灵峰这位“中国老师”，实际上是给他自己保留着了！

此外还有零碎的几点要说的：

第一，他说运动是静止的积累，静止是运动的停留，这正如张君所说，不但是把静止和运动折衷地结合，甚至于是把运动解消在静止里？这种理论，两千年前希腊的诡辩论者早已发过了。他们把运动看做空间中的无数停留点的总和，于是就结论说只有无数停留点，而没有运动，这种诡辩论，不料竟在“20 世纪”的叶青嘴里还魂，真令人要“叹观止”了！

第二，“青年是店员”这个命题，在形式逻辑里也常常有，而且非有不可，如果严格地依照同一律，只能说“青年是青年”时，那形式论理学也就根本建立不起来了。我说“青年是店员”里有矛盾，是要指出形式逻辑本身也不能严守同一律。形式论理学者运用这命题时，当然没有想到里面有着矛盾，因此这命题当然不是矛盾统一律的应用，但我们仍不能否认这一类的命题在本质上已包含着矛盾的统一。伊里奇在《哲学笔记》里也说：“就是一个简单的判断，也是矛盾的统一。例如‘伊万是人’这一个命题里就有着‘特殊等于一般’的意味”。这一点，不知道叶青“懂得”否？

第三，差别的东西，当然不是矛盾，所以笔、墨、椅子之类不是矛盾，但如果是真“懂得”辩证法，“懂得”推移和变化的原理的话，就应该知道差别的东西在一定的条件下也可以转化为矛盾，倘若这两件差别的东西是同时同地在一起而且发生互相排斥的作用的话。譬如店员和作家，这是差别的风马牛不相及的两件东西，但如果一个身为店员的，对于写作很有兴趣，不满于店员的现状生活而努力想成为作家时，这时作家和店员两个东西就在统一体里互相排斥了。你能说这不是矛盾吗？你能说这样一个店员不是感到了生活的矛盾吗？如果你一定死咬着善与恶、男与女等等才算矛盾，其他就不能转化为矛盾，这种形式主义的划分法，和张东荪的划分“相反、矛盾、对待”等等的举动有什么分别？这会是“懂得”辩证法的人的思想吗？

第四，“青年是店员”在形式论理学里只适合于排中律的公式“A是A”，这谁不懂。但我的着眼点，是在指出：就是形式逻辑的命题，在根本上也可以找出辩证法的作用，也可以“在动的逻辑的管辖之下”。并不是要给排中律和矛盾统一律分类。“A是B或非B’’的公式，其实已包含着这样矛盾：即，“A不是A

而是 B”或“B 可以是 B 也可以是非 B”了，就是黑格尔也早已这样批判过的。但在叶青也许不容易懂。因为他始终只知道用形式逻辑的头脑作死板的分类，而不知道推移和转化啊。

最后，关于外因论和内因论的问题，我得要略说几句，叶青口口声声说艾思奇“排斥外因”“否定外因”，这完全是瞎说栽诬。我自己已经指出来过：“谈到事物的必然性，若忽视了外因，是不对的”，这是他也举出来了的。我的意思只是：外因虽不可忽视，却不能决定事物的必然性，决定必然性的是内因。在这一点把两者分一个高下。叶青说辩证法必须承认交互作用，所以内因与外因必须有交互作用。然而你可知道说到交互作用，也有机械的交互作用和辩证的交互作用的分别，机械的交互作用是对等的，两方没有高下的，这种交互作用只能形成叶青式的折衷主义，但在辩证法的交互作用里，两方面却有第一义和第二义的分别。在内因和外因的交互作用里，辩证法是要强调内因的第一义的决定的作用。所谓内部作用的原因才算做必然的原因”，就是在这种意味上说的。叶青向我发出了几个问题：“机械需要外部的动力，是不是事实，水遇外部的热，则化为汽，是不是事实，生物的进化由于环境，是不是事实?”我当然答复“是”，当不会简单地加以否定。然而承认了这些事实，并不就等于承认外因能决定必然性。若你问：“动力使机械运动，是不是必然的？热使水化为汽，是不是必然的?”我当然也可以说是，然而如果你再问：“那么这种‘必然’的决定者，不正是动力、热等等吗?”那我却可以答一声“否”！为什么可以说“否”？因为，就是叶青自己也不能不承认：“外因必须依靠内因才能成其为外因，若是机械没有能动性，动力就不能成为机械的动力，水没有汽化的性质，热就成为水的热，也不能有汽出的。”

二六　关于内因论与外因论

——答韦尚白君

一

思奇先生：读完了四卷二期读书问答里的“关于形式逻辑与辩证逻辑”，使我恍然了悟到很多东西。从这一篇问答里，我才开始明白叶青对于辩证法的理解原来是一种折衷主义的曲解，我才开始明白为什么你和其他许多研究哲学的人们要反驳这一个“新物质论者”，同时我也才明白同是标榜新哲学的人们中，原来也有冒牌货的发卖者，处在购买者地位的我们读者，真不能不小心啊。

这一篇问答使我非常高兴，同时也使我觉得不满足。不是吗？叶青们的刊物上写了三篇文章攻击你们，而你们只写了这么一篇问答去驳他。我们是在等着你们对于他们所提出的每一问题都有一个详尽的批判，而你们只批判了形式逻辑和辩证法这一个问题，固然，这一问题是哲学上最根本的问题，是不能放松的，但“内因论与外因论”的问题难道又不是重要的问题？你们就可以轻描淡写地说几句就算了吗？要知道，你们没有一个很好的解说时，我们的疑团就始终不能打破，虽然由一篇文章类推起来，也可以想象到其余，然而单单的想象，而没有详细知道，那是不够的。

我现在要求你们再把“外因论和内因论”的问题详细解说一下。对于这一问题，你们在四卷二期上完全没有给叶青一点批评，只指出了他对你们诬蔑的一点，替自己辩护了一下就完事。不错，你们也并没有抛弃了外因而单单主张内因，只不过是把内因当做最根本的东西，决定必然性的东西。叶青却说你们是只看见内因而抛弃了外因，这种诬蔑的批评法，单单就他自己的文章看来，自然觉得好像很能“自圆其说”，而其实却是不顾真理的糊涂批评。

但单单指出他们诬蔑，是不够的，这只是说明了他的批评态度不对，还没有指出他的理论的错误。究竟叶青在“内因论和外因论”这一个问题上，是否也如在“形式逻辑与辩证法”的问题上一样地陷入了折衷主义的错误呢？抑或是还有其他的错误呢？这一点在你们没有加以指摘的时候，我们是看不出来的。那么，你们就能够这样放下去不管了么？

不，你们不指出来，我们不但看不出，并且觉得他好像就没有错误。试举一个例子吧。他在“外因论与内因论”那文章里，自己问道：“在外因论与内因论底统一中，孰为本质？”同时他就答道：“这，我觉得是内因论。事物本身没有内在矛盾，外因无如之何。而且互交作用的杂多，来自一元。所以一元的内在矛盾是发展的原因，外因乃是助力。因此外因论与内因论的统一，乃是以内因论吸收外因论。”从这一段话看来，叶青的意见和你的有什么分别呢？你说：“谈到事物的必然性，若忽视了一切外来原因的影响，是不对的，但事物的内部的原因才算做必然的原因。外部的原因虽然对于这事物常有重要的影响，但始终不能决定这事物的必然性。”叶青所说的“一元的内在矛盾是发展的原因”。和你们所谓“决定必然性的”是内因，两者中间不是全无分别吗？如果你的意思不是受到他的诬蔑而赤裸裸地呈现出来的话，不是和他的意思一样的吗？如果你的意见不错的话，那他的见解又有什么错误呢？

我还要告诉你一件事，在《研究与批判》第一卷第八期里，叶青还有一篇《反读经论中的问题》，也是谈到了内因和外因的问题的。这篇文章是针对着《读书问答》《读经吗读外国书吗》而来。这事好像你还没有注意到。你的《知识的应用》出版后，我才知道这一篇问答也是你写的。那么，这一篇文章我想你也应该看一看，把它合起来做一个总的答复。不知道你以为怎样，我希望你不要随便放过。

——韦尚白上

二

关于内因论和外因论的问题，我们并没有放过的意思。在本刊四卷二期发表《关于形式逻辑和辩证逻辑》的时候，本来就想再做一篇内因论和外因论的文章同时发表。但因为事务繁忙，并且还有别的更重要的文章等待着我们做，所以就暂时放下。这一放下倒也好，因为这使得我们有了接到韦君的来信的机会，使我们从韦君的信里，知道《研究与批判》上还有另一篇文章，可以做我们更好的批判资料。

那一篇文章（指韦君所举的《反读经论中的问题》）确实很可以注意。在那里叶青把他自己的主张暴露得很明白，并且也讲得好像很有理由，理论修养不够的读者，是很容易受骗的。第一，他在那文章里，坚持着他的外烁论，即认为中国的历史发展是全然由于外来的原因。他也承认："一切事物底发展都是合规律的"，"都是由事物的本身内部的原因或内部的矛盾促成的"，他也承认这是一个"最高原则"而且说"最高原则是一般的"。然而转一个弯，他又用"一般之中有特殊"的理由，就主张在"某些国家"的发展问题上可以抛弃了这最高原则，于是乎他已经承认了的"一般的""最高原则"，也就只能适用到欧美先进国家（也就是几个特殊的国家）上去，而不能适用到中国来了。其次，他坚持着说中国的发展是"不合规律"的，"欧洲史是合规律的……中国则不然……”“外烁论”和“不合规律论”，是叶青对中国历史问题的主张。至于他的理由，当然很冠冕堂皇。他引用了1848年《共产党宣言》上的话，证明他的外烁论和“不合规律”论是现代社会科学的创始者也赞同的，那宣言上的一段话是：

“（欧洲）市民以生产工具和交通方法底迅速发展，直到把野蛮的民族牵引进文明底过程之中。他底廉价生产品就是洞穿中国一切城垣而使最顽强地敌视外国人的蛮子投降的大炮。他用死底惩罚强迫各民族采用市民的生产方式；他强迫他们输入所谓文明于他们底国里，这就是说变成市民。一句话，他照他的模样铸造世界。……”

这一段话，自然是好像很赞同他的外烁论的。并且他口口声声讲要尊重事实，“物质论告诉我们的是尊重客观事实”，“如果事实上外因重于内因，则以研究外因为主”。，这又证明他的中国历史的“外烁”论和“不合规律”论，是注重客观事实的结果。

这样一来，叶青的理论不是很对的吗？

三

不，不对！虽然他的立论是多么巧妙，但我们只要小心地去寻找，就可以找出他的错误的地方。

在这一个问题上，他还是贯彻着他那折衷主义的方法论。我们在四卷二期上已经指出，他在表面上虽然标榜着辩证法，而认为辩证法已吸收了形式逻辑，但他所谓的吸收，只是简单的保存，所以事实上是把两者同等看待。在外因论和内因论的问题上也是一样。辩证法是把内因看做一切事物发展的根本动力的。辩证法对于外因虽然并不忽视，但认为内因是基础，是本质，是发展的必然性的决定的原因。如果他至少要在表面上标榜辩证法的话，他就不能不承认这一点。所以，正如韦君所举的一样，叶青也不能不说内因是“本质的”“事物本身没有内在矛盾，外因无如之何……外因乃是助力。”然而，我们要知道，他的这种承认，始终只是一个标榜，就像在形式逻辑的辩证法的问题里，他在承认辩证法之后，转一个弯又说辩证法不能适用在静态研究上一样，在这一个问题，他也只承认了内因论的本质性的一个幌子，转一个弯又说在某些国家的发展里不能用内因说明。

我们要知道，如果我们是忠于辩证法，如果我们承认辩证法之最高的一般原则，如果我们不是用折衷主义来曲解辩证法的话，那我们不论在动态或静态（相对的）的研究里，都要贯彻辩证法，不能在“某些场合”又抛弃了辩证法。因为辩证法是一般的法则，不是特殊的，只适用在所谓的“动态”里的东西。固然，辩证法是吸收和扬弃了形式逻辑的结果，然而是消化了的吸收，是作为材料而吸收，不是整个的保留下来。叶青就是把吸收理解作单纯的保留，结果自然要产生他的折衷主义。这请读者看四卷二期，此处不多说了。在内因论和外因论上也是一样，如果我们已承认内因是本质的，“没有内在的矛盾，外因无如之何”，如果我们承认了这是一般的最高原则的话，我们就不能说在某些特殊场合又以外因为本质。固然，“一般之中有特殊”，但这里要注意的是“之中”，而不是“之外”。这就是说，一般的东西，常常要以特殊的形式表现出来，世界上绝没有单纯的作为一般的存在物。因此，所谓“一般之中有特殊”，是指用特殊的形态表现出来的一般的东西，而不是指那独立在一般之外的特殊。一般和特殊也是一个辩证法的统一，没有单纯的一般，同时也没有在一般之外的单纯的特殊物。辩证法不是诡辩论，诡辩论才会在承认一般的东西之后，转一个弯又用特殊的东西来把它否定了。辩证法是要把握两者间的统一。叶青由于这样的一种诡辩的手腕，在中国的问题上否定了内因的一般的本质性，这样来成就他的折衷主义，这样来辩护他的“中国老师”（叶青用过的话）任曙、严灵峰们的外烁论。

四

但是，叶青不是说过，唯物论要尊重事实吗？他的意见不是根据着中国的近一百几十年来的事实的吗？鸦片战争以后中国历史的事实不是表示帝国主义的外力对于中国有莫大的力量吗？在这里不是“外因重于内因”吗？并且他的话不是还有上面所举的《共产党宣言》的话做证据的吗？

在这里，我们要指出，尊重事实，固然是唯物论的一个条件，但辩证法唯物论的要求，并不仅仅是尊重事实就满足的。因为机械唯物论者或经验论者也要尊重事实，实用主义者的胡适也主张要尊重事实。辩证法唯物论如果仅仅是尊重事实，那它和这些庸俗的理论有什么不同？辩证法唯物论的特点；不在于尊重事实，而在于能抓着事实的核心，能把握事实发展的内在规律性。辩证法要尊重的是事实的本质，而不是事实的表面。尊重表面事实的，是认识的初步阶段，是科学的初期阶段，十七八世纪的机械唯物论和机械的科学思想，就是这样的。我们不否认表面的事实也可以给我们一些认识，十七八世纪的机械力学曾提供了许多真理，就是胡适的实用主义，（只要他能贯彻他的主义）也比一般专门以粉饰太平的空论家更能多看到一些东西，也还能够相当地暴露敌人的侵略和绝对不抵抗的错误。然而单单这些，是不够的。单单看见敌人的侵略而看不见侵略的本质，单单看见不抵抗的错误，而看不见民众抵抗的前途，这种偏行的只看见眼前事实的“尊重”，是与唯物辩证法全然不同的。是的，机械的运动，只由于外力，这是事实，然而这只是表面的事实，在本质上，外力之所以能使那机械运动，还是因为机械本身有运动的可能性。用手把小石头推动，是由于小石头可以动的缘故，如果去推墙，就不行了。这是我们的文章屡次说过，甚至于连叶青自己也不能不承认的。叶青所谓的机械论时代的科学，只注意外力的研究，那是因为当时科学还在初步阶段，不能渗透到运动的本质去的时候。科学进到了高级的阶段，像现在相对论的出现，使得我们就是对机械的运动也必得要用内因来说明了。譬如天体的运动，在牛顿时代的外力（即用“引力”）说明，而相对论却用运动本身的性质来说明。叶青要注重“外力”这一种片面的事实，那只有叫力学停止在牛顿的阶段才行！

怎样抓住事实的核心？那在辩证法上就是：一方面要研究事实，同时也要依着理论的指导。无论在什么事实上，我们都不能抛开了理论的最高原则。我们要看出理论的一般法则在事实里是怎样有它的特殊的表现。我们不能跟着叶青的理论，只执著事实的一面，就把理论的原则忘记了。中国近代历史的发展，外力有很大的作用，这是不能否认的事实，然而不能就因此说：中国的发展全然没有内在的规律性，因为外力是事实的一面，在这外力的影响之下所进行着的内部的发展，也不能说不是事实的一面，叶青只看见了一面，立刻就诡辩地抛弃了另一面，这做一个庸俗的“物质论者”倒可以，要说这是真正彻底的（即辩证法的）唯物论，那却离得很远！

我们再说《共产党宣言》上的话。这里我们要指出，对于过去的文献，我们应该抓住它的真义，不能断章摘句地依着自己的意思来曲解。卡尔的话，是就整个世界资本主义的发展而言的，他的意思，是指资本主义的发展，将冲破一切的国界，而把全世界一切国家形成一个整个的体系。这是资本主义的发展一般动向。这动向虽然在一切国家都不能例外，但各个国家究竟怎样具体地合流到这一般的动向里去呢？那实在要依着各国的自身内部矛盾而有着不同的特殊表现的。这一点，卡尔的《共产党宣言》不曾提到，因为《共产党宣言》的任务本来只能论到一般的倾向。为什么资本主义到美洲，就把印第安人灭种？为什么到了日本，却使日本也形成了一个资本主义国家！为什么到了中国，又只能把中国造成了半殖民地半封建社会！这一切问题，不是单单的"照他底模型铸造世界"一句话可以完全解释清楚的。我们要说明这些问题，要说明中国历史发展的问题，就得以中国社会内部的矛盾作基础，研究这些外力是怎样通过这些内部矛盾而发生影响，研究中国在这些外力的影响刺激之下是怎样发生自己的矛盾和运动。在这里，外力的"事实"虽然要"注重"，然而同时却不可轻视内因，不，仍然是要以内因作基础，仍然是要贯彻辩证法上的以内因为基础的内外统一论，仍然不可就此抛弃了社会科学的理论原则而陷入十七八世纪的机械论。

叶青虽然到处在引用"文献"，却到处在曲解了文献的精神。把《共产党宣言》上的关于资本主义发展的一般动向的文句，当做中国的特殊表现的充足的说明。叶青自己虽然说到"一般之中有特殊"，其实在这时他才是全然不懂得特殊的表现的真义。

太多了，但说得不充分的地方一定还有，希望读者诸君踊跃地质问，好让我们有机会再加以补充。

二七　真理的问题

——答朱庸君

动的逻辑——辩证法的认识论——的矛盾统一律证实了形式论理学的同一律的谬误，也就是说："是的就永远是，不是就永远不是，绝不会同时是而同时又包含着不是的”的形式论理学已无存在可能的，相反地，“矛盾中之统一”的动的论理学已成为每一部站立在唯物辩证法观点上的哲学书所提及。

那么站在“矛盾统一律”的范畴去对每件事物加以“认识”的时候，无疑地，真理的获取也成了我们认识论上是否可能的一大疑问。在我认为是真理，在你可以完全认为虚妄。也正如草树皮在饥寒交迫的灾民看比观音土好吃得多，在富人们吃来简直要恶心。虽然，哲学上告诉我们，我们绝不能完全把握着绝对真理，可是我们却能取得相对的真理（只有这相对真理不断地发展，进步才能接近绝对真理，而且我们一定要去把握着这相对真理），不然将陷入对现实抱定一切皆空的概念，与佛教一样的哲学去追求来世。那么我们怎样从这矛盾的认识中去获得相对真理呢？“只有能够反映出客观事物的真理来的见解才是真理”，这是我们无可否认的。但人们的地位、立场的差异，各人有各人的见解，而这见解不一定是真理，那么谁的见解才是真理呢？在哲学讲话里这样回答：“……社会上的真理常常由被压迫者把握着……要把握真理，就算要站在前进的实践的立场上，站在打破现状的被压迫者的立场，只有这样，我们所认识到的一切才能够与客观世界一致……”（圈点是引证者加的）

这样的解答，我觉得不能使我们去把握真理的正确的概念，同时将使我们无从去把握。

真理确是由被压迫者把握着么？这只能去说明片面的事件，却不能解释一般的情形。在当今的苏联说来，白俄是被压迫者。那么社会的真理是为白俄把握着了？现今中国社会的真理是为帝国主义压迫的民族资本家把握着了？广义地说，社会上被压迫阶层不是单纯的一个，同样地，要打破现状的也不仅只是单纯的某一层的群，那么这真理又是谁把握着呢？一定要站在打破现状的立场才是真理，那么我们必得反对今日的苏联和主张和平外交的现状才算把握着真理！假如对真理的把握是这样的看法，那么我们要获取相当真理的“一点”也近乎是不可能的了！可是我们却不能不去把握真理，也只有这真理才能使我们在不断地进展中来把握绝对真理，不然，我们的认识也告枯尽，而人类的认识也将永不再进步了。

——朱庸问

朱庸君反对哲学讲话上所说的：“只有站在被压迫的打破现状的立场上才能把握真理”。他的反对并不是由理论的分析下来反对，而是举出了白俄和和平政策的两件事实，想把它作为反证。

因此，我们现在不再谈《哲学讲话》为什么要那样主张的理由，因为《哲学讲话》本身已说得很多了。我们只研究一下朱君所举的两个事实。白俄是不是被压迫者，如果真是被压迫者，那《哲学讲话》就错了，如果不是，那就证明是朱君的误解。

研究社会科学的人，都知道社会上的所谓压迫与被压迫，是以经济上的榨取和被榨取为根据的。试问现在苏联对于白俄的关系，是不是榨取和被榨取的关系，谁也知道不是！恰恰相反，白俄现在是联合着世界的榨取者（帝国主义）者，向苏联进攻，企图恢复它们过去的压迫者的地位。日苏冲突中的白俄的作用，不是很好的例子吧？这样苏联排斥白俄，并不是由于要榨取它们，压迫它们，反而是受了它们的压迫，不得不采取战略上的进攻。

这样，第一个事例证很明白地解决了。

其次再说和平政策的例子。朱君以为如果主张打破现状，就苏联来说，就是要反对和平外交的现状。在这里，我们又得要研究“打破现状”的真义是什么。就今日社会发展过程来谈。打破现状就是要使社会前进，而“不打破现状”，就是要维持垂死的现社会关系。苏联是时时刻刻努力于打破现状的。自从 1917 年以来，它经过了几次的改造和前进，它经过了战时公经济时期、复兴期［新经济政策时期、改造期（第一次五年计划）］，现在是进入社会主义时期了。它现在还在不断地改造自己，以后也要不断地改造。帝国主义国家却相反，不但不愿意使社会前进，并且为了维持现社会关系，不惜开倒车，制造战争，屠杀民众，因为帝国主义要用战争来维持现状，所以和平政策不但不是帮忙它们维持现状；相反地，和平政策的意义，正是要对于帝国主义者用战争来维持现状的行为加以反对。尤其是对于它们进攻苏联的企图加以反对。所以，和平政策所要保持的，并不是顽固的垂死的帝国主义，而是一切被压迫民众的生命和为打破现状而努力的苏联，和平政策在形式上是和平的，但在本质上内容上却是前进的积极的。

明白这一点第二个问题也就自然迎刃而解了。

二八　认识论上的问题

——答黄绍祖君

思奇先生：读完了先生所著的《哲学讲话》和《新哲学论集》，觉得它们真是能适合大众需要的好书，因为它们不但使我明了许多以前读着那些又厚又深奥的哲学书时想了解而又不能了解的问题，同时更增添了我不少作更进一步研究的兴趣和毅力。但在这两本书里，还有好几处觉得不十分明了，因此特地写这信给先生，希望先生能给我一个完满的答复。

在哲学讲话里，关于理性认识和感性认识的问题，先生很清楚地告诉我们：单单感性的认识是不够的。因为感性认识本身只能做到像照相机那样，摄取一些表面的形象而已。先生并拿卓别林和希特勒的分别，以及卓别林和其他滑稽大王（罗克等）的关系，举例说明感性认识的靠不住，而结论到以理性去认识的必要，但我把以上几个例子细细地分析了一下，觉得里面似乎并没有理性的认识存在着。存在的还只是感性认识本身，至多也只是感性认识的扩充认识，或者说是几个感性认识的结合。譬如说，卓别林和希特勒有着同样的小胡子，但我们即容易的就能判别出一个是著名的滑稽电影明星，一个是德国的独裁者，这原因是：因为小胡子并不代表整个的卓别林和希特勒，除了小胡子以外，卓别林有着卓别林自己的形象和服装，希特勒也有着他自己的形象和服装。而我们感觉器官接触到这两副不同的形象和服装，自然就能加以判别了。假使我们单单把他们两撮小胡子置在一起，那也许就不能判别这是属于卓别林的还是属于希特勒的了。这里我们可以说理性并没有认识出感性所不能的事物。同时可以解释我们之所以能判别卓别林和希特勒之不同，还是由于对他们个别的感性认识的结合。同样的，我们之所以能在卓别林、罗克、哈台……中间找出一个滑稽大王的概念来，也还是由于这种感性认识之结合（其实应该说是融化）。因此，仅看过卓别林的戏而从未看过罗克、哈台等的戏的，绝不能在他们中间找出一个滑稽大王的概念来。

再则在“胡桃一定有肉”的例子里，先生解释它又是理性的认识。但先生也承认它是“根据过去的常识”，可是“过去的常识”是什么？这种常识又是靠着什么一种力量而获得的？我们若能仔细想一想，很快的就能知道这种常识的获得，还是靠着感性的认识。试问一个从来未见过胡桃的人，除了瞎猜外，他能想象到胡桃里是有肉的吗？

并且假使肯定理性的认识的存在，那么就承认思维可以脱离感觉和经验，换句话说，也就是企图从独立的先生的理性里去寻求真理的标准，这样掩蔽了客观世界的现实性，不是有流入观念论的危险么？

在先生批评形式论理学的三个定律时，指出了形式论理学内部绝不能容受矛盾的错误。譬如说：青年就是青年，那青年就不能是店员。这若在同一律或矛盾律的表面上看，也许很有理由。但其实这是有着不同的意义的。就A等于A说，则这样A仅代表一定的值，我们举个浅显的数学的例说，假使我们设定一个Q的值等于1，那么在2x+1的方程式，他的值就和x+2、3x、4x-1以及还有许多含有同值的方程式相等。形式论理学的同一律并不曾反对这里的2x+1是等于4x-1的，也并不说2x+1既等于4x-1，那就不能再等于4x-2或3x了。同样的，它也承认青年是可能被称为店员的。不但如此，假使这青年本身是一个作家，那他还同样的有权利被称为店员而同时又是作家。有一点应该注意的，是形式论理学的所谓“青年不等于店员”，是说青年的概念并不相等于店员的概念，并不说一个人是青年，就不能再是店员了。我并非是拥护形式论理学，它确有许多缺陷而为新哲学家所批判而不取的，但因此就处处在字面上用功夫，那也许又有流入机械主义的危险了。

此外在新哲学论集里，关于概念也有几个简短的问题，这里就恳请先生一并答复。

（一）概念愈高，存在的可能性究竟愈高抑愈低？先生在《抽象作用与辩证法》一文里，虽则已反面的肯定，但一匹白马的存在，是否会较一匹白而又病的马的存在的可能性还小？

（二）概念愈高，内容的规定愈丰富抑愈贫弱？这儿我所希望的，是知道马的概念是否已能包括大马小马、强马弱马、白马黑马种种中的大的小的强的弱的白的黑的内容？

（三）对于概念的认识，是理性的认识，感性的认识，还是直觉的认识？问了好多问题，定会费先生不少的宝贵时间来解答。但先生能想到因着自己的辛劳而使一个青年（也许是很多青年）获得更准确更高级的知识时，那先生一定是乐于接受的。

恳切地希望你的指导，希望能在读书生活上公开答复。

——黄绍祖上

读完黄君的信，使我深深地感觉到这里有一位能够精细地分析问题的读者，这是我非常欣幸的。在这样的读者之前，一个作者的写作里所能有的缺点，都可以因他的发问而暴露出来，同时也可以给自己与修正的机会，我很高兴答复这样一位读者的质问。

关于感性认识和理性认识，所以会使黄君发出疑问，正是由于《哲学讲话》的一个缺点：《哲学讲话》里对于感性认识和理性认识的作用固然有所说明，但对于两者间的关联却没有充分发挥。《哲学讲话》对于感性认识和理性认识的互相抬杠（即矛盾）说得较多，而对于两者的关联（即统一）却说得太少。于是乍看起来，好像它竟把感性认识和理性认识绝对地分开，使读者容易误会两者是各自孤立的东西。这一种误会，确如黄君所说，有陷入观念的危险。这是和《哲学讲话》的本意违背着的。

感性的认识，是人类认识世界时最直接的认识作用。我们可以直接感觉到卓别林的小胡子，马的白色，白马的形状。没有感觉，我们就什么也认识不到。但这并不是说，我们的认识始终就只有感性的认识。认识是发展的，感性的认识不过是一个端初，感性的认识发展下去，在它的基础上就发生理性的认识，我们看过了各种的白黑、肥瘦的马以后，就认识到一个“马”的概念，这个概念，是包括着各种马的共通的特征，而撇开了它们的差异的地方（如黑、白之类），这种“马”的概念，我们直接是看不见的，试问谁能够看见一匹不黑、不白、不棕，也不花的单单的马呢？然而，虽然直接看不见，我们的认识能力却能“把握”到这概念，这就是理性的认识。所以，理性的认识，是以感性认识为基础，是从感性认识发展成的！但也并不只是如黄君所说，“至多只是感性的扩充认识”，因为概念的认识不仅仅是在“量”上比较感觉的直接认识“扩充”了，并且是在“质”上和感觉不同，是能够把握到感性所不能把握的东西的。

据“滑稽大王”这一个概念也是一样，这概念所指的一个一般的滑稽大王，并不单单指卓别林或罗克，我们要在感觉里直接看到滑稽大王这东西，是不可能的，我们的感觉里所能看见的只是特殊的某一个滑稽大王，如卓别林或罗克之类，所以滑稽大王这概念也是在理性认识的范围以内，而不能成为感性认识的对象，但这里也不可忘记，这理性认识的概念，仍是由感性认识发展而成的。正如黄君所说：“仅仅看过卓别林的戏而从未看过罗克、劳莱、哈台等的戏的，绝不能在他们中间找出一个滑稽大王的同一概念来。”滑稽大王这概念，是由许多个别的滑稽人物的感觉发展而成的。但虽然理性是由感性发展而成，我们仍不能说，“理性并没有认识出感性所不能认识的事物”，我们只能说，理性认识必须以感性认识为基础，甚至于也可以说，理性认识是“感性认识之结合”。但这并不是单纯的结合，而是发展后的结合，这种用理性做基础的结合，结果是超出了感性认识的直接感觉性了。发展是一种否定的过程，理性认识之所以是感性认识的发展就在于它否定了感性认识的直接感觉性。如果像黄君所说，理性并没有认识出感性所不能认识的事物，那么，人类的认识就要始终限制在感觉的范围以内，这只是经验论者的思想，而不是辩证唯物认识论的见解。

自然，我们单凭感性的认识，也未尝不可以看出卓别林和希特勒的不同，因为他们两人各有各的服装和形象，可以直接感觉到。但我们要知道，单凭感觉所辩证出来的不同，只是一种模糊的不同的印象，这种不同的印象并不是很分明的，在感觉上，我们一看见希特勒的时候，始终仍不免会想到卓别林。要使这种不很分明的印象得到一个明确的区分，就要依靠概念的帮助，即我们要明白了卓别林是属于滑稽大王的概念，希特勒是属于独裁者的概念，才能把两人的界限划清楚的。单靠感性的认识，我们虽然可以感觉到两人的不同。但并不如黄君所说，很容易的就能判别出“一个是著名的滑稽电影明星，一个是独裁者”，因为这样的判别，是要有概念作前提条件的。总之，概念是从感性认识发展而成，是以感觉的认识为前提，但反过来，概念又可以帮助感性的认识，感性的更明确的认识又要以概念为前提，两者在发展的阶段上虽然有先后、有基础和非基础的分别，但同时也有交互使用，也有统一和互相渗透。

再说到“胡桃一定有肉”这一个判断，也是一样的，我们若没有过去的感性上的“常识”。就不会有这一个判断，这判断不是天生在人的头脑里的。但同时，这判断又和感性认识不同，因为它不必要直接看见胡桃里有肉，就能下这一个判断的缘故。

能够了解认识是一种发展，是从感性认识走向理性认识的一种运动，那我们就不会因为“肯定理性认识的存在”，“就承认思维可以脱离感觉和经验了”。形而上学的经验论者和理性论者都不了解这种发展和运动，所以当前者肯定了感性的时候，就不能不丢弃了理性；当后者肯定了理性的时候，又把感觉丢了。其实这两者都是不对的。而黄君的误会，就和经验论有同样的倾向，这有肯定经验、否认理性的错误。

《哲学讲话》里虽然讲到由感性认识到理性认识，又由理性认识走到实践的运动，但没有充分说明这运动中的具体的关联，这是一个很大的遗漏，这一点，将来打算要认真地增补一下。但这不单只是《哲学讲话》的遗漏，过去的许多新唯物论著作，都没有好好地来处理这认识的运动问题，就是《辩证法唯物论教程》（已有中译本）这样新近的书，也没有十分具体地阐述。一直到去年底，苏联出版的《大百科全书》里，才编了一部更新的著作，对于认识的问题才特别充分地论述到，这书我现在已经译出，书名《新哲学大纲》。

另外的几个问题答复如下：

（一）A 等于 A 的 A，并不是代表数值，而是代表事物或性质。把它拿来和数学方程式相比，是不对的。但即使依着黄君把两者拿来比一比，也并不就会得到黄君所说的结果。即他把（x =1 时）2x +1 = x +2 =3x……等和“青年是店员”同样看待，是错了。因为，2x +1，x +2，3x……等在写法上虽然不同，即在实际内容上却是一个东西，即 3。内容一样而单只写法不同，这当然不用说是相等的。这在论理学上叫做同语异词，也有人照英文音译做托托逻辑或套替逻辑（Tautology）。就青年来说，如“二十岁左右的人”，“年龄在壮年和少年中间的人”，和“青年”就是套替逻辑，因为它们的名词不同，内容却一样。但青年和店员却不是套替逻辑，因为青年的内容和店员的内容是不同的。所以 2x +1 = x +2……等，只能和“青年是二十岁左右的人”或“二十岁左右的人是青年”相比，却不能和青年是店员相比。形式论理学也并没有排斥“青年是店员”这一类的判断，不，如果排斥了，形式论理学就根本建立不起来，这是谁也知道的。不过我们要注意的是，正因为它不排斥这个判断，所以它本身早已经不能完全严格地遵守它的根本规律“A 是 A”了，因为它使两个内容不同的概念当做相等的东西。这绝不是在字面上用功夫，而是要指出形式论理学本身的不稳。

（二）“概念愈高，存在的可能性愈高”，这是柏拉图的观念论的主张，在唯物论上，我们认为概念并不是外界的“存在”，而只是外界物质在人类头脑中的反映。所以我们对于概念并不能问它有没有存在的可能性，只能问它是不是能反映真实。黄君以为我肯定了“概念愈高，存在的可能性愈低”的命题，这恐怕是因为他没有细读我那篇《抽象作用与辩证法》的缘故，我绝没有这样肯定地说过。

（三）概念愈高，内容的规定愈丰富抑愈贫弱？这要看我们是站在形式论理学上或站在辩证法上，如果是站在前者方面来把握，那么，概念是纯抽象的，概念愈高，内容就愈贫弱，在辩证法上，是需要用具体的概念去反映具体的事物的发展，它要包含着一切个别事物的丰富的内容，所以不会愈更贫弱。马的具体概念是在要包含着大小、黑白等等的内容，而且要反映它们中间的关联和变化。

（四）概念的认识是理性的认识，但也不能不以感性为基础，这是前面已说过的了。

二九　《哲学讲话》批评的反批评

——答何礼容、孙伯成、吴珊诸君

这篇反批评本来不打算写的，因为王一知在《研究与批判》二卷二期上的批评态度完全是市侩的态度，对市侩谈理论是不值得的。但我们也声明：如果读者一定要求我们做一个反批评的话，那当然只好照做，因为许多读者也许是很希望更弄明白些。果然，接着何君的来信之后，我们又收到了孙吴两君的信，表示了同样的要求，因此现在一项项地解说一下。

王一知的文章，是分做“总的方面”和“理论方面”来说的。总的方面是关于全书编制的问题，他说《哲学讲话》作者对于哲学的一般知识不足。那么，我们就要看谁的知识不足？

他说：“在第二章本体论中，《两大类的世界观》一节，显然是宇宙论中的东西。”这话不知是从何说起？所谓“两大类的世界观”，是指唯物论和观念论而言，从来的一切哲学都可以分为这两大类。唯物论和观念论所讨论的基本问题，是存在和意识、主观和客观的问题，这不是本体论是什么呢？宇宙论所讨论的是宇宙的发生和发展，在“《两大类的世界观》里”，何尝涉及到这一个问题？把这当做宇宙论，这算是对于一般知识懂得么？

他又说《哲学讲话》作者“在本体论下注以‘或世界观’，足见他连本体论和世界观都分不清楚。所谓世界观是包含本体和宇宙论底内容的，本体论并不相当于它。”不错，本体并不相当于世界观，而世界观所包含的，是不单指本体论和宇宙论，也包含着认识论。但在新唯物论里，唯物论的本体论，是整个世界观的基础，有了本体论的唯物论的基础，才有唯物论的认识论和方法论，所以在本体论下注以“或世界观”，是从这基础的意义着眼的。

其次，王一知说人对于哲学一般知识不足的时候，恰恰就证明他自己的对于新哲学知识的不足，他说：“《现象与本质》《形式与内容》两节，应该是本体论中的问题，放在方法论中有些不妥当。……《法则和因果》，……三节，却完全是宇宙论中的问题……”这样的话，不是对于新哲学最高成果盲无所知是什么？翻开任何一本新哲学的新著作，不是都把“现象和本质”“法则和因果”等放在一起谈论的么？王一知的话，除了说他是对新哲学的最高成果怀着敌意而想加以修正之外，实在找不出另外的解释。关于这点，在《大众哲学》第四版的序（即《关于哲学讲话》）文里面已经讲过，此处不再重述了。

至于说《哲学讲话》“有好些重复的地方，缺乏剪裁和布置”，这倒是不错的，但也有它的理由，在《关于哲学讲话》里也说明了。

在“理论方面”，他是故意地咬文嚼字来歪曲，而完全忽视了《哲学讲话》每一节的整个的意思。第一，“假的唯物论”，譬如把物质当做死的、固僵的，若要运动，就“必有一种另外的力量推动它”，这种见解，《哲学讲话》把它当做假的唯物论，是因为它最初虽然承认外界物质的存在，是站在唯物论的原则上的，但因为否认了物质的自动力的缘故，把运动变化的原因都推到一种另外的（精神的）力量上去，这结果仍会投到观念论的怀里。王一知说这是不明白物质论和观念论的分别，其实完全相反，这正因为是很正确地明白了两者的分别，所以也才能够分辨出假的唯物论（或者有投到观念论的怀里去的危险的唯物论）。如果像王一知那样，把凡是承认了外界物质存在的思想都死死地圈在唯物论里，（这是形而上学的理解，不是辩证的理解）也不注意冒牌的恶劣倾向，（例如揭着新物质招牌而实际上却散布许多观念论、二元论流毒的叶青——请看本卷四五期所登的《叶青哲学到何处去》——就是一个好榜样）那才是弄“不清楚”之至！

第二，他说艾思奇所讲的“假的唯物论”或观念论，就是机械唯物论，因此他想证明艾思奇把机械物质论弄不清楚。其实这是他把艾思奇的文章没有弄清楚。假的唯物论也承认外界物质的存在，在这一点上它总算是唯物论，这是不错的。假的唯物论把物质看做死的，不能自动发展的东西，在这一点上它是机械唯物论，这也不错的，然而，就是说机械唯物论吧，因为它最后不能不用精神的外力来解释运动，在这一点上它就不能保证真正彻底的唯物论，而倾向到观念论方面去了。如果它是走到这一方面来了，那我们就不能说它是彻底的唯物论，我们就不妨说它和假的唯物论一致，甚至于和观念论一致了。因此，我们可以这样说，机械唯物论在一定的界限内是唯物论的，然而我们不能说它绝不会转移成假的唯物论或观念论里去。法国唯物论者大多数是能保持着他们的唯物论的彻底性的，但服尔太（伏尔泰）和牛顿，就常常和神、和观念论妥协，所以他们虽然同是唯物论时代的人，却转移观念论里去了。不从这转移方面来看，而只死死地守着分类的界限，像王一知的那种说法，是完全形而上学的！

第三，《哲学讲话》把万物都有灵魂、有生气的主张，称做“万物有生论”，而不称做“万物有灵论”，这只是字眼上的问题，并不是内容上的问题，如果一定要挖字眼，那么，王一知跟着叶青把唯物论一定要写做物质论，我们也很可以有话说，有文章可做了。其实字眼的问题不是第一义的，要紧的是不要因此歪曲了内容，“万物有生论”这名词是还不至于损害了它所要指的内容的。

第四，王一知把反映论这名词限制在“认识的本质”里，以为这名词不能包括认识的可能和认识的起源的问题，这是完全不懂得新哲学最高成果的曲解，完全是跟着形而上学者做着死的分类。其实反映论在新哲学里，是认识论的一个总名称。反映论可以包括认识的可能问题，因为它给我们解答：外界的一切可能逐渐反映到我们的意识里来；它也包括认识的本质问题，因为它告诉我们，认识的本身是外物的反映；它更包括认识的起源问题，因为它告诉我们，认识的来源是外界事物的反映，没有外界事物，没有这些事物的反映，就没有认识。王一知以为反映论不能做认识的起源论看，以为只有经验论才是起源论，这是退回到百年以前的旧哲学群里，而把新哲学抛弃了。要知道，反映论主张认识是起源于外界的反映，这才是彻底的唯物论的起源论，而经验论呢，是主张认识起源于经验，起源于感觉，至于这经验、这感觉，却不一定是来自外界的事物，譬如勃克莱（贝克莱）和休谟的经验论，就主张经验和感觉，只是主观的东西，不是从外界物质来的，这样，经验论虽然是一种认识起源论，却并不一定就是唯物论的起源论，彻底的唯物论的起源论，是只有反映论一种。所以艾思奇所说的“经验论和反映论不同”的话，是有正确的道理的。但这道理，在王一知恐怕“不知道”“不懂”，而且“弄不清楚”！如果弄清楚了，还要这样说，那一定是故意要把新唯物论计陷到观念论的泥沼里去的企图。

第五，他说经验论和理性论“综合”的确不是反映论，这样的主张，找遍全世界的新唯物论著作，恐怕都找不到，有之，那只是在冒牌的叶青哲学里，作为叶青学徒的王一知而有这样的主张，自然是不足为怪的。新唯物论承认，并且必然要承认实践是认识的基础，认识本身的特征，正是通过实践对外界事物的反映。没有实践，当然没有这反映，但单单有盲目的实践（蛮干、硬干、乱干），忘记了客观真理的反映，这就要走到反理智主义的法西主义的极端，这和唯物论的认识论是离得非常远的。主张“经验论与理性论底综合。……绝不是反映论”的王一知和叶青，是另外有他们的恶劣倾向的。

第六，《哲学讲话》说实践能使人的主观和客观外界接触，使两者互相统一，王一知不赞同，说这是和感觉论经验论相同，其实他不懂得，像前面已经说过的一样，感觉论和经验论也有主观的，主观的感觉论和经验论就不必要求主观和客观接触，所以说实践使主观和客观接触，不见得就和感觉论同。他说：“实践之于认识，不在使主观接触客观，而在从使用客观改变客观去理解客观的存在及其法则。”试问“使用客观和改变客观”和“接触客观”，有什么本质上的不同？难道“使用”和“改变”的时候还不要接触么？接触并不是在旁边静观，而是密切地接触啊！把“使用”“改变”和接触完全分开，这只是咬文嚼字的时候有点作用，事实的本质上没有意义的。至于他说“在使用和改变中，要感觉又要思维，所以是把感性和理性合而为一的”，这样的话，说来固然好听，其实是非常混乱。因为感觉和理性的合而为一，并不是胡乱搅在一起，两者是作为过程而互相连接的，大概地说就是也从感性认识萌芽，又由感性发展而成理性，所谓理性接着来抬感觉的杠，是指这过程的联络而言的。伊里奇说：“从活生生的感性认识，走向思维，又由思维回到实践。”《哲学讲话》的一切理论，就是正确地依着这个命题去做的。

此外王一知还说到三点，不但没有批评到《哲学讲话》，反而证明他自己没有脱离已经被推翻了七八年的布哈林机械论的影响：

（一）他反对艾思奇把原因和必然分开，说：“凡有原因的就是必然的。”这不是布哈林的理论是什么？如果说凡有原因的就是必然的，那么？试问世界上有没有一种无原因的事物，如果没有，那么，就是说，世界上的一切都是必然的，世界上绝没有偶然的东西了。否定了偶然的客观性，而只看见必然，这是恩格斯在八十年前就反驳过的，因为这和宿命论太相近了。

（二）他反对这句话：“机械论两错误是把偶然和必然混淆成一个东西”，而主张“机械论的错误在于知有必然而不知有偶然”。其实机械论何尝不知有偶然，它不过是把偶然看做主观的东西，认为偶然的东西在客观上是必然的，这样说它是把偶然和必然混淆起来，何尝是不正确呢？

（三）他反对这句话：“观念的错误就是把偶然性和必然性完全分开”，而主张观念论的错误是知有“偶然性而不知有必然性”。这更是“从何说起”？譬如苏联的德波林哲学是少数派观念论，明明是“知有必然性”的，这不必多辩驳，请诸君把《新哲学大纲》拿来翻一翻，就很够暴露王一知的莫明其妙的奇想，就可以知道他是怎样懂得机械论和观念论了。

三〇 哲学问题四则

——答陈文纨、张凄咽等

（一）《费尔巴哈论》一书中，有这样的一段话：“在辩证哲学中没有永恒的、绝对的、神圣的真理。”这句话如果是对的，那么，这话的本身又是不是永恒的、绝对的真理呢！我们知道，著这本书的人，正是一个辩证哲学者，辩证哲学既不容许有永恒的、绝对的真理，那么他说的那句话也不应该是永恒的、绝对的真理了。辩证哲学主张“世界上的一切都是变动不居的”，那么他这句话也应该会有变动，即使现在可以这样说，将来却不能成立了？更进一步说，辩证哲学也不是绝对真理了？

答：要解决这一个问题，必须先了解辩证哲学中所见的真理是什么。辩证哲学中没有永恒的、绝对的、神圣的真理，这是不错的。但同时，辩证哲学也不是主张，一切真理只是暂时的、相对的。如果这样主张，那就成为相对主义了。我们要知道，辩证哲学的基础是对立的统一。相对真理和绝对真理，在辩证哲学里，也要构成一个对立的统一。辩证哲学里没有全然绝对的真理，但同时也没有全然相对的真理。相对真理和绝对真理是统一着、互相渗透着的。更具体一点说，人类所认识的一切的真理，在辩证哲学看来，都是客观世界的现实的反映，既能反映客观现实，所以这真理的内容总是绝对的。但同时，人类并不能够一次就把客观世界的一切真理都看透了，每一个时代所知道的真理，只能按照着实践的发展程度，认识到某一个限度，或某一个阶段，如果要更进一步的更高的认识，必须有更进一步的历史实践，在这种意味上来说，我们所认识的真理的形式，始终是相对的。真理有绝对的内容和相对的形式。所谓绝对的内容，是因为它能反映现实。所谓相对的形式，是因为它的反映在一定时代只能达到一定的阶段。这就是相对和绝对的互相渗透和统一。辩证哲学的本身，在内容上是绝对的真理，《费尔巴哈论》上的那句话，也可以算是绝对的真理，但我们不能说这绝对已经是最后的绝对，辩证哲学在现在的阶段上已经比六七十年前更发展更具体化了，将来它也还是要更发展和更具体化，所以在形式上，我们仍可以说它是相对的真理。

（二）人生究竟是为什么？假如做人只为了吃饭，那么，吃饭又是为了做人，岂不是太无聊吗？

答："人生为什么"这问题是太空洞了。人的目的，是随着时代、社会，以及阶级的不同而不同的。要想定一个全人类共同遵守的目标，是不可能的事。你试问商店的老板说："人生为什么？"他一定答说："人生不过是要多赚几个钱，好好地吃一吃，穿一穿就算了。"你试问二十年前的"读书人"，他一定答说："人生就是为要做大官，显亲扬名。"你试问外国的牧师，他一定说："人生是为了赎罪而来的。"……总之，各色各样的人，有各色各样的人生的见解。我们要空空洞洞地定一个全人类共同的目标，是不合理的，即使定了，也没有用处，因为全世界的人绝不会都跟你一样想。我们现在只能替我们定目标，我们的问题只是："我们生在世界上的任务是什么？"要明白我们的任务是什么，就要先了解我们所处的地位是什么？要了解我们所处的地位是什么，就要认识我们周围的现实。所以，如果你要了解人生是为什么，你就先得要认识我们的生活是什么？例如对于中国的认识，我们已决定第一是处在半殖民地的国家，第二是现在已临到民族危机更尖锐的时代了。那么，我们的任务，至少也可以确定这一点，我们要努力抗争，求民族的自由解放！这就是我们的为什么了！

（三）有人说：中国所以保留为一个国际资本主义的半殖民地，而不为某一帝国主义所独占，那是因为帝国主义相互间的力量的均衡。又从前北京的共和政府所以能够存在，是因为各地军阀势力保持一种相对的均衡，均衡打破了，北京政府也就瓦解了。这样解释对吗？

答：中国的问题是很复杂的，中国之所以不被帝国主义独占不是简简单单的均衡两个字可以说得清楚，也不是现在我们的短短的答复可以说得完备的。大体上说来，如果仅仅是力量的关系，那么，各帝国主义也可以按照自己的力量来瓜分了中国，何必一定要让中国保持着独立的完整的形式呢？又譬如在有些国家里，显然某一个帝国主义者占了优势，成了它的保护国，然而这国家表面上仍然有独立的形式，不露骨地成为殖民地，这也不是力量的均衡不均衡可以说明的。均衡论在哲学上现在已经被清算了。在事实上也是讲不通的。无论看什么事实，我们现在再不能从力量均衡方面来观察，而要从矛盾方面来观察了。就中国来说，所以能保持独立的面貌，是因为在先已经给了帝国主义者种种特权，帝国主义者靠着这些特权（如关税等等），已经能够获得极大的经济利益。如果要进一步在武力上独占，反而使自己的利权不能发展，这就是一种矛盾。然而这是过去的事了。这矛盾发展到现在，因为世界经济恐慌，帝国主义已不能用和平的方法解决经济问题，于是武力独占的危机也紧迫起来了。各帝国主义在中国的力量，不能说只在过去才有均衡。但中国的民族危机，却是到现在达到尖端了。

至于从前北京政府的存在，也不是力量均衡的表现。恰恰相反，在每一届的北京政府里，力量总偏重在一系方面，如段祺瑞政府的偏重安福系之类。因为不是均衡的表现，所以形式上虽是共和政府，而实质上却时时刻刻酝酿着矛盾，屡次的政变、内战，以至于北伐，都是由于内部的矛盾。如果我们用均衡来看北京政府，那我们将以为它是超乎一切之上的公平的（即均衡的）政府了，这是错误的！

——以上答陈文纨君

（四）在一本《哲学概论》书中，看到这样的话："机械论者承认社会体系的内部发展与变更，是完全由外部的矛盾——社会与自然之间的矛盾——决定的。"至于新唯物论则认为"社会的运动与发展是由于社会内部的矛盾决定的。"那么，将来的社会内部矛盾完全消失了以后，社会不是不会再有运动和发展吗？说是对的话，似乎违背了"一切皆变"的规律。如果说那时全靠外部的矛盾来推动社会，又犯了机械论的嫌疑？

答：照新唯物论的观点，则一切事物都有内部的矛盾，因此，就是将来的社会，也不能说就没有内部的矛盾。具体点说，生产力和生产关系的矛盾，在将来还是要有的，不过现在的这种矛盾，是取人和人的敌对形态表现着，而那时的矛盾，却不是这种形态，所以将来的社会所消灭的矛盾，只是人和人的敌对形态的矛盾，而不是将一切矛盾都消灭了。明白这一点，问题就可以迎刃而解。

——以上答张凄咽君

三一 动物有没有本能

——答汪德明君

汪君读完郭任远著的《行为学的基础》后，对于行为学者不承认“本能”和“意识”引起了很大怀疑，汪君认定“人是有本能的”，同时汪君也“很尊重本能说”。这到底谁是谁非呢？汪君自己不能自决，因质之我们。我们觉得这一问题的提出，虽然不免失之专门，但“本能”之说对于一般人的印象素深，能借这个机会来讨论一回，谅也不是无意义的事吧！但在解释人的“本能”前，我们应讨论动物的本能，因此我们把问题稍为扩大了一点。现在先就方法论略加讨论。

动物有本能是一般心理学家所承认的，但行为派的心理学者独加以反对，尤以郭任远先生来得最彻底。本能果然会因行为派的反对而失去存在的意义吗？这是很值得讨论的问题。但若要想从现在心理学各派的研究和理论中得到圆满的解决，是很难的，因为各派有各派的立场和方法，各派都执著自己的是而反对他人之非。所得到的结论，常是片面的。

我们自然不能否认：每一派的心理学家对于心理学都有其特殊的贡献，但同时，他们那片面的、形而上学的方法论使他们不能把握事物的全面，以致将结论引导到极端的危险的方面。行为派也同样提供了许多有价值的研究，同时也因为行为派的特殊的方法使它达到了很奇怪的结论，即本能的否认。

因此，要答复究竟有没有本能的问题，最好先就行为派的方法做一个批判，指出什么是正确的研究方法。把握住了正确的方法，读者便可以在研究当中下正确的判断，而不至于看见了一个奇怪的结论便莫知所措了。

行为派之所以有价值，是在于它在心理学中应用了唯物论的、彻底的实验方法。心理学到了行为派的手里，便成了完全客观的实验科学，它将心理现象也看做一种物质现象，看做一连串的刺激和反应的过程。因此行为主义者认为心理科学的研究应该是应用物质的刺激以求动物身上的物质的反应行为，刺激和反应的研究，便是心理科学的根本基础。行为主义者放弃了内省派的主观的观察法，而把心灵当做与物理化学同样的东西去处理。

使心理现象与物理化学联系起来，这是行为主义的大功绩，因为高级的（心理）现象是不能与低级的物质基础分离的，心理作用只是物质作用的一种属性，物质不存在时，便也没有心灵。从物质的研究中去获得心灵的了解，是行为主义的很大的优点。但是，行为主义一旦把握住了物质的基础，便以为这低级的基础就已经足以代表一切，于是否定了整个心理作用的特殊性，以为除了刺激和反应的过程外不更有什么。本能、意识，都可以还原为刺激和反应的现象，它本身是毫无一点意义。

依据这样的方法论，行为主义者便否认了本能的存在，而将本能也看做刺激和反应的过程之一种，这种方法论，就是我们常常听到的所谓“机械论的方法论”。把高级现象还原作低级现象，而抹杀了高级现象的特殊意义。更明白地说，机械论者认为高级的现象与低级的现象；只有复杂和简单的分别，而无性质上的差别，即只有量的差别，而无质的差别。所以，认为本能与刺激和反应的过程是同样的东西，不过刺激和反应是单纯的刺激和反应，本能则是一连串的复杂的刺激与反应而已。

这种方法论，也是形而上学的。何以为形而上学呢？就是它抓着了事物的一面，而忘却了该事物的另一面，它把所抓着的一面看成死的、固定的，而不知道这一面的活动性，不知道这能够转化为另一面。承认了刺激和反应的低级现象，而放弃本能和意识等高级现象，这就是形而上学的。

但形而上学的方法，在今日，早已不成其为研究真理的方法了。举简单的例子来说，水是比氢氧二气都高级的，因为水是氢氧二气化合而成的化合物，但我们能说，水的性质与氢氧二气是一样的么？自然，要研究水的成分，必须把它分解为这两种气体，但对于水的本身性质的认识，是绝不能在两种气体的研究中得到，而须把整个的水拿来研究。我们不能因为分析出低级的氢氧二气，便否认了高级的水的特殊性，由低级的现象复合而成高级的现象时，不单只是量的转变，即不单只是量的复杂化，同时j 生质也有了改变，而转化为另一种的质。

所以，研究高级现象而以低级现象的分析为基础，这一点是可以首肯的，因为高级现象是由低级现象所构成的，高级现象包含着一切低级现象的缘故。但一旦构成高级现象，则低级现象的性质便隐没而成为另一种的性质，这种转变的过程，就是所谓的扬弃（Aumeben）。这样，对于行为主义者，可以很赞赏他们那唯物的、客观的、实验的研究方法，但因为应用这种方法，就要否认了动物的本能和意识，那是形而上学方法的作祟，如果打破了形而上学的观点之束缚，则尽可以承认本能的存在，至少没有否认的必要。因为本能是比单纯的刺激和反应更高级的现象，虽然也是一连串的刺激和反应所组成，但既已成了连串，性质上便不单只是刺激的反应。例如，单纯的刺激的反应只是机械的、盲目的行为，而本能则是围绕着一个中心目的而执拗地活动着的一种有目的性的行为。既然本能的目的性行为与机械的盲目行为不同，则本能的特殊意义就能成立，本能的存在便不容否认。

前面论到一般动物有没有本能的问题。我们反对行为主义者的形而上学的研究方法，他们把低级现象（刺激和反应的过程）

片面地夸大了，而忘却了高级现象（本能）的特殊意义，但反过来说，若抬高了本能的特殊意义，使它完全与刺激和反应的现象分离，而当做一种完全孤立的东西，那也同样是片面的观点。生物学上所谓“生机说”或“活力说”，就是把动物的行为看做一种特别的活力作用，不把它与低级的物质作用联系起来研究，结果动物的行为好像是有一种神秘的精灵在后面推动似的，这很容易将人的思想引导到观念论，甚至于引导到宗教迷信的方面去，也是要反对的。因此行为主义者的唯物的实验的方法，就值得我们推重。换一句话说，我们可以用批判的态度去接受行为主义者的研究，赞成本能只是连串刺激和反应的综合，而同时，既成为本能，便也有本能所特有的性质，与单纯的刺激和反应不同。我们的结论是：动物是有本能的。

人类是动物，当然也有本能。但人类与普通的动物不同，因此人类的本能也另有一种意义，现在就要讨论这一点。

人类与动物的不同，是因为能制造工具，这是汪君也提到过的。但人类能制造工具，能以工具取得所需要的物质，不必全赖爪牙和气力，这就使人类的生活比动物的生活更发展了一步，人类的生活是比动物的本能生活更高级的，更明白的说，人类的生活是智慧的生活。自然，如果以为人类的生活和动物完全不同，那也未免陷入片面的见解，最大的两种基本本能，如汪君所说的食欲和性欲，是不论人类和动物都一样的。但动物要达到这本能的目的，其方法不外是应用自己身上生来具有的器官，一切行为都受着生理上的限制，所以动物的生活是纯粹的本能生活，人类能利用工具，用外物来代替自己的器官，这使人类超出了本能生活。

人们常把蚁的群集组织与人类的社会组织相类比，这是错误。蚁的群体完全是基因于蚁的生理构造而形成的。但社会的组织是人类因应用工具实行生产而发生的互相结合，也就是所谓生产关系，蚁的群体受生理的限制，故这种群体的组织凝固不动，没有改善和变革的余地。人类则能不断地改善他的生产工具及其应用方式，使生产能力发展，而人类间的相互关系也因之改变。革命就是因生产力的发展而引起来的生产关系之变革。动物的群组织是有机体的组织，而人类的群组织是社会的组织；有机组织的变革和进化只能依赖自然淘汰，而社会的变革的原因则是社会生产力的增高和发展。人类生活与动物生活是这样不同的。

因此，如果不分清楚人类生活与动物生活，以为人类的行为也是以本能为标准。这仍是夸大了低级现象而忘却高级现象的形而上学的看法。这种错误的看法是常常有的，例如，有的历史家常以为一国的君主掠夺别国的城池，是为了争夺美女的缘故，这是以性欲本能解释历史之一例；又如，英国的马尔萨斯的人口论，以人口过剩及食物不足来解释民族与国家间的战争，这又是以食欲本能解释历史之一例。其实这些说法都是蒙蔽了真理的。

评判一个人的行为，也不是以行为之能否适合本能为标准的。恋爱或甚至犯奸的行为，虽然是本能的发挥，不一定是罪恶，但也不一定就常值得同情，如果一个人因迷于恋爱而疏忽了他在社会上所应负的责任，那还是会成为罪恶的。善恶的标准，须得要看那人的行为在社会关系上会发生什么意义，然后才能确定。

总之，要了解社会和人类的行为，必须研究人类社会特有的经济现象（是生产力和生产关系等）研究，不能用低级的动物本能作为解释的标准。自然，人类社会现象是本能现象的延长和发展，我们不能否认，人类与本能是不能分离的。但本能到了人类身上，就被更高的智慧这一种东西所包摄、所扬弃，本能生活到这里，便隐没在智慧中；更确切地说，隐没在社会生活中。因为人类智慧的活动范围是不能超出生活之外的。

所以，人类不是没有本能，但在人类生活中，本能只有次要的意义，不能决定人类行为的根本方向。智慧是人类行为中的固有性，而本能是“附属性”。反之，在动物生活中，也并不是没有智慧的萌芽，猿类能用树枝或石子击物已是最初步的工具之应用，但这在猿类的生活中并不是主要的行为，只是偶然的行为，因此，除人类以外，动物的生活都可以说是本能的生活。

三二　恋爱的本质是性行为吗

——答徐晓云君

一　来信

读书问答：

日前某妇女团体开“座谈会”讨论“恋爱问题”，他们讨论的第一个问题是“恋爱的本质”，讨论后所得出的结论是：“恋爱是以性行为的发挥为基础，而以基于爱情及思想行动之协调，感情性格之一致，人品学问之相当等附带条件而成性的两性结合。”

随着这问题而来的是“本质”之可变性与不变性的争论，主张可变性者是根据辩证唯物论的观点，认为宇宙的一切事物都是在变化发展的，恋爱的本质，当然也是在变化发展。反对这一见解的人却认为恋爱的本质既是以性行为为基础，则这性行为是绝对不变的，它相当于人类饮食之无论在任何时间与空间不会不饮不食一样。

我同意于前者而提出了如下的补充：恋爱的基础虽是性行为，而这性行为的基础却是依存于两性，即是说两性才是最基础的东西，性行为不过是有了两性以后的派生物。根据生物进化论的发现和社会进化史的推论，人类也是由最低级的生物——亚米巴、单细胞之类长期进化来的，并不是一有宇宙即有两性的行为的出现。两性间的生理器官，自进化成人类以来也都经过了不少的变化。未来的两性，通过社会生活的演进，也很难说不会促进性行为的变化。既然两性的本身都在演变，则由这两性所附生的性行为，也是要与两性辩证地变化发展的。

我这一意见才提出，竟引起了主席和一部分人的非笑，认为是“离开本题”的“滑稽”，渺茫抽象的奇谈，而竟不加解释释地武断地作出了“恋爱的基础——性行为绝对不变”的结论。先生，性行为真是不变的吗，为什么？宇宙间竟有绝对不变的东西吗？这一真理如果存在，不是连辩证的逻辑都要被否定了么？我实在不明白她们所以发笑的原因，也许我的那种说法，太架空和不圆满了一点，但它究竟不是“奇谈”，更没有“离开本题”。说得不对，不对的地方在那里她们没有给我指出；对，她们的笑不是浅薄无聊么？先生，她们那一“不变说”的论证算充分么？算正确么？真是把握住了真理的核心么？那样武断，那样主观，是学理探讨的态度么？我的意见真的没有成立的理由么？何以故？尤其使我莫明其妙的是那第二个问题——恋爱的形态——的结论与第一问题结论之相互矛盾：“恋爱的形态与其本质相对的统一着，但这形态须随时代及社会经济的变化而变化的。资本主义制度时代的恋爱形态，只是畸形的以商品的买卖形式出现；真正合理的自由平等的恋爱，必须俟私有制度废除以后，公有制度确立的社会里才能普遍实现。”本质既与形态“相对的统一着”，而本质又是“绝对不变”的，规定形态变化的倒不是形态的本质而是“时代及社会经济”，这不又将形态与本质的“统一性”完全消去了吗？离开了本质的形态，真使人不堪想象！先生，对立物的相对与统一，该是要在对立物的相互矛盾与运动的逻辑下才会存在的吧？如果形态单独向前发展而本质停滞不动（当然是不可能的）则本质不是将被形态否定了么？形态与本质不是辩证法的发展着的么？这不是机械论者的观点么？但它错误的原因在哪里？

该团体的态度，究竟算是比较前进的，我个人对它解放妇女的希望相当的大。那天在座的人又很多；不论是谁，灌输了错误的理论给听众，谁就要负责任去纠正。为了这，我深惧我的发言会有错误，特来请求先生指正，好让大家不会受我错误的影响；同时，她们的观念要是不正确，也望先生指出。

读者徐晓云上

二　恋爱不是永久不变的

恋爱问题，我们还没有详细地讨论过，也没有人像徐君这样郑重地提出来过。这也许是因为中国人整个生活问题太严重了，使人没有机会充分来注意它。但我们对于它也不能忽视，它始终是青年们的重要问题，并且正因为生活困难，更成为青年们非常苦恼的问题。

趁着徐君提出来的机会，我们来加以讨论，不是没有意义。从来信上看来，徐君所讲到的那妇女团体，正如她所说的一样，究竟算是比较前进的。至少，她们不是恋爱至上主义者的集团，她们没有把恋爱当做人生的至高理想，看做唯一的幸福；她们坦白地宣布了恋爱是建筑在物质上的，恋爱和性行为分不开。她们又了解在现在不合理的社会里，也没有合理的恋爱，“真正自由平等的恋爱，必须俟私有制度废除以后，公有制度确立的社会里才能普遍实现”。这就是说，两性问题是不能单独解决的，必须整个的社会有了办法，才能够建立起合理的两性关系。这些地方，都证明她们的进步性，证明她们并没有像观念论者一样，把恋爱的理想过分的夸大了。

但她们对于恋爱的了解，未免太简单了，她们几乎把恋爱和性行为看做一件东西，没有加以分别。不错，没有性行为，就没有恋爱，如果以为恋爱可以和性行为完全隔离，是不对的，但我们要知道，性行为不一定就能够产生恋爱，动物也有性生活，但我们能说动物也会恋爱吗？恋爱只在人类中才会有，而且就在人类中，也不是完全普遍的，譬如在封建社会里，只有天经地义的男女婚媾，却没有恋爱，人类的恋爱，也要在一定的社会条件之下才能产生。

就把她们对于“恋爱的本质”的结论来说，她们也承认，恋爱必须要有“爱情及思想行动之协调，感情性格之一致”等等的“附带条件”，虽说是“附带条件”，但如果缺少了它们而仅只有单纯的性行为，那能够算是恋爱吗？以“父母之命，媒妁之言”为依据的封建婚姻，所以不能称为恋爱，就是因为缺少这些“附带条件”。

我们可以说，性行为是恋爱存在的必要条件之一，但并不是决定恋爱的基础，离开了性行为，恋爱当然不会存在，但性行为的本身，并不能够产生恋爱。恋爱的产生，一定还有别的来源，还有别的决定的基础。这就好像盖房子，地基、砖瓦和其他材料，是房子的必要条件，没有这些东西，也就没有房子，但地基砖瓦和其他的材料等等，是不会直接产生房子的，要产生房子，另外还有盖房子的人。

明白这一点，我们就可以说：恋爱的本质，并不是性行为，就好像房子的本质不是砖瓦地基一样。同时这“本质”的可变性与不可变性的问题，也有了解决了。性行为果然是和人类饮食一样，无论何时何地，人都要饮食，无论何时何地，人都可以有性行为，这两种行为，是不变的。但人类求得饮食的方法，却是因时因地而不同，而发挥性行为的方法，也是因时因地而不同的。恋爱不过是人类发挥性欲的方法之一种，封建婚姻也是一样。封建婚姻是可变的，它在一定的情况下发生、发展和没落，恋爱也是可变的，它从一定的时间空间中发生和发展起来，现在我们所知道的恋爱，将来也不能说没有消灭的一天。

对于这一切，我们自然还得要再具体地讲一下，恋爱既然不是由性行为直接产生出来，那么，它是怎样产生的？它的本质既不是性行为，那又是什么？它是可变的，它发生、发展和没落，那么它是从哪里发生？它没落之后，男女的性行为发挥方法，又成为什么样的状态？这几个问题，都得要具体地说一下。

三　恋爱的特点及其社会基础

恋爱怎样发生的呢？我们不妨把中国过去的事情回想一下。恋爱问题在中国最出风头的时候，是十年前左右。那时正是所谓五四文化运动的期间，全国发生了一个反对旧社会传统的运动，恋爱自由的呼声，也成为反对旧传统的一个口号而出现了。这新的文化运动的来源，人人都知道是因为中国社会上的资本主义要素最初抬起头来，要想打倒旧的封建势力。新文化运动就是这新兴势力的表现，恋爱自由的主张也正是这新文化中的一支生力军。我们试把恋爱自由的主张中的几个特点指出来，就可以知道它是反映着资本主义的生产关系了。

第一，我们可以看出，恋爱自由有个人主义的色彩。从五四时代的言论里，可以知道，主张恋爱自由的人，是以为恋爱是男女个人本身的事情，所以只能由本身自己来决定，不能听从“父母之命”，排斥第三人的干涉。这在反封建方面是有意义的，但推到极端，就有人把恋爱看做纯粹个人的事，以为和社会全然无关。个人主义是从资本主义的基础上产生，这是谁也知道的。

第二，恋爱是以自由平等为理想的。所谓恋爱自由，就是要人人都站在平等的地位上，作自由的追求，自由的竞争，自由的结合，资本主义初期的时候，也就是用自由平等的口号来和封建势力对抗的，恋爱自由不过是一方面的反映。

第三，我们要注意，恋爱的自由平等，是虚诡的自由平等。恋爱者的双方互相间都有一种占有欲，一个人到了恋爱的成功的时候，就觉得对方是自己的所有物，这种占有欲，和资本家对于自己的财产所抱的态度并没有多少分别。后者说“我的财产”，前者说“我的爱人”，“我的”的观念是很值得注意的。表面上主张自由平等的竞争，竞争的目的，是要使对方成为“我的东西”。然而竞争在表面上虽然自由平等，有资产的人实际上始终占着优势，自由平等也只成了一部分人的自由平等，这种自由平等，是终归要没落的。就好像今日垂死的资本主义国家，完全放弃了经济上政治上的自由主义一样，今日的资本主义社会里，男女两性也说不上自由恋爱，而成为露骨的买卖婚姻了，自由恋爱和自由主义一样，是资本主义初期的产物。

第四，我们还要注意，恋爱所需要的那些条件也是反映着社会的不平等的。例如“爱情及思想行动之协调，感情性格之一致，人品学问的相当等”，就表明恋爱的存在，必须双方的思想行动、感情性格、人品学问等等在一致的水平线上，然而要使这些东西有一致的水平线，必须双方都属于同一社会层才能成功。这就是说，在通常的状态之下，一个资产阶级的妇女和一个苦力劳动者是恋爱不上的，更进一步说，苦力劳动者们因为生活的残酷压迫，一般所谓的“人品学问”之类，在他们认为是谈不上的，因此对于他们中间也就说不上恋爱，而恋爱就成为资产阶级和小资产阶级的事实上的特权了。

根据以上的四个特点，可以知道恋爱的发生，和资本主义的兴起是有多么密切的关系！恋爱的种种特征，都带着新兴资本主义的性质，初期资本主义的经济关系，才是产生恋爱和决定恋爱的基础、恋爱的本质。我们现在就可以下一句断语，即：恋爱是初期资本主义的经济关系在两性问题上的表现。

当然，如果说恋爱完全不是性行为，也是不对的，恋爱始终是人类发挥性行为的一种方法或方式，它和性行为是统一的，但说到这种方式的本质，我们就不能说是直接由性行为产生，我们就同时要指出它和性行为的差别。这就是辩证法上的“差别的统一”。不了解这一点，以为恋爱的基础只有性行为，那就是把复杂的事情看简单了，这是一种机械论的错误。

四　恋爱的本质和形态

这样，我们就得要在资本主义经济关系中找恋爱的本质了。但是，把恋爱单单看做经济的行为也仍然是简单化，仍然不够的，恋爱在发展中还表现出种种的“形态”，我们也不能不注意。有的人恋爱的时候，目的是想得到好帮手，有的人（恋爱至上主义者）把恋爱当做人生至高至美的理想，像神圣一样地崇拜对方，有的人还带着半封建的观念，拼命的要把对方作为独占的对象。这种种的形态，和恋爱的本质自然有相对的统一，不在资本主义的初期（例如在封建社会里），社会绝不许你自由去找好帮手，也不容你把爱情看得太高（要紧的是封建社会的义务）。所以这些形态，和资本主义的本质是统一的。但统一中同时也有矛盾，形态发展到某种程度，这矛盾就会暴露出来。恋爱至上主义者在极端的时候，有时也会不顾一切经济的限制，能为恋爱而牺牲自己的。为恋爱达不到目的而自杀的人，是不必说了，像有钱人的小姐跟着车夫逃走的事，也是屡屡可以听到的。如果以为恋爱仅只是单纯的经济行为，这些事情就成为神秘不可理解的了。

我们要看出恋爱的经济本质和它的观念形态（如至上主义等）的矛盾，形态是由本质决定的，但同时它也有相对的独立性，忽视了这相对的独立性，一切都要单纯的用经济来解释，这也脱离不了机械论的错误。例如叶青先生就是一个例子，他说："他与她恋爱，是因为他有财产……并且要能养活她才娶她……并且要他能养活她才嫁他……"又说男女双方有时虽已注重学识而不注重财产，全然因为有了这些，"暂时贫穷，将来会好"的缘故，这都是太把事情说得机械化、简单化了。实际上男女青年在恋爱的时候，倒并不这样单纯，他们的观念形态的独立性发挥到极端的时候，倒常常会冲破经济的打算把性命做牺牲品，这是不能不注意的事实，并且也是特别重要的事实。因为牺牲者的出现，并不仅仅证明恋爱至上主义的存在，并且能暴露社会经济的病根，表明这社会不能满足两性的理想，表明恋爱本身所受的物质的限制。

徐君所问的形态和本质的统一及其矛盾，就是这样解答的。

五　将来的两性关系是怎样的

最后我们要解答恋爱是不是会没落，如果我们把恋爱单纯归结到性欲上，那我们当然不能承认恋爱会没落，因为这样一来，性欲存在一天，就有一天的恋爱，更进一步，我们将以为别的动物的性行为也是恋爱了。这当然是一个错误。我们已经知道封建婚姻中有恋爱，我们也知道在今日资本主义的末期，经济上的独占形成和一般大众的贫穷化时代，恋爱也没有成立的条件；这时的男女关系已经露骨的成为买卖式了。这表明恋爱也并不是有永久性的东西。

但要紧的是将来社会里是不是有恋爱的问题，据那妇女团体中的人主张，是真正自由平等的恋爱要在那时候才能出现。这一点，有一部分是对的，因为根据社会科学，我们确实可以预料将来必有更好的社会经济制度，因此也有更理想的两性关系。但事物的变化，不只是量的方面的变化，质的变化才是更重要的。我们绝不能说将来的两性关系仅仅是比现在的更合理，我们还要说在那时，两性关系在本质上也要起变化。至少我们可以想到，在公有制度完全确立的社会里，“思想行动之协调、人品学问之相当”等条件是不成问题的，两性的结合，也用不着讲这些条件，这些条件只在目前不平等的社会里才会提起，因为不平等的制度使人群间的思想等等不一致，才有这些条件的要求。既然用不着讲这些条件，那么，男女的结合就可以由纯粹的友爱达到目的了。其次，我们的恋爱理想中所具有着的那种占有欲，在将来的社会制度之下，是可以不存在的，两性关系可以达到爱而不恋的境地。

这两点，是我们可以推测到的。如果我们一定要把将来的这种两性关系叫做“真正合理的恋爱”，那我们不必一定要反对，因为我们并不是要在名词上争执，要紧的是要明白，这一种两性关系，和现在我们心里所想的恋爱，或资本主义初期人们的恋爱理想，在本质上始终是有差别的。

我们的答复大致说完了，总之，这妇女团体是进步的，原因是她们都没有受到观念论的毒害，她们都相信将来的合理社会，但她们的错误是有机械论和形而上学的色彩，用简单的性行为解释复杂的恋爱，就是机械论；把恋爱看做永久不变的东西，就是形而上学。至于徐君自己，她主张恋爱的本质能够变化，这是正确的，她矫正了她们的形而上学的错误，但她自己也和她们一样，同是上了机械论的当，以为恋爱的本质就是性行为。性行为是生物的行为，不是人类特有的行为，但恋爱却是在人类社会一定的基础上发生的，不是简单的性行为可以说明。

最后，说到生物的性行为，当然也不是永久不变的。性行为不过是生物的生殖方式的一种，有许多生物，不一定要两性交接，仍能生殖的，那就说不上性行为了，但这不在恋爱问题的范围以内，我们不再多说了。

三三　非常时的观念形态

——答夏士融君

一

这问题一提出来，恐怕有许多人先就要我们解释“什么是观念形态?”因为，“观念形态”四个字，在许多人的耳朵中，也许已经听得很熟了，但对于它的意义，却常是不十分明了，甚至于有的人全为不知道它是指什么。

薛君就是这样的，他的来信也只要我们解释这名词的意义，但我们觉得，观念形态这东西，在我们的生活中有很大的作用，尤其是在民族危机严重已极的这非常时，它的作用更是不能忽视，因此，除了给薛君解释一下名词的意义外，还顺便讨论一下非常时的观念形态，这样，我们的答复可以更切合实际一点。

观念形态，也有人写做“意识形态”，两个名词意思全然没有分别，是大家知道的。它所包括的东西，就是文学、哲学、科学、宗教、道德法律之类，总之，是和社会的物质组织（如经济组织、政治组织、军事组织之类）对待的东西。

讲到观念或意识，我们平常人时时刻刻都有的，我们每做一件事，都要用自己的意识来评判一下，然后才决定做不做。这就叫做“考虑”，也叫做“通过意识作用”。我们做事都要经过多少的考虑，也就是都要通过意识的作用。因此，意识或观念，在我们的日常生活中是没有一时离得开的。

为什么我们日常的意识不叫做意识形态，却单称做意识？这分别在哪里？例如哲学是意识形态的一种，在我们日常的意识中，又何尝没有哲学一类的思想？哲学上认为世界是变动不定的，我们在平常也会觉得周围的一切变得很快，这不是一种哲学思想吗？文学是观念形态的一种，文学里有时会描写被压迫民族抗争的故事，我们在民族危机的前面，也常有许多悲壮激昂的抗争意识，这和文学又有什么不同？信奉宗教的人，他的宗教意识是随时随地都会表现的，但个人的宗教意识，我们仍只能称之为意识，只有宗教思想的本身我们才叫做意识形态，这又是为什么？

二

要答复这问题，我们希望大家自己研究一下自己的意识。比如说我们有民族意识，这民族意识是指什么呢？是指我们心里能够觉到自己的民族应该有独立自由，遇到帝国主义来侵犯，我们就觉得需要用武装抵抗，认为自己本身也应该勇敢地走上民族战线的前线去。但一个人的意识绝不是这样简单的。一个人不但有着民族意识，同时也会打算着个人的事情，不但打算个人的事情，同时还混杂着各种新旧的观念。这样一来，使一个人的意识弄得很复杂。

我们常说某人意识模糊，所谓模糊，并不能呆板地照字面解释做“不清楚”的意思，意识所以会模糊，是由于意识的内容混杂，愈混杂，意识才愈不清楚。革命意识里夹杂着封建观念，这革命意识自然就含混了，一个民族的斗士不能把身家性命妻室儿女的观念抛开，他的民族意识就不会坚强，民族英雄会成压迫爱国运动的汉奸，原因就在这里。

无论什么人，他的意识总是多少有些混杂的，这就使得人的思想自己常常有矛盾。就是最前进的革命者，我们也不能说他全然没有矛盾。他所以能够不断地前进，是因为他能够不断地克服了落后的混杂的意识。反过来说，如果他让自己意识中的落后的部分占了优势，即使曾是最前进的革命者，也可以成为社会进步的敌人的。

为什么意识会免不了混杂和矛盾？原因是我们的意识是从实生活中得来的。我们的意识就是我们实生活的反映。每一个人的实生活是非常矛盾复杂的东西，因此反映出来的意识也就不能不有这矛盾而复杂的现象了。

我们是半殖民地被压迫的民族，在我们的实生活中，一般都感到民族敌人的重压，但各人的地位不同，各人都要在自己有限的地盘之内，替自己的生活打算，于是又感觉到有自己的小集团的利害问题。做商人的有商人的利害打算，做统治者的为统治权打算，他们的意识，都反映着他们的实生活中的各种要求，这些复杂的成分夹杂在他们的意识中，于是和民族解放的意识就矛盾起来了。有的发觉真正的民族的出路只有武装抵抗，有的不愿抵抗事件的发生，始终要“和平”“忍让”，有的索性就露骨地投入敌人的怀里，成了明白的汉奸。各种集团的意识有这样不同，他们实生活的地位实在有着很大的作用。

三

因此，由于生活地位不同，人的意识也常是不相同了。反过来说，地位相同的同一集团的人，在意识上大体也常会一致。各个人间的个别的差异或例外是不能免的，但同一地位的人，他们的意识总有一个共同的形式。能够代表某一集团的共同意识的形式，就是意识形态，或观念形态。

我们说哲学是一种意识形态，因为它常有一定的系统的理论形式代表着某一集团的人们的意识。悲观主义的哲学，代表着社会上没落的集团的意识，享乐主义的哲学，代表着颓废淫靡的集团的意识。我们说道德是一种意识形态，因为它也常是某一集团的人的共同意识的形式。男子在社会经济里占重要地位的时候，道德就拥护男人的利害，而有重男轻女的道德，这就是最显明的一个例子。文学也是观念形态，唯美主义的文学代表着社会上某些寄生集团的共同意识，因为这些人的生活脱离了现实。现实主义的文学是实践活动中的人们的主要的观念形态，因为这些人是能够面对现实的……

但重要的是，观念形态不仅仅是代表集团的共同意识，同时也是更明白更确定的集团的共同意识。一个颓废淫靡的集团中的人，不一定个个是十足的享乐主义者，在这样的个人中，他的享乐的意识是不会彻底和坚定的，但享乐主义的观念形态却不能不很彻底很坚定的主张享乐。这样，观念形态不但代表这集团的意识，并且是这集团意识的推动者。

这就是观念形态的作用。我们为什么要学社会科学，为什么要学哲学，为什么要学文学？有的人以为哲学是空洞玄秘，科学对日常生活没有关系。有的人又高叫“文学无用”。这都是不懂得观念形态的作用的缘故。其实正确的科学哲学和前进的文学，是很能增进我们的意识，使我们的认识更坚定更明确的。反过来说，颓废的文学和不正确的科学哲学，又可以把我们引到邪路上去。

这作用，在我们的生活中是不小的，是无形的，说“无用”吗？其实它的用处是在无形中，这更值得我们注意了，正因此，这非常时的观念形态对于我们就成了一个重要问题。

四

中国目前的非常时期，在内部表现出不断的内战和严重的天灾，在外部是民族敌人得寸进尺的加紧侵略，然而最吃紧最重要的，还是这民族被侵略的危机。在这样的非常时期，民族的解放和民族统一的武装抗争思想，应该是我们共同的最主要的观念形态。一切的观念形态，都得要依属在这最大原则之下。

妥协、投降，固然要认为是和民族敌对的思想，就是主张忍让和平的观念形态，也认为是在事实上帮助了敌人的。每个民众应当有自动地积极地起来救亡救国的意识。逃避现实，苟且偷生，只求自己的闲适，不管国家大事，这种个人主义的思想，也是会断送民族生命的意识形态。实际上在这样吃紧的关头，要想单独找个人的出路，也是不可能的事。少数的个人虽然在串通了敌人的情形之下，得以苟且荣耀，然而大多数的个人的出路，是和民族的出路分不开的。个人应该随时有为民族战争而牺牲的准备，才能够英勇地为民族抗争而奋斗，这就是要打破个人主义的观念形态。

封建的观念形态，也是必须要克服的，只求一家的荣耀，不顾民族的利益，结果产生了“满洲国”以来各式各样的汉奸。束缚妇女的社会活动，厉行良妻贤母的教育，想把一半人口的民族生活力从社会上拖开，这也是封建观念形态的一例。

科学哲学在非常时期，应该集中在民族抗争的事实和行动的指示上，研究自然科学的人应该极力传播近代战争的技术上的知识，尤其是毒瓦斯战争和防御的知识。社会科学应讨论到民族解放的经济和政治上的各种实际问题，哲学应该不断地批判妥协主义者的理论基础，建立斗争的理论基础。

就文学来说，已经发生过的民族斗争中可歌可泣的事实，应该是它的最好的题材。目前所需要的文学是现实主义的文学，是暴露的文学，文学上要努力写出现实的真相，暴露一切侵略者和各式各样汉奸的丑形，应该表现出民众的愤怒和一切抗争情绪，使读者在活跃生动的描写中坚定起自己的意识。

道德宗教之类也是一样。譬如说什么“礼义廉耻”，我们就不需要把它弄成一些表面的无关重要的虚文的规定，却要从属于民族抗争的大目标之下，能够真正起来抗争的人，才叫做知耻。至于宗教，也是一样的，不管是什么宗派的人，应该在民族抗争的大旗之下联合起来，把民族解放的观念当做大家共同的最高信仰。

以上所举，不过是几个简单的例子，最详细的地方，是要多数的人自己来做的，改造观念形态，和改造社会是同样伟大艰难的事业。不单只是要有专门研究的人如哲学家、文学家、宗教家等来做，并且也要普遍的民众自己也努力做。譬如汉奸压迫民众爱国运动的情形，我们就不一定希望文学家从旁观的立场的描写，却更希望实际行动中的民众用报告文学的方式写出他的经历。

三四　非常时对宗教的态度

——答熊实君

编者先生：孙传芳被刺杀的事件，各处都谈论得很多了。我不认为这是什么了不得的大事，本不想把它提出来麻烦你们。但因为它发生在佛教的大本营里，使我想起了关于宗教的问题，想问一问你们的意见。你们对于宗教的问题，从来还没有讨论过，希望趁此机会给我们一个指示。

据我看来，这件事的本身，对于宗教也不见得有什么意义。即使有意义，恐怕也不过是加强了宗教的迷信罢了。有些人把“血溅佛堂”的故事看得很重，以为这是对宗教的一个反面的讽刺，其实我就看不出什么讽刺，在一般人的眼中，反而觉得这是佛教中因果报应说的证明，反而足以给一切靠佛教吃饭的人利用作宣传的好材料。它在宗教方面的反动性和保守性是非常浓厚的。这浓厚的程度不下于“替父复仇”的故事，在旧道德方面的保守性和反动性。

这件事的本身，虽然没有丝毫积极的意义，但它的出现，使我们想到：像孙传芳这样一个军阀，当他得势的时候，不知道屠杀了多少生命，榨取了多少人民的血汗。失势了以后，又可以拥有极大的资产，到租界上去过安闲的生活。他正是今日不良社会制度的代表者。而这样的一个代表者，走进宗教的殿堂里去，公然又成为“大师”，坐上了长老的首席。由这样的事件看起来，宗教这东西的真面目是什么，就可以推想而知了。宗教是不良社会制度的拥护者，它替不良制度的代表者设下很巧妙的出路。它对于社会上的罪恶，在表面上好像也反对，甚至于要加以制裁的。但它对于罪恶的制裁，大部分是推到来世去，或者是说些死后地狱的裁判的鬼话，这样一来，就让现世的罪恶横行下去了。

我曾记得有名的社会科学家说过：“宗教是人民的鸦片”。这真是一个恰当的比喻。鸦片是有毒的，而且中了毒以后，就会成瘾，没有办法丢开。宗教把不良制度的毒害种在民众的身上，使它成为民众的根深蒂固的习惯，使人没有办法摆脱了它。现在还有很多痛苦的人民，明白他们的痛苦是不良制度造成的，而他们因为受了宗教迷信的毒素作用，仍然以为是前世作孽、神灵发怒的结果。譬如水灾，明明是负责河工的当局平常不顾农民的利益，不好好地做防范的工作，而寺院里的人却告诉人们说这是河神作怪。结果是人民虽然穷困，寺院的香火却愈更发达起来，灾荒虽然厉害，人们却不知道怎样去找正当的出路。这真可以算是鸦片的作用了。

宗教的毒害既然这样厉害，我们不是就应该设法来反对它了吗？但反对宗教是与大多数民众有关系的事，它的深固的根蒂是种植在大多数民众的生活里的，要把这种根蒂切实的拔去，我看真是一件最不容易的事，有时候看起来简直是不可能的事。过去曾有人用种种的方法反对迷信，都没有什么效果。例如，用演讲会之类的方法，想在民众中间灌输科学知识，使他们觉得宗教迷信是不可靠的，这办法可以说是一点成效也没有的。前两年又有人用“打破偶像”的方法来反宗教，把寺庙里泥塑的神像都捣毁了。这不但没有效果，反而引起了民众的反感，甚至于加强了他们的宗教信念，因为神像被毁，引得他们非常恐惧，怕这样一来，神灵一定发怒，要有什么灾荒了，恰巧又发生了连年的灾荒和兵乱，民众生活困苦的增加，使他们觉得好像从前的畏惧果然成事实了，这不是更加强他们的宗教信仰了吗？

中国的宗教问题，也并不简单，在民众中间有了势力的宗教，除了佛教外，还有回教、道教、外来的基督教，也多少有些势力，孔子也算是一种变相的宗教对象了。我们如果要反对宗教，对于这些复杂的派别，要采用什么方法才会适当，才会有效呢？

并且，我还有一个问题：反对宗教的问题，是不是值得我们当做最重要的问题来处理呢？眼前中国最迫切的问题，显然是民族的危机。如果要说现在是非常时期，那我们得加上一个形容词，说这是民族生死存亡关头上的非常时期。现在是应该用最大的力量去对付民族敌人的时候。在这种情形之下，我们是不是还值得分一大部分力量来对付宗教问题呢？我想这倒是很值得讨论的一件事，所以要提出这“非常时对宗教的态度”的问题来请教。

——熊实君来信

一　我们要讨论的问题

熊君提醒我们第一次来谈宗教问题，我们觉得很高兴。熊君对于宗教的见解，在原则上我们认为是很对的。一般地说来，宗教是人民的鸦片，宗教是不良社会制度的拥护者，这是现在社会科学上已经确定了的见解，不容人再有疑问的了。

但宗教的作用，在各种情况之下，有各种各样的表现，确实不是一个简单的东西，因此，说到我们对宗教的态度，也就不是简简单单的“反对”二字可以了事。这并不是说我们现在还要拥护宗教，我们只是要说，反对宗教不是轻轻容易的事。宗教在民众的生活中，正如熊君所说，是非常根深蒂固的东西，它是社会意识形态中最顽固的一种，它不但和不良的社会制度紧密地结合着，即使制度改变了，它还能够在民众中间发生不少的作用，像苏联那样的国家，社会制度是早已变了，但宗教势力仍然没有根绝。

反对宗教是不成问题的，成问题的只是宗教问题太复杂、太繁难，不知道要用什么态度和方法，才能够有效地对付这问题。这是今天我们要讨论的。

二　宗教的各种作用

在这一篇短短的答复中，我们不能把宗教的各方面问题，都详细说到，只就熊君所问到的范围以内说一说。刚才我们已经说过，宗教的作用，在各种情况之下，是各式各样的。它是不良社会制度的拥护者，在不良的社会制度里，处在优势中的人们是压迫者。宗教既然拥护这不良制度，对于压迫者的优势当然也加以辩护的。事实上它是为压迫者所利用，替压迫者服务。但各时代各社会的压迫者所处的情形不同，他们的压迫方式也就有差异。因此宗教的作用也就有变化、有发展。

我们现在不能有系统的说明宗教的发展，但有几点是可以指出来的。譬如，对于一国内的劳苦人民，它的主要作用是要发挥那牺牲的说教，要苦难的人们忍受着现世的痛苦，允许他们死后得报酬，这样，压迫者的压迫可以维持，而被压迫者却失去反抗的意识了。这是宗教的最普遍的作用。又譬如，在帝国主义的时代，帝国主义者对于殖民地实行侵略时，宗教又有两种作用。第一，侵略者可以利用宗教的顽固的宗派性，使殖民地国内民众自相残杀，帝国主义者就可以从中取利，这在印度回教徒和婆罗门教徒中间，就常常吃这样的亏。中国新疆的回汉冲突和西藏的两个喇嘛的斗争，都是很好的例子。中国的军阀内战虽然不是宗教战争，然而被操纵的情形却和这非常相似。

第二，宗教一方面有顽固的宗派性，而另一方面却又有一种虚伪的世界性，这在一定的情形之下，对于帝国主义侵略行为也能尽帮忙的作用。凡在一个宗派之下的人，不论国籍，不论身份，宗教在表面上是一律平等的，侵略者借着这种特点，不妨对于被侵略者所信的宗教加以提倡，使被侵略者发生好感，忘记了侵略者的地位，这就是所谓的烟幕作用。譬如，意大利把阿比西尼亚的“圣城”阿克森占领了，意军却下令要保护阿克森的教堂。东方的侵略者吞蚀了中国的土地，却煞有介事地提倡佛教和孔教。

三　宗教问题是不是重要

宗教的作用已经讲过了，现在再来解答熊君最后提出来的问题：在民族危机非常尖锐的当前，宗教问题是不是可以当做最重要的问题呢？关于这问题，本来可以有两个互相反对的解答。或者说：现在唯一的重要问题只是民族危机方面的，这要用我们的全力对付，其他一切都顾不了，所以宗教问题可以丢在一边。或者说：民众受了宗教的麻醉，就没有抵抗的意识，因此反宗教是最重要的问题之一，要和民族解放同等看待，两者要并行的做。

但这两个相反的意见，都是不对的。第一个意见是把民族解放运动看得太简单化了。它不知道敌人的侵略并不是简单的行为，侵略不但在军事上、政治上、经济上表现，在文化上、宗教上敌人也会应用他们侵略的手腕的。看不见这一点，以为民族解放运动仅仅是一个武装抗争的运动，这是近于机械论的错误。自然，现在中国最迫切需要的是武装抗争，这是眼前最要着重的事，但如果因此便把其他一切放置不顾，那也很有危险。文化或意识形态的作用不是可以轻视的，忽略了民众习惯最深的宗教问题，也就是漏给敌人一个进攻的空隙。这是不能不注意的事。

第二个意见的错误，是把宗教看成独立作用的东西，不知道每一种形态的宗教都有一定的社会制度做它的根据，每一种方式的宗教政策都和压迫者或侵略者的主要行动有密切关系。因此，应付宗教问题，应该从它的社会根据上着眼，应该从侵略者的政策上着眼。不这样去做，要和民族解放运动独立地并行地反宗教，那结果就和开演讲会捣偶像一样，反宗教既没有结果，对于民族解放运动也没有益处。

宗教问题是不能忽视的，因为侵略者会利用它作为工具。同时也不能把它独立起来做，把它的重要性和民族解放运动并列起来。对于宗教问题的正当看法，是把它和民族运动适当地联系起来，并且要从属在民族解放运动的大目标之下。

四　怎样办呢

在解放民族运动的大目标之下，我们对宗教的态度，应该针对着帝国主义者或国内帝国主义的代理人的侵略政策来做的。

例如：当侵略者利用宗教的宗派性来挑拨民族内部的自相残杀时，我们对于宗教也就不能取单纯的全然反对的态度，我们所要反对的地方必须以宗派性为中心点，使互相冲突的宗教民众能结合到民族抗争的统一战线上去。

当侵略者或国内的代理者也来提倡民众所习惯的宗教，想借此掩饰他们的狰狞面目时，我们所取的态度，是要抓着民众现实的物质利益，来和侵略者的欺骗对抗，证明宗教的欺骗是怎样危害了民族的生存。

同是侵略者的工具，但侵略者相互间的冲突矛盾，使得工具中间也有冲突矛盾。被侵略的殖民地民众，要能够善于利用这种矛盾冲突，是很有好处的。例如：东方和西方的侵略者虽同是被侵略者的敌人，但因为前者进攻得太过火了，后者不能不给他以打击，有时甚至于因此不能不支持被侵略者的抗争运动，这对于被侵略者多少总是一种好的反抗机会。意国对于阿比西尼亚就是这样的。在宗教上，这种情形也有时反映出来。西方侵略者的宗教集团，对于中国的民族抗争运动，有时多少也会取着赞助的方式，虽然这是非常有限的，但在民族抗争的总目标之下，我们对他就不能如最大敌人一律看待，我们要利用他所给我们的一切机会，加强起抗争的力量来。

以上几点，就是我们在非常时的当前对宗教应取的态度。性急的人也许以为这对于宗教的存在，一时是不能推翻，觉得不满，但在民众生活中根深蒂固的宗教，本来不是一下子可以推翻的东西。它和旧社会的一切密切地结合着，反对宗教，也要和变革旧社会取同一步骤，旧社会全然摧毁了的那一天，宗教的根据也才会消灭。在目前，我们变革旧世界的任务是以民族抗争为主，因此对于宗教的态度，也只能适应着这任务，着重以上的几点。